PSICOTERAPIA CON NIÑOS Y PSICODRAMA: LA CURA POR LA ALEGRÍA

PSICOTERAPIA CON NIÑOS Y PSICODRAMA: LA CURA POR LA ALEGRÍA

Teodoro Herranz Castillo
Lorena Silva Balaguera
María Herranz Lence

EDITORIAL SINTESIS

Vallehermoso, 34. 28015 Madrid
Teléfono: 91 593 20 98
http://www.sintesis.com

ISBN: 978-84-907706-4-1
Depósito Legal: M-32.427-2014

Impreso en España. Printed in Spain

Índice

Prólogo

En este prólogo, o "presentación del drama al público", queremos mostrar los objetivos de este texto.

En primer lugar, dar a conocer un modo de entender la "cura" en la infancia que se sostiene en una teoría del desarrollo, y cuya eficacia viene contrastada por la experiencia clínica desde ya hace más de cien años.

En segundo lugar, el modo en el que queremos mostrarlo pretende que cualquier lector de cualquier orientación psicológica o psicoterapéutica pueda construir una representación útil de los contenidos que aquí desarrollamos. Por eso, nuestro texto no está escrito en un "lenguaje excluyente", si bien se pretende ser estrictos y rigurosos en el uso de los conceptos del modelo psicodramático.

En tercer lugar, creemos que la vida está en el hacer, por lo que nuestro modo de intervenir es la acción. No explicamos "cómo cambiar", hacemos para cambiar, y este modelo de psicoterapia se adjetiva como "psicodramática".

En cuarto lugar, tenemos la firme creencia de que la salud está ligada al amor y a la capacidad de amar. Como un foco que ha iluminado nuestra concepción de la salud durante muchos años late la frase de Sigmund Freud "amamos para no enfermar y enfermamos cuando un obstáculo nos impide amar". De la naturaleza del obstáculo, real o imaginario, tendremos un sufrimiento asociado a los traumas del crecimiento o a los modos en que el miedo nos ha hecho construir la realidad.

Por último, entendemos que el único modo de hacer llegar nuestro aprendizaje, nuestra vivencia, en psicoterapia con niños es "mostrar lo que hacemos y cómo lo hacemos", y a este fin hemos dedicado una parte importante de este libro. De este modo, el lector puede iniciar el libro por la primera parte, la teoría de la "cura" que sostenemos, o por la segunda parte, donde mostramos, de forma detallada y descriptiva, cómo se aplica esta teoría. Hemos querido que las palabras solo sean el medio para que los procesos terapéuticos se muestren como una fotografía a los ojos del lector, y después, eso sí, que se pueda comprender desde la teoría que nos guía.

Introducción

Este libro es el resultado de muchos años de trabajo utilizando el psicodrama como herramienta de intervención para abordar los conflictos que, de forma evolutiva o traumática, dañan la felicidad de la infancia.

Se ha elegido un lenguaje predominantemente descriptivo, donde la comprensión y la explicación se usan como "preparación" o *warming-up* y como espacio para compartir lo vivido y reflexionado.

Al título del libro se le puso un "apellido" o subtítulo, *La cura por la alegría,* básicamente por dos motivos. Entendemos que la felicidad en la infancia se muestra desde la sonrisa, la espontaneidad, el juego, el hacer y disfrutar haciendo y, en segundo lugar, porque cuando el sufrimiento tapa la sonrisa creemos que el proceso "de cura" tiene como objetivo reinstalarla.

Se ha considerado *La cura por la alegría* como significante y síntesis de lo que deseamos transmitir en este texto. Recordando la célebre definición de Freud sobre el psicoanálisis de "la cura por la palabra", como invitación al cambio por la vida del análisis, se ha elegido "la cura por la alegría" como invitación al cambio por la vía de la acción y la interrelación, donde el sentimiento reparador se organizará en torno a una actitud tan necesaria para vivir como el optimismo.

Ser psicodramatista es ser hacedor de un modo de psicoterapia que respeta la concepción de Moreno, el hombre que quiso ser recordado "como el psiquiatra que introdujo la alegría en la psiquiatría" a través de la acción. Es importante ya, desde la introducción, diferenciar acción de actividad: la acción incluye la actividad, a la que se une el sentir y conocer lo vivido a través de la acción.

Desde la clínica se está a pie de cama del sufrimiento "mental", entendido como sufrimiento emocional e interpersonal, como el resultado de un modo de estar en el mundo con el otro, donde el "dolor" se convierte en organizador y acompañante del crecimiento.

Estos son los pilares desde los que se presenta un texto que en su capítulo uno recoge una concepción de salud y enfermar interpersonal y psicodramática. Además de la teoría de la identidad en Moreno y sus desarrollos a través de la teoría de los clústers, o racimos de conductas organizadoras que nos definen en la interacción con los demás. Y la dimensión evolutiva de la complejidad relacional, en la que incluimos las necesidades afectivas. Todo desarrollo emocional sano requiere cubrir necesidades, del modo de hacerlo dependerá que se viaje con más o menos "heridas" por la vida.

El segundo capítulo muestra las técnicas psicodramáticas básicas, que no dejan de ser modos "humanos" de estar y encontrarnos con el otro y sus necesidades. Tienen una dimensión evolutiva y están enraizadas en nuestra concepción del desarrollo relacional. No está de más saber el lugar de partida de lo que consideramos "herramientas terapéuticas", sin olvidar que la herramienta técnica por antonomasia está en el "deseo de servir al otro". Como probablemente el lector reconoce, esta frase muestra el significado etimológico de *psicoterapeuta*.

Las técnicas son los instrumentos que hay que hacer sonar de una manera armoniosa para que la sintonía resultante suene a salud. Cómo ejecutar la melodía lo denominamos proceso psicoterapéutico. Este será abordado en el tercer capítulo, deteniéndonos en exponer cómo se realiza una sesión de psicodrama y las características diferenciales que supone su adaptación al trabajo con niños. Los ritmos, la cadencia, la prosodia de la acción tienen que adaptarse a sus condiciones cognitivas y afectivas.

En el capítulo cuarto se desarrollan procesos terapéuticos diferentes, en función del nivel de daño y desorganización que se ha generado en el psiquismo infantil. Se abordará la intervención en niños traumatizados, y en niños donde el daño viene de las fantasías temidas que conlleva el crecimiento.

Los siguientes capítulos, desde el quinto al undécimo, son una muestra clínica del modo en el que se ha implementado la teoría de la cura en procesos terapéuticos adaptados a las diferentes necesidades de cada niño. En este proceso se muestra el origen del conflicto y la secuencia de intervención utilizada. De tal manera que, de su lectura, se puede reconocer la actividad del terapeuta y los cambios que se iban dando en el psiquismo de los niños atendidos. Aclaramos que todos los datos aquí expuestos han sido modificados para preservar la confidencialidad de los pacientes.

El último capítulo, duodécimo, que en muchos textos se obvia para evitar el riesgo que conlleva hablar de la condición humana del terapeuta, en este caso no solo no se deja de lado, sino que tiene una especial relevancia. El psicodramatista, como se muestra con detalle, debe poder realizar una serie de funciones al servicio del paciente, pero es fundamental el lugar desde donde realiza esas funciones. Como se presentan las condiciones para ser terapeuta de niños, partimos de una "herramienta" para niños, un breve cuento, a partir del cual se invita al lector a reconocer su disposición y su receptividad para atender y reparar el dolor de la infancia.

El libro se cierra con un breve epílogo, en el que queríamos subrayar la idea que guía este modo de entender la psicoterapia, la ternura. Lo más sólido que nos envuelve y nos protege y lo más desolador cuando su ausencia forma parte del proceso terapéutico.

1

La construcción de la identidad

> La evolución consciente por medio del entrenamiento de la espontaneidad abre una nueva perspectiva para el desarrollo de la raza humana (Moreno, 1934: 86).

1.1. Una propuesta del desarrollo en la obra de Moreno

Moreno, en la medida en que crea una teoría de la terapia, necesita tener una concepción del hombre y de su desarrollo:

> Se necesita una teoría de la personalidad y, especialmente, una teoría del desarrollo infantil, que concuerden mejor con las dimensiones del estudio a que está dedicado un número cada vez mayor de psicólogos de la niñez, psicólogos sociales, psicoanalistas y terapeutas (Moreno, 1961: 86).

1.1.1. La espontaneidad

La originalidad del planteamiento de Moreno radica en el lugar donde pone el foco de su explicación. Es conocedor de la psicología infantil y del modo en que se expresa el desarrollo y el crecimiento del niño:

> En el pasado se colocó el énfasis en la descripción del bebé en cuanto organismo individual, mostrando cómo evoluciona a partir de una personalidad psicológicamente indiferenciada hacia una más y más diferenciada (Moreno, 1961: 86).

Se distingue de otros modelos evolutivos en dos aspectos esenciales. El primero es que su interés no se centra en el estudio del déficit, de la carencia, de la limitación, sino en el estudio de los recursos con los que cualquier ser humano accede al mundo. El segundo, la importancia que para él tiene el "contexto" en el desarrollo de esas capacidades, que no deja de ser un contexto humano, un lugar entre seres humanos, de acogida o rechazo a ese proyecto de crecimiento y desarrollo.

> Es pertinente estudiar al niño desde la plataforma de los más elevados ejemplos concretos de realización y expresión humanas. [...] Hay otro aspecto olvidado en la descripción del desarrollo del niño, la mayor profundización de términos tan generalizados como medio ambiente, situación o campo. A menudo se deja de incluir a los problemas más profundos que hay bajo estos términos. Por ejemplo, la parte central dentro de los ambientes o campos son los organismos individuales en interacción. Es importante saber cómo interactúan estos organismos individuales, y particularmente cómo interactúa el niño con otros organismos individuales. Es la enfatización y el estudio de estos problemas más hondos del desarrollo infantil lo que las teorías sociométricas y de la espontaneidad han traído a primer plano e intentado resolver (Moreno, 1961: 87-88).

¿Cuál es el motor que guía al niño en su desarrollo? ¿Qué nombre se puede poner a la cualidad que permite que el niño crezca en un ambiente para él desconocido y desafiante? La respuesta de Moreno a estas preguntas es la *espontaneidad*:

> Al nacer, el niño se traslada a un conjunto de relaciones totalmente extraño. A esta respuesta de un individuo ante una situación nueva y a la nueva respuesta a una situación vieja la hemos llamado espontaneidad [...], tiene que existir un factor con el que la naturaleza ha provisto generosamente al recién venido, de modo que pueda desembarcar sano y establecerse, por lo menos provisoriamente, en un universo desconocido (Moreno, 1961: 89).

1.1.2. El desarrollo como proceso de preparación o "atemperación"

Moreno participa de una concepción del desarrollo por etapas, característica común a los modelos de psicoterapia más influyentes. Las etapas tienen su zona física privilegiada facilitadora de la interacción, pero la secuencia evolutiva es una secuencia de modos de relacionarse, "un aprendizaje relacional" a partir de necesidades pautadas biológicamente. Moreno está creando una concepción del hombre en relación, una concepción donde la identidad se desprende del otro a través de una secuencia cada vez más compleja de relaciones:

> Cada proceso de atemperación tiene un foco, tiende a localizarse en una zona, en cuanto a su *locus nascendi* [...], la zona es un área de la que son factores integrantes, por ejemplo, la boca, el pezón del pecho de la madre, la leche y el aire entre ellos. Siempre que estos componentes coinciden en un foco, la zona entra en acción (Moreno, 1961: 97).

El sujeto psíquico no ha nacido, está diseminado a través de zonas de interacción por medio de su cuerpo en acción; el nacimiento de la identidad es el resultado de un largo viaje, donde la integración de lo desunido termina dando al niño la conciencia de poseedor de las distintas, y mutuamente desconocidas, partes de sí mismo.

> A medida que el niño crece estructuralmente [...], ciertas zonas, que han sido comparativamente separatistas, comienzan a interactuar más, y producen una cadena de zonas o segmentos corporales. [...] El niño comenzará a identificarse con una amplia zona del cuerpo en una oportunidad, con otra zona en una ocasión distinta, no sabiendo que en realidad están unidas, y lejos aún de descubrir que algún día él será considerado su poseedor individual (Moreno, 1961: 99).

1.1.3. El otro en el proceso de desarrollo y construcción de la identidad

Un organismo sin sujeto psíquico, sin organizador, sin "yo", necesita un "otro" que inicialmente supla y después complete sus limitaciones. Este lugar de interacción es el primer "psiquismo individual" por indiferenciación, por indiscriminación. Moreno crea el término *yo auxiliar*, que podríamos introducir en este momento del desarrollo, como "un otro imprescindible que auxilia y construye el yo a través de la relación".

> Desde el punto de vista del niño, los yoes auxiliares aparecen como extensiones de su propio cuerpo, mientras es demasiado débil e inmaduro para producir esas acciones por su propio esfuerzo. Le deben ser proporcionados por el mundo exterior; la madre, el padre o la nodriza. A una extensión del propio yo, necesaria para vivir adecuadamente y que debe ser provista por una persona sustituta, la hemos llamado *yo auxiliar* (Moreno, 1961: 99).

¿Qué función cumple el yo auxiliar en su relación con el niño? Si consideramos los momentos iniciales de la vida de un niño, podríamos pensar en el infinito repertorio de conductas que se espera de un progenitor. Pero si nos centramos en los roles como organizadores de infinitas conductas, podríamos decir que el "yo auxiliar" tiene que desempeñar su rol; un verbo es un modo fácil de entender el rol en acción, cuidar, alimentar, proteger…, pero "un buen yo auxiliar", un buen coconstructor del psiquismo infantil tiene que aprender a "leer" las necesidades del niño para que su rol se adecúe a esas necesidades. El exceso o defecto en el modo de desempeñar los roles por parte de los yoes auxiliares, padres, cuidadores, tutores… será el punto de búsqueda en el que nos detendremos para explicar las fragilidades y las fracturas del psiquismo infantil.

> La madre tiene dos funciones: una es la de actuar el papel de una madre adecuadamente; la otra es la de adquirir una imagen clara de las necesidades y ritmo del niño para poder atemperarse a sus exigencias, con el fin de ayudarlo a funcionar adecuadamente (Moreno, 1961: 99).

Pensar las necesidades del otro conlleva en el yo auxiliar, progenitores, cuidadores, tutores, un proceso en algunas ocasiones difícil para ellos mismos, "pensar al otro como alguien diferente a nuestro propio deseo o nuestra propia expectativa".

La madre (yo auxiliar) produce una imagen mental de su hijo en el proceso de asumir su rol, pero a su vez el niño participa también en el acto en que se da alimento (mamadera o pecho, manos de la madre, etc.), así como tomándolo en su boca. La imagen mental que tiene la madre de su hijo es un compuesto de imágenes auxiliares. Estas imágenes son a menudo suscitadas por sentimientos de temor de que el niño no esté suficientemente alimentado, y la madre será inducida por ello a prolongar el tiempo de nutrición más allá de las necesidades del niño (Moreno, 1961: 101).

Recuerdo haber entendido el sufrimiento desgarrador de una madre que no podía dar el pecho a su hijo. Su hijo tenía un desarrollo absolutamente sano, pero ella no podía dejar de "maltratarse" por no haber sido la "madre ideal y deseada que le hubiera gustado ser para su hijo". Este dolor evitable supone un proceso de aprendizaje relacional, también para la madre, que consiste en aprender con su hijo en un proceso de mutua colaboración, desde diferentes roles. Si la madre es capaz de ver a su hijo, facilitará su desarrollo; si no es así, "el crecimiento, el desarrollo del menor", será una titánica lucha tanto para la madre como para el hijo.

1.1.4. La relación como un proceso complejo de aprendizaje

Aunque sostenemos con firmeza la propuesta teórica "en el origen fue la relación" (Buber, 2002: 36), hablar de relación conlleva diferentes niveles de complejidad. Esa complejidad vendrá marcada por su rol como participante o como observador de la misma, y la capacidad para poder "comprender" y "representarse" la relación como un "objeto de conocimiento" en sí misma, alejada de sus protagonistas.

Si bien entendemos que este proceso viene pautado por el propio desarrollo biopsíquico del sujeto, sería inducir a error por nuestra parte transmitir que termina a partir de una edad concreta o periodo del desarrollo. Pensamos que este proceso siempre estará inacabado y, como la vida, siempre es un aprendizaje por hacer.

Moreno pautó el proceso relacional deteniéndose en las conquistas que se necesitan en cada una de las cinco etapas que propuso, haciendo hincapié en los logros que se consiguen en cada una de ellas.

> Estas cinco etapas representan las bases psicológicas para todos los procesos de desempeño de roles, y para fenómenos tales como la imitación, la identificación, la proyección y la transferencia (Moreno, 1961: 102).

La primera etapa se caracteriza por la indiscriminación, la identidad es la completud por ausencia de diferenciación.

> La otra persona es una parte del niño, formalmente, esto es la completa y espontánea identidad del niño (Moreno, 1961: 102).

La segunda etapa viene marcada por la capacidad de reconocimiento, un prerreconocimiento, que inicia la discontinuidad entre lo externo y lo interno.

> Consiste en que el niño concentra su atención en la otra y extraña parte de él (Moreno, 1961: 102).

La tercera etapa, muestra la diferencia entre el actor y la acción, las cosas empiezan a existir al margen de la acción que se realiza, es el primer esbozo de reconocimiento de sí mismo y del otro separados.

> Consiste en que separa a la otra parte de la continuidad de la experiencia y deja fuera a todas las demás partes, incluyéndose a sí mismo (Moreno, 1961: 102).

La cuarta etapa supone la capacidad de representar(se) al otro, colocarse en el lugar del otro y representárselo como alguien diferente a sí mismo.

> Consiste en que el niño se ubica activamente en la otra parte, y representa su rol (Moreno, 1961: 102).

Y, por último, la quinta etapa conlleva el mayor nivel de dificultad, aprender cómo se relacionan otras personas entre sí. Moreno hace énfasis en el logro que supone ser capaz de colocarse en el lugar del otro, la mayor adquisición de mi identidad viene de la mano de reconocer la identidad de los demás.

> Consiste en que el niño representa el rol de la otra parte respecto a otra persona, quien a su vez hace su rol. En esta etapa, la inversión de la identidad es completa (Moreno, 1961: 102).

Si aprender a relacionarnos fuera una labor exclusivamente cognitiva, sería esperable que, cuando nuestras competencias intelectuales, nuestro pensamiento formal, nos permitiera imaginar al otro y a los otros interactuando entre sí, hubiéramos aprendido a relacionarnos. Nada más lejos de la realidad, de la patología y, en casos extremos, de la locura. Representarse al otro en relación es un aprendizaje que se construye desde el bienestar o el sufrimiento, desde la serenidad o la inseguridad, desde el cuidado o desde la desprotección... Desde múltiples lugares vividos con los que nos hemos encarnado y construido; por eso el proceso de aprendizaje relacional nunca es una adquisición acabada.

1.1.5. La matriz de identidad: un lugar para el nacimiento y el crecimiento del sujeto psíquico

Para Moreno, la identidad es el resultado de un camino que se inicia en una "matriz social de identidad", que desempeña una triple función:

> La matriz de identidad, es la placenta social del niño, el "locus" en el que arraiga. Este le da seguridad, orientación y guía (Moreno, 1961: 105).

Mientras el sujeto permanece en este universo psíquico no discriminado, la realidad es tan absoluta como indiferenciada, pero el crecimiento biopsíquico conduce al reconocimiento de la diferencia y la incorpora a través de la frustración, a través de la toma de conciencia de la necesidad que supone la aceptación de la incompletud:

> El primer universo termina cuando la experiencia infantil de un mundo en el cual todas las cosas son reales comienza a diferenciarse en fantasía y realidad. Se desarrolla rápidamente la concepción de imágenes y comienza a tomar forma la distinción entre cosas reales y cosas imaginadas (Moreno, 1961: 105).

En este momento del desarrollo, solo hay un sujeto existente, sin conciencia de su existencia, no hay recuerdo ni autoobservación.

> Una de las características importantes del primer universo es la amnesia total [...], para que el sujeto pueda recordar en una fecha posterior lo que ha tenido lugar durante el acto debe registrar los acontecimientos a medida que se desarrolla el proceso de atemperación para el acto. Cierta porción de su yo debe apartarse en calidad de una especie de observador participante interno, y registrar los hechos [...], ese observador participante interno no ha aparecido. No se ha establecido, porque todas las partes del sujeto estaban incluidas en el acto (Moreno, 1961:107).

Este universo inicial pasará por dos fases: la primera, "periodo de identidad total", adiacrítica e indiferenciada; y una segunda donde la diferenciación cuenta con una limitación, la capacidad de separar "lo imaginado, lo soñado, lo deseado, de lo "evocado, lo actuado, lo realizado". Estos dos momentos son los dos primeros esbozos de la identidad del sujeto:

Parece que *en* su *primer universo* el niño pasa por dos periodos: el primero es el *período de la identidad total*, en el cual todas las cosas, personas y objetos, él mismo incluido, no son diferenciados como tales, sino experimentados como una indivisible multiplicidad. El segundo periodo es el de la *identidad total diferenciada* o de la *realidad total diferenciada*, en el cual los objetos, animales, personas y, finalmente, él mismo se han diferenciado.

> Pero todavía no se establece ninguna diferencia entre lo real y lo imaginado, entre lo animado y lo muerto, entre las apariencias de las cosas (imágenes en el espejo) y las cosas tal y como son realmente (Moreno, 1961: 111).

El siguiente paso en la adquisición de la identidad supone aprender la diferencia entre lo deseable y lo posible, lo imaginado y lo realizado. Es el camino que marcará la diferencia entre el conocimiento de mi capacidad y mi limitación. Moreno nos dice que el segundo universo, el segundo gran momento evolutivo, supone la separación entre la fantasía y la realidad. Pero también plantea la necesidad de que el sujeto psíquico transite por ambos lugares, "la fantasía y la realidad", de tal modo que la primera pueda ser la fuerza que impulsa, y la segunda la que nos dota de los medios para que la fantasía se convierta en fuente de satisfacción. Desde esta dialéctica interactiva se accede a la realización de deseos y a la satisfacción en la vida.

> La brecha entre la fantasía y la experiencia de la realidad, en un determinado punto del desarrollo infantil, con el comienzo del "segundo universo", la personalidad queda normalmente dividida. [...] El problema no consiste en abandonar el mundo de la fantasía en beneficio del mundo de la realidad o viceversa, lo que es prácticamente imposible, sino más bien en establecer medios que le permitan al individuo alcanzar un pleno dominio de la situación, viviendo en ambas vías, pero capaz de trasladarse de una a otra. Dado que ningún individuo puede vivir permanentemente en un mundo enteramente real o en uno enteramente imaginario (Moreno, 1961: 115).

La realización de los deseos desde esta concepción interpersonal se juega en la interacción con el otro, quien se convertirá en figura de apoyo y crecimiento, desde la satisfacción y la insatisfacción que conllevan sus propias limitaciones. Este proceso de interacciones, parcialmente satisfactorias y parcialmente insatisfactorias, es un juego de frustración y satisfacción que Moreno define como "interpolación de resistencias".

> La función de la realidad opera mediante *interpolaciones de resistencias* que no son introducidas por el niño, sino que le son impuestas por otras personas, por sus relaciones, por cosas y distancias en el espacio, y por actos y distancias en el tiempo. La función psicodramática o de la fantasía está libre en estas resistencias extrapersonales, a menos que se interpole la propia resistencia (Moreno, 1961: 115).

Este proceso no estará exento de dificultad y sufrimiento, pero además apunta una meta nunca más alcanzable, conseguir ese lugar de completud vivido en la infancia; donde las propias limitaciones nos hicieron sentir que habitábamos el mejor de los mundos posibles, y el otro, el dador y protector de nuestras necesidades, solo era una prolongación de nosotros mismos.

> El niño vivirá en dos dimensiones al mismo tiempo, una real, otra irreal, sin ser perturbado por la división, o puede ser que las dos sendas, A y B, tiendan de tanto en tanto a reunirse, a restablecer el estatus original [...]. Mientras vive, el hombre trata de soldar la brecha original, y, debido a que no lo consigue, la personalidad humana, hasta en sus ejemplares más integrados, tiene un matiz trágico de relativa imperfección (Moreno, 1961: 116).

1.1.6. Los roles como resultados y organizadores de la travesía por la matriz de identidad

> El rol es originalmente una vieja palabra francesa que se introdujo en el inglés medieval, se deriva del latín "rotula". En Grecia y también en la antigua Roma, los papeles en el teatro estaban escritos en rollos y leídos por los apuntadores para que los actores intentaran recordar su parte, de memoria (Cukier, 2007: 327).

Moreno recurre al concepto de rol inicialmente en un ámbito social y cultural, al que añade su dimensión "psicológica". El rol surge de las matrices en las que la relación se desarrolla, y se convertirá en organizador de la red de relaciones de las que el sujeto tomará parte a lo largo de su vida. En función del paso por las diferentes matrices que el sujeto atraviesa, se derivan los roles en los que participa. Moreno los clasifica en tres grupos. En el período de identidad total, el sujeto es una unidad "biopsíquica" no separada, por lo que su modo de estar en el mundo es a través del desempeño de roles que denomina "roles psicosomáticos". A la segunda etapa, la identidad total diferenciada, corresponde que el sujeto adquiera, aunque de forma incipiente, conciencia de lo que es y de lo que imagina, en tanto que su imaginación también forma parte de su identidad. A los segundos los denominará roles sociodramáticos, y a los últimos psicodramáticos. Utilizando sus propias palabras, Moreno (1961) nos dice:

> De la brecha entre realidad y fantasía, surgen dos nuevos conjuntos de roles. Mientras aquella no existía, todos los componentes reales y fantásticos estaban fundidos en una serie de roles, los roles psicosomáticos. [...] Pero de la división del universo en fenómenos reales y ficticios surgen gradualmente un mundo social y un mundo de fantasía, separados del mundo psicosomático de la matriz de identidad. Emergen ahora formas de representar roles que relacionan al niño con personas, cosas y metas en el ambiente real, exterior a él, y a personas, objetos y metas que él imagina que son exteriores (p. 119). [...] Después de establecerse la ruptura entre fantasía y realidad, los roles sociales y psicodramáticos, hasta ese punto mezclados, comienzan a diferenciarse. Los roles de la madre, el hijo, la hija, el maestro, etc., son denominados roles sociales y separados de las personificaciones de cosas imaginadas, tanto reales como irreales. A estas se las llama roles psicodramáticos (p. 121).

1.2. Complejidad de las relaciones: una propuesta evolutiva, una propuesta ontológica, según J. Fonseca Filho

Hace ya muchos años que se ve en el trabajo de J. Fonseca Filho la continuación de la teoría evolutiva de J. L. Moreno. De un modo reconstructivo nos muestra la complejidad de las relaciones. De modo reconstructivo en la medida que los psicoterapeutas creamos teoría y técnica a partir de la clínica. La clínica es el sufrimiento que abordamos con nuestros pacientes, su vivencia, su recuerdo; y su particular modo de entrelazar esto con sus sentimientos nos muestra "sus conflictos y su historia". Nuestra limitación, está en nuestro objetivo, "la cura", partimos de la comprensión del sufrimiento y acabamos en el reconocimiento de patrones comunes en diferentes personas.

> El esquema que pasaré a describir a continuación, a pesar de estar basado en Moreno y Buber [...], obedece más a una reflexión clínica que a un estudio directo sobre el niño (Fonseca Filho, 1980: 80).

Moreno nos explicó el aprendizaje de la relación en cinco etapas, en las que de forma sucinta nos dice que el niño, desde el desconocimiento de sí mismo y del otro, en su primera adquisición pasará a reconocer que se relaciona con otro diferente a él, otro que actúa de un modo distinto al suyo y tendrá que aprender cómo "se implican mutuamente". La última adquisición conlleva el mayor grado de complejidad relacional, "aprender relaciones en las que no participa", pasar a ser el observador no participante y comprensivo de modos de relación entre otros.

Este proceso relacional se puede ir desmenuzando, de tal modo que la primera gran etapa de Moreno, donde tiene que aprender a reconocerse como alguien diferente del otro y al otro de sí mismo, recorrería los siguientes momentos evolutivos:

1.2.1. Del no ser psíquico al sujeto psíquico

El primer paso de este camino evolutivo parte de la indiferenciación "identidad yo-tú". En nuestras palabras, no hay sujeto psíquico, hay un lugar común coexistente tanto en la gratificación como en la frustración, en el bienestar como en el malestar, donde ambos son experimentados como absolutos y de forma dicotómica, no integrada y no integrable desde roles asimétricos, como explicaremos en detalle en la teoría de los clústers.

> El niño, en esta fase, está conducido por mecanismos interoceptivos. Cuando siente frío, hambre o dolor, llora. El "mundo" se encarga de cuidarle. Esta mezcla con el mundo reposa en la cuna cósmica. No distingue el Yo del Tú (Tú persona o Tú objeto) (Fonseca Filho, 1980: 81).

Fonseca denomina al segundo paso evolutivo "simbiosis", donde el grado de indiferenciación sigue siendo la nota predominante. Pero la realidad que transciende a los participantes en la interacción tiene la capacidad de ir introduciendo la frustración; y el desarrollo biopsíquico tiene la capacidad de ir generando el incipiente sujeto observador de lo actuado. Entiendo que, en este lugar, la necesidad del otro protege del daño que genera la no satisfacción "completa" de toda la necesidad en el momento adecuado y de la forma precisa.

> El niño avanza para conseguir su identidad como persona, como individualidad y para discriminar al otro, el tú y el mundo (Fonseca Filho, 1980: 83).

El tercer paso, reconocimiento del yo-reconocimiento del tú, viene de la ruptura de ese lazo fusional. El sujeto se reconoce, con sorpresa, como algo diferente separado y, a su vez, y en el mismo momento, aparece otro diferente y separado de sí mismo. Aunque no es el objetivo, sí parece pertinente establecer una correspondencia con el desarrollo cognitivo. Y recordar que, en la medida que el sujeto adquiere la noción de objeto permanente, sus competencias cognitivas le permiten "sorprenderse" con la unidad integrada de sí mismo y separada del medio que lo rodea.

> Sabemos que el niño frente a un espejo, en la fase más precoz, no se reconoce: es un bebé indefinido. Más tarde toma conciencia de que la imagen reflejada es él mismo, se reconoce. [...] Esta fase corresponde al proceso de reconocimiento del Yo o fase del espejo y, en rigor, está siempre presente en la historia de un ser humano (p. 84). [...] Al mismo tiempo que se reconoce una persona, se está también en el proceso de percibir al otro, entra en contacto con el mundo, e identificar el Tú (Fonseca Filho, 1980: 86).

El cuarto momento el autor lo denomina "relaciones en corredor", donde surge la capacidad de incorporar a otros en la relación con él, desde su fantasía-realidad, pero son otros que solo existen para el niño. Podríamos colocarlo en el centro de un universo donde todos los elementos giran a su alrededor, están ahí para ella o para él. Pensar que entre los elementos de su universo existe o pueden existir interacciones es una adquisición que no se ha logrado.

Se ha presentado a los niños en esta etapa de su desarrollo de muchas maneras, suele ser un momento de orgullo y satisfacción para los padres, y el niño necesita sentir que lo es. Se muestra y es mostrado al mundo como un gran héroe, capaz de grandes destrezas, salta, canta, pinta con un rotulador gordo sobre la mesa. Pero todo el mundo está ahí para mirarlo. La existencia del otro está fuertemente unida al propio niño.

Son frecuentes las consultas de los padres durante el tránsito por esta etapa: ¿hasta cuándo tienen que seguir halagando sus logros? La respuesta es complicada. "Siempre", nos atreveríamos a decir, pero introduciendo criterios de realidad, no favoreciendo fantasías de omnipotencia que lo incapacitarán para ser humano entre otros seres humanos y le impedirán aprender a disfrutar de las relaciones con los demás.

El quinto momento es especialmente clarificador, es denominado como *preinversión*. Los psicodramatistas consideramos que la mayor grandeza relacional consiste en ser capaz de "colocarnos en el lugar de otro", a eso lo denominamos *cambio de rol*, o *inversión de rol*. Pero llegar a esa meta conlleva algunos acercamientos previos. Reconocer algo como diferente no conlleva tomar conciencia del otro, salvo en la medida en que no se ajusta en la interacción con uno mismo a nuestras necesidades. Nuestras hipótesis son grandiosamente sencillas, el otro que me nutre bien o no, me cobija bien o no, pero ¿quién es el otro? Una meta tan hermosa como compleja y solo parcialmente conocible.

Por eso esta etapa, que podríamos reconocer cuando un niño nos cuenta la historia de lo que ha hecho en la escuela infantil, y nos presenta a sus amigos, a su profesora, vemos que lo hace, "hace de otro", "juega al otro". Juega un rol. Y en la acción recrea y reconstruye al otro para él. En muchas ocasiones, nos han consultado sobre los miedos de los niños a la hora de irse a la cama. Los padres suelen esperar de nosotros respuestas complejas y muy reflexivas. Cuando les preguntamos si sus niños tienen algún muñeco favorito, y posteriormente les pedimos que le digan a su hijo o a su hija que juegue a acostar al muñeco, siendo el niño el que tiene que encargarse de tranquilizarlo, nos miran con escepticismo. No se les explica que está internalizando el rol de cuidarse a través de jugar el rol de cuidar al otro. Pero lo habitual es que los niños, si los padres no están más asustados que ellos, aprendan a dormir sin miedo con la ayuda de sus muñecos.

> Se observará que, dentro de un clima lúdico donde está descubriendo las cosas de la vida, inicia el entrenamiento de la inversión de roles. Su muñeco es él mismo y él es la madre; él es la madre en relación al hermanito y así sucesivamente (Fonseca Filho, 1986: 90).

1.2.2. De sujeto de la relación a sujeto en las relaciones

La siguiente etapa es la *triangulación*, supone un gran salto, es el inicio de lo que podríamos denominar aprender el grado de valor que tenemos en las distintas relaciones de las que formamos parte. Se inicia de una ruptura trágica a nivel psíquico, pues el mundo está lleno de otros, que pasan a tener relaciones entre ellos, y yo puedo dejar de ser el Tú para todos los que me rodean, a ser el ajeno, el prescindible. Aquí se inicia la comprensión de las relaciones en las que el niño o niña no participa, ni le dejan participar. En este aprendizaje tradicionalmente se han situado importantes teorías del sufrimiento mental, como las teorías psicodinámicas, que sitúan el mundo "neurótico" en un mal aprendizaje de las relaciones donde el niño es un tercero en una relación de dos. El complejo edípico donde se ubica una compleja trama afectiva, con sentimientos ambivalentes y extremos que impregnan la relación. El amor y el odio se entretejen cuando el niño infiere que "la relación es una entidad" que existe en sí misma sin su colaboración, sin su coparticipación, y sin tener ningún poder para influir en ella.

> Utilizo "crisis de triangulación" porque resalto el aspecto de comunicación de la relación que antes era bipersonal y ahora pasa a ser tríadica, desprivilegiando, sin llegar a negar, el aspecto sexual (Fonseca Filho, 1980: 91).

Son muy frecuentes las consultas donde los padres dudan si es sano o no para sus hijos que cierren la puerta de su dormitorio, que salgan a cenar sin sus hijos, decidir dónde van de vacaciones sin consultarles, etc. Aquí no es fácil proponerles una actividad, porque está en juego la idea que tienen de ser buenos padres, de hacer bien su rol de padre. Es difícil transmitirles que ahora les toca jugar un papel esencial, insertarlos en un mundo donde ellos serán solo un elemento dentro de un multiverso de elementos. Si contribuimos a que la realidad se esconda bajo el "nombre de bondad" para no "dañar la fantasía y el deseo infantil", estaremos desadaptándolo de la vida y contribuyendo a estancar su crecimiento emocional.

El siguiente trabajo que hay que realizar es gratificante por lo que aporta, pero especialmente complejo por lo que exige. Fonseca denomina a esta fase *circularización*. El niño forma parte de grupos y redes sociales, en el colegio, en la familia, ocupa un lugar en cada uno de los grupos o redes de las que participa. En cada uno de esos lugares tienen un valor diferente e inestable y la capacidad de irlo reconociendo. Acaba de incorporarse al "mundo social", donde las relaciones entre los miembros tienen diferentes grados de importancia o de valor. El niño va a empezar a descubrir su valor "como socio" de un grupo, su valor sociométrico.

> La fase de circularización representa la entrada del ser humano en la vivencia sociométrica de los grupos (Fonseca Filho, 1980: 93).

El aprendizaje que exige esta fase para el niño es la capacidad de incorporar los datos de realidad y múltiples renuncias a la fantasía, pero conlleva la posibilidad de un gran logro "sentirse miembro de un grupo", "sentirse miembro de un nosotros" desde la diferenciación.

> Una vez vencidas las etapas de relación bipersonal y triangular, el individuo gana la perspectiva de relacionarse con el Ellos y, seguidamente, la de sentirse parte de un conjunto, una comunidad y dejarse entrar en el mundo del Nosotros. La posibilidad de "inclusión grupal", de dejar de sentir la frialdad del Yo-Ellos, para sentir el cálido envolvimiento del Yo-Nosotros, significará un paso importante para que sus futuras relaciones grupales y sociales sean satisfactorias (Fonseca Filho, 1980: 93).

Posiblemente el gran logro del ser humano, el que nos significa como tales, es la capacidad de pensar y sentir al otro; parece que biológicamente venimos preparados para que tal adquisición sea posible, parece que la biología nos ha dotado de un especial equipo neurológico que nos permita alcanzar la "empatía". En el lenguaje psicodramático, Fonseca denomina esta fase *inversión de roles*. La meta que hay que conseguir en las relaciones adultas es la reciprocidad, la capacidad de cooperar y compartir. Alcanzar la reciprocidad, requiere poder colocarse en el lugar del otro. Reconocer sus ilusiones, sus decepciones, sus miedos y sus esperanzas. Desde ese lugar, el lugar del otro, podemos acceder a un espacio común de mutuo enriquecimiento, las relaciones con reciprocidad.

Hace mucho tiempo que hemos hecho nuestra la diferencia entre ver y mirar, una diferencia que en el lenguaje de la psicoterapia humanista utilizamos con frecuencia. Mirar al otro suele colocarnos en el lugar del observador, casi como un zoólogo que lee, clasifica y organiza la conducta que existe frente a él. Ver significa reconocer en el otro no solo lo que hace, sino lo que le lleva a hacerlo. Ver al otro es comprender y empatizar con él. Por eso creo que una regla para evaluar la salud relacional viene de la mano de la capacidad que tenemos para cambiar roles con las personas que nos rodean.

Uno de los fenómenos mágicos de ser padres es la capacidad de invertir roles (de modo imaginario con los hijos), *ver a sus hijos*. Una mala comprensión de este tipo de patrón de interacción lleva en ocasiones a los padres a colocar a sus hijos en lugares que no les corresponden. A modo de aprendizaje para sus hijos, en una ocasión nos contaban unos padres cómo les decían que tenían que aprender a tomar sus decisiones y responsabilidades, de tal modo que una tarde a la semana ellos decidirían lo que se hacía en casa, incluyendo a sus padres y a las personas que trabajan en el domicilio. El motivo por el que atendimos a sus dos hijos era una severa incapacidad de adaptación al colegio; ni sus resultados académicos ni su comportamiento con los iguales y los profesores respetaba unas normas mínimas de convivencia.

Si el cambio de roles llega a una posición ideal, la denominamos *encuentro;* entendemos que esta es la meta que, en algunas ocasiones, alcanzamos. Se parte de la posibilidad de una profunda comprensión del otro y se llega a un lugar no previsto de enriquecimiento mutuo que trasciende a las personas que forman parte de ese "momento".

Tener el deseo de acceder a este tipo de relación ya es en sí mismo valioso y, aunque con un optimismo discreto, una invitación a que esa posibilidad se convierta en realidad:

> Si la plena capacidad de inversión de roles significa madurez psicológica de un individuo, la plena e irrestricta posibilidad para el encuentro sería un privilegio de un dios: el dios hombre (Filho, 1980: 93).

1.3. Las necesidades infantiles

1.3.1. La vida es bella o enloquecedora

Cuando los terapeutas abordamos los conflictos de nuestros pacientes, escuchamos sus historias traumáticas, carenciales, generadoras de sufrimiento, desadaptación y locura, hablamos de cómo su vida está marcada por sus historias infantiles. Hemos querido empezar por una de esas historias fallidas para tratar sobre las necesidades infantiles. Esas necesidades no cubiertas detendrán a las personas en su desarrollo, y sus roles quedarán "congelados" en un modo de actuar desadaptado. El título de este apartado lo hemos tomado de una película de Roberto Benigni, de la que queremos rescatar la capacidad para que la fantasía convierta la realidad en un juego. En este caso, una realidad tan aterradora como la vida para un niño en un campo de concentración, pero una realidad que el padre logra transformar con su historia, y, así, la amenaza de los agresores o las desapariciones (muertes) de otros niños se convierten en un juego. Todo porque creó una historia, no para cambiar la vida, pero sí para interpretarla de un modo que hacía desaparecer el peligro.

Nuestra historia es la historia de Lucía, una mujer de 38 años, diagnosticada con trastorno límite de personalidad. Una historia de síntomas que se reconocen en la adolescencia, y a partir de ahí supone un recorrido de más de veinte años de intervenciones psiquiátricas, psicológicas, ingresos hospitalarios y búsquedas en terapias alternativas, con soluciones mágicas o conflictos generados en otras vidas. A Lucía en su historia le han puesto diferentes nombres, "personalidad prepsicótica", "depresiva", "ansiosa", "trastorno inespecífico de personalidad" y, por último, el más consensuado "trastorno límite de personalidad".

En la terapia de Lucía, el terror formaba parte de su discurso sobre su vida fuera y, en ocasiones, dentro de sesión *entraba en pánico*. Fuimos organizando la historia de su vida, y de sus relaciones familiares, su modo de vivirlas y en qué medida su modo de ser y actuar se había construido en esas interrelaciones.

Lucía contaba que tenía miedo a su padre, y se aterraba cuando lo decía. Su padre la inundaba con una violencia paralizante que describía como una cascada de desprecio, acusaciones, culpas, una mirada que lo hacía verle como un ser absolutamente "maligno" y "despreciable". Recordaba que estas interacciones eran frecuentes desde los cinco años y se habían mantenido hasta hacía poco tiempo, cuando la "enfermedad" ya la había atrapado. ¿Por qué a partir de los cinco años? Es un enigma en su historia, no podía poner en palabras qué hizo que un padre "normal", hasta ese momento, se convirtiese en un "padre amenazante" que hizo de la humillación y el maltrato emocional su patrón habitual de interacción. Solo fuimos capaces de acceder a un miedo que no pudimos confirmar con los miembros de su familia, haber sido violada por su padre.

Cuando Lucía hablaba de este patrón de interacción, dirigimos las preguntas hacia su madre. ¿Qué hacía su madre cuando observaba las conductas de su marido con su hija? La respuesta de Lucía fue muy clarificadora: "Mi madre me quería proteger y me decía que no pasaba nada, que las cosas eran diferentes, que mi padre no era como se mostraba conmigo. Lucía era una amante del cine y solía hacer referencia a las películas para explicar sus vivencias y sus recuerdos. En esta ocasión, cuando Lucía estaba explicando los mensajes de su madre, le dije: "A ti que te gusta tanto el cine, parece que tu madre actuaba como la figura Gido, el padre de Giosué en la película de *La vida es bella,* donde Gido tenía la capacidad de crearle 'un modo de ver el mundo' que le protegía de una situación tan extrema como la vida en un campo de concentración".

"¡No!", respondió Lucía de modo enérgico. "No tiene nada que ver", continuó explicando. "Gido protegía a su hijo con una historia diferente que hacía que el dolor y el miedo no le llegaran. Mi madre actuaba después de que el daño ya se había producido; de ese modo, yo me quedaba con el terror, y con un mensaje que me decía que eso que estaba viviendo no existía, mi madre no me protegía, mi madre me hacía creer que no me pasaba lo que me había pasado, y yo pensaba que lo imaginaba. Hasta que no vine aquí, no sabía que no me inventaba las cosas".

Lucía hacía referencia a mi actitud en la primera entrevista con sus padres, cuando, de un modo firme, les transmití que el sufrimiento psíquico de su hija era grave y que consideraríamos si una psicoterapia era el tratamiento de elección, junto al apoyo psicofarmacológico, o si sería necesario su ingreso en un hospital de día. Pero, mientras lo valoraba, quería que tomaran conciencia de que su hija presentaba un trastorno grave, con un riesgo importante para su salud que ponía en juego su propia vida y no se resolvía negándolo ni con soluciones simplistas como "volver a trabajar" o "quitarse la ansiedad", como nos decía el padre, mientras su madre añadía que "su hija era muy guapa y muy inteligente", acompañando sus palabras de gestos dando a entender que no escuchara a su marido.

Lucía vio una validación de sí misma en mi conducta de reconocimiento de su sufrimiento, "no era una invención lo que le pasaba", no fabulaba con su historia. En esa conversación sentamos las bases de un proceso muy largo y muy costoso donde vivir en el terror, como Lucía lo definía, "no es tener pánico, tener pánico es algo menor, es un momento, como cuando te atracan, o te golpean, eso es pánico, pero vivir en el terror es equivalente a estar enterrada viva, eso es vivir en el terror permanente".

¿Cómo alguien puede sentirse enterrada en vida? Saber quién soy supone el reconocimiento desde mi dolor; si nadie me valida en mi daño, ¿quién soy? Un farsante que interpreta como real aquello que no lo es, que cuando se siente aterrada escucha un mensaje que dice que lo que le sucede no se corresponde con la violencia que recibe. Cuando su madre la "protege", le impide reconocerse y reconocer al otro. Su identidad fracasa en la medida en que su realidad se le define como "fantasía", "es una mente enferma".

Por eso nuestro proceso pasaba por reconocer que una niña emocionalmente maltratada, quizás violada o víctima de abusos, tenía derecho a estar mal, llena de dolor y de tristeza; que la mentira no es protectora, solo enloquecedora, y, debajo de este patrón, psicotizante. Tenemos una niña "carencial", donde sus necesidades de seguridad, de afecto y de valor no fueron cubiertas, sino que fueron reemplazadas por la redefinición de sus vivencias. De ese modo, su identidad se construyó sobre la confusión, que la llevó a definirse como "enferma mental".

Esta no es una bella historia, pero sí una historia que nos recuerda la importancia de proteger la infancia frente al dolor de las carencias afectivas.

1.3.2. ¿Qué necesita un niño para su crecimiento emocional?

Para responder a esta pregunta partimos de la clínica, de la queja y la patología que atendemos para hacer una propuesta sobre qué hacer y, en alguna medida, cómo hacerlo para cubrir las demandas afectivas de los infantes.

La necesidad básica del ser humano es nuestra necesidad de dependencia, venimos a un mundo donde el otro es imprescindible para nuestra supervivencia.

En el modo en que esas necesidades sean cubiertas, las bases emocionales en las que un sujeto se construye con otros, serán el sostén en el que construir su identidad en el mundo.

> El amor, el respeto y la confianza (autoestima) que un individuo siente por sí mismo reflejan, a su vez, cómo fueron sus primeras relaciones estructuradoras y pronostican, en última instancia, cómo serán sus relaciones con el mundo. Por eso, es extremadamente importante estudiar las peculiaridades de su relación de dependencia (Cukier, 1998: 26).

Rosa Cukier (1998: 28) citando a Bradshaw, propone cuatro características del niño que van a conformar sus necesidades psicológicas de dependencia.

La primera es la necesidad de ser valorado, de sentirse valioso con las personas que lo rodean, de saber ocupar un lugar "de interés" para los demás.

> Un niño es valorizable, un niño no nace con autoestima y no tiene ninguna noción de su valor personal. Irá absorbiendo ese valor de fuera adentro, dependiendo del cariño y la dedicación que sus padres tienen por él. [...] Cada vez que un niño siente que no tiene valor para sus padres, se siente avergonzado e inferior por ello. El Yo se ama y se respeta cuando se percibe amado y respetado. A su vez, el Yo se odia cuando intuye que está siendo rechazado o dejado de lado (Cukier, 1988: 28-29).

La segunda es su vulnerabilidad: el niño no tiene un sistema biopsíquico que lo proteja, necesita de la protección externa que él no puede autoproporcionarse. Solo si esa protección se organiza respetando las fragilidades del niño, el niño internalizará esa protección, aprenderá a protegerse.

> Los padres tienen una doble y ardua tarea, que es reconocer y respetar el derecho que los hijos tienen de ser dueños de sus propios cuerpos, pensamientos, sentimientos y comportamientos y, al mismo tiempo, guiarlos en dirección a una percepción más realista y funcional del mundo, limitando su egocentrismo (Cukier, 1988: 29).

La tercera es la inmadurez, la imperfección, crecer supone reconocer las limitaciones sin sentirse avergonzado ni culpable por "no saber", por estar aprendiendo a ser adulto.

> Pienso que uno de los aprendizajes más preciosos que se puede dar a los niños es mostrar que, de vez en cuando, todos, incluso sus padres, cometen errores, y que casi siempre existe la posibilidad de reparación del error o, por lo menos, de pedir disculpas (Cukier, 1988: 31).

Una cuarta y última cualidad de los niños es su modo radical y concreto de comprender las cosas, que viene dado por su pensamiento en desarrollo y la radicalidad emocional que los guía en la interpretación de los hechos. Con las limitaciones que le impone su modo de comprender el mundo, y su incapacidad para poder diferenciar su pensamiento de su vivencia, el mundo se coloca en posiciones extremas y antagónicas, lo bueno frente a lo malo, lo que está bien hecho o lo que está mal hecho... Será un proceso largo y complejo asumir que la bondad y la maldad, la exactitud y la imprecisión, son compañeras inseparables y necesarias para aprender a vivir.

> El niño no discrimina las diferencias sutiles entre las cualidades de las personas y los objetos. Su concreción de pensamiento hace que piense de forma polarizada y extrema, o bueno o malo, o todo o nada, ahora o nunca, etc. (Cukier, 1988: 31).

Desde los trabajos de John Bowlby (1979, 1988), se ha puesto en evidencia el efecto que tiene para el desarrollo del niño su modo de vincularse a otras personas, de tal manera que esos primeros lazos pueden determinar de modo significativo su identidad y su modo de interactuar en el futuro.

Aquellos infantes que hayan vivido en un *vínculo seguro*, donde ha predominado el bienestar en la interacción con los otros, trasladará ese modo internalizado de relacionarse a su propia vida, se desarrollará desde la confianza básica en sí mismo y sus posibilidades. Estas personas serán capaces de actuar de un modo reflexivo y autónomo en el mundo. Pero si, como Bowlby nos mostraba, los lazos de seguridad no se han establecido, necesitamos saber qué ha fallado en su construcción.

> Si ha sido la no disponibilidad de los padres a las necesidades del niño, "vínculos evitativos", los niños serán evitadores de su intimidad y de mostrar su necesidad [...]. En términos psicoanalíticos, en el extremo puede considerarse que este tipo de personalidades tienen dificultades narcisistas (Holmes, 2006: 159-160).

Otra posibilidad que quiebra la seguridad es el *vínculo ambivalente*, donde los cuidadores han sido poco confiables, inconsistentes. Ante la inconsistencia, estos niños generarán estrategias desadaptativas para conseguir mantener el lazo con el adulto.

> Es posible que en casos severos, tales individuos puedan ser considerados de adultos como personalidades neuróticas (Holmes, 2006: 161).

El último modo de organizarse en torno a la ausencia de seguridad en un vínculo es el *vínculo desorganizado*. En dicho vínculo se pone en evidencia la "necesidad no cubierta y reemplazada por el daño".

> Como adultos estas personas permanecen llenas de dolor y, a menudo, con trastornos manifiestos, con un elevado nivel de problemas psiquiátricos (especialmente asociados con ansiedad) y trastornos de personalidad, donde el diagnóstico de TLP [trastorno límite de la personalidad] puede ser adecuado. Este grupo de individuos también muestra, como adultos, un incremento de conductas delictivas, violentas y criminales (Holmes, 2006: 160).

1.3.3. Dolor interpersonal y heridas intrapsíquicas

El psicoanálisis que aprendimos de la mano del profesor Pedro Fernández-Villamarzo nos enseñó a mirar el mundo intrapsíquico no como una acumulación de conceptos, sino como una ingente cantidad de procesos que intentábamos atrapar con nombres, pero donde los nombres nunca reemplazan los procesos; poner nombre es un ejercicio de competencia y limitación a la hora de poder transmitir y abordar los procesos.

Desde esta mirada, nos detuvimos para leer las defensas intrapsíquicas que el sujeto genera frente a los déficits o excesos que se dan en la interacción con los demás. La defensa tiene como objetivo proteger al sujeto del dolor biopsíquico. La defensa protege el yo mientras lo incapacita.

El sufrimiento psíquico se organiza en torno a las necesidades del niño que requieren del adulto la capacidad para cubrirlas de forma "adaptativa". Si aparece el defecto o el exceso, se activarán las defensas intrapsíquicas, que pasarán a ser las organizadoras de la identidad del sujeto, de sus relaciones interpersonales y, en última instancia, las creadoras de su psico(pato)logía.

De una manera evolutiva, situamos en primer lugar las heridas carenciales. Los sentimientos básicos que todo ser humano necesita cubrir cuando llega al mundo se sintetizan en los siguientes: seguridad, afecto, valoración. ¿Qué tiene que hacer un bebé para sentirse seguro, querido y valorado? Nacer, lo demás no está en su mano. ¿Qué sucede si los brazos que tienen que acogerlo no le dan y, por tanto, no le permiten introyectar sentimientos de seguridad, amor y valor? En ese caso el niño, que no todavía el inexistente sujeto psíquico, tendrá que activar sus defensas más radicales, por tanto más primarias y más dañinas.

Detengámonos un momento en cada una de ellas. Las carencias de seguridad: un niño frente a un mundo inseguro se ve amenazado por él como algo indiscriminado, tanto interno, su propio cuerpo, como externo, el mundo que lo rodea. En la medida en que las capacidades del niño no permiten esta discriminación, el entorno se convierte en amenazante, las vivencias son de aniquilación, muerte o desaparición… Pasan a ser las primeras huellas constitutivas de su identidad. Un niño atrapado en esta carencia, en esta inseguridad existencial, tendrá como organizador de su desarrollo el miedo, todo paso hacia delante es potencialmente destructivo, por lo que la defensa que se activará será el "aislamiento". La defensa esquizoide marcará su modo de estar y protegerse en el mundo y del mundo. El aislamiento emocional protege mientras daña, porque el único modo de poder desarrollarnos y disfrutar en el mundo es colocar los afectos en él. Esta incapacidad para vincularse desde el amor dejará sumida a la persona en la soledad atemorizante, donde las necesidades no se cubren ni se permite la posibilidad de llegar a hacerlo.

Cuando decimos que las heridas son evolutivas consideramos que, junto a la herida original, se irán generando todas las otras que tienen como consecuencia el no acceder a cubrir el resto de necesidades emocionales.

La siguiente necesidad es afectiva, necesitamos sentirnos queridos, necesitamos sentir el cariño, la acogida, la caricia, la serenidad que produce el abrazo o el beso… El cariño hace que nos sintamos queribles, personas que podemos ir por la vida con el convencimiento de que merecemos ser amados, partícipes y participantes de relaciones amorosas. Pero si esta necesidad queda desasistida, el sufrimiento tendrá como organizador la tristeza, la pena. El organizador de nuestra identidad será evitar la repetición de la tristeza, protegernos de volver a sentirnos no queridos. Ser un sujeto no querible nos hace protegernos del doloroso riesgo de volver a comprobarlo. La autoinculpación como defensa funciona de manera protectora, la omnipotencia negativa contribuye como aliada y la fantasía perpetúa la carencia. Si soy algo que no merece ser querido, disculpa del dolor del rechazo afectivo y protege frente al miedo devastador de saberse rechazado. Laboriosa contradicción a cubrir, saber que el otro del que dependo no me quiere, el estigma de "ser" no querible me permitirá anular el miedo al rechazo permitiendo sostenerme en la dependencia, sabiéndome no merecedor del amor del otro, que en este momento es todos los otros. La melancolía definirá la identidad y guiará la clínica.

La siguiente necesidad y potencial carencia va asociada a la valoración, necesitamos ser valiosos, tal y como nos decía Kohut, poder reconocernos en el brillo de la mirada del otro cuando nos mira; ese brillo protector es condición necesaria para sentirme valioso, importante, que tengo un lugar en el mundo por el hecho de ser yo, no tengo que conquistar el reconocimiento, pues me viene dado. La sana gratificación narcisista nos hace mostrarnos desde lo que somos sin el terror al daño valorativo, al juicio despreciativo del otro, que sigue siendo el único otro, el tercero todavía no ha pasado a tener representación mental en el "sujeto psíquico". Si la herida de valor aparece, la rabia se activa frente al dolor de la humillación. El narcisismo primario, esa primera representación de identidad, queda dañado, la defensa narcisista se organizará desde la agresividad-rabia de una forma elaborada: el desprecio por los demás. Las relaciones interpersonales se rigen por la protección de la fragilidad narcisista y el desprecio hacia los demás será el patrón más frecuente de interacción, sin descartar que los procesos paranoides vengan en socorro de una precaria identidad. Es mejor delirar un mundo persecutorio que viene a dañar mi imagen que aceptar el dolor de renunciar a la fantasía omnipotente de valor.

Estas tres heridas se organizan en torno a la carencia y la pasividad, la asimetría es constituyente del vínculo y solo el adulto posee la capacidad de cubrir de forma suficientemente buena las necesidades físico-psíquico-emocionales del bebé.

El siguiente grupo de heridas afectivas se denominan *heridas opresivas*. Dentro de esta categoría incluimos diferentes patrones de relación donde el sufrimiento será un elemento que se unirá a la acción, a la iniciativa, al explorar, al descubrir. El niño dependiente necesita una mano donde se sienta protegido en el hacer. Esa protección conlleva la enseñanza del cómo hacer, las exigencias, las normas que le introducen en el universo social, desde la protección que complementa la todavía insuficiente capacidad para llevar a cabo solo las iniciativas y desde la limitación, la prohibición. La limitación que permite aprender a renunciar y aprender a vencer obstáculos para llegar a conseguir las metas.

Si el exceso pasa a formar parte de estos patrones de interacciones, si la exigencia se convierte en hiperexigencia, la protección en hiperprotección y la limitación en represión, el sujeto se enfrenta a esta fase del desarrollo desde el miedo particular que cada vínculo genera y activará su defensa característica.

La hiperexigencia conlleva la hiperpreocupación, el temor permanente al error, la rigidez, la idealización del resultado y la culpa unida a la imperfección. La defensa frente a la culpa es el control, el control fantaseado y fantasmático del mundo interno y del mundo externo. El control interno de la agresividad como respuesta a la hiperexigencia del exterior. Y el control del mundo externo como modo de evitar el sentimiento de fracaso y culpa.

Si la protección se convierte en hiperprotección, las iniciativas se reemplazan por peticiones, el *hago* se sustituye por el *hazme*. El abrazo que envuelve incapacita, y el mundo se convierte en difícil, poco asequible y mis capacidades en insuficientes. Tomar iniciativas es el lugar de encuentro del miedo a comprobar mi incapacidad frente a los imaginarios peligros que conlleva poner en acción mis deseos. El miedo activará la defensa, la evitación: posponer, sustituir los hechos por la realización en la fantasía se convertirá en el modo de estar en el mundo.

Si la limitación se convierte en represión, si el niño siente que sus iniciativas, sus deseos, son malas en sí mismas, si la función del deseo, del querer es en sí misma nociva para los demás, que reaccionan de un modo extremo, represor, donde no se canaliza, se orienta, se coloca en el futuro..., si solamente se transmite la prohibición por lo terriblemente dañino del deseo de la iniciativa, entonces el sujeto se cargará de culpa y sus deseos se disfrazarán. El disfraz viene de la mano de la defensa, hacer que el deseo del sujeto se convierta en el deseo del otro, la seducción será el instrumento que permita que mi actividad limitada sea reemplazada por la acción del otro en cumplimiento de mis deseos. La culpa, por la propia naturaleza del deseo, será el organizador de este tipo de conductas.

1.4. La identidad a través del desempeño de roles: teoría de los clústers de D. M. Bustos

Iniciamos nuestra búsqueda en el desarrollo señalando las tareas y los objetivos que el niño tiene que alcanzar en su crecimiento emocional. Hicimos una pausa para mirar qué necesidades emocionales tiene que cubrir el niño para realizar el camino. Ahora necesitamos reconocer cómo se hace el recorrido, qué roles desempeñan los protagonistas, el niño y sus cuidadores. Para ello, hemos recurrido a la sistematización teórica que D. M. Bustos hace bajo el título de teoría de los clústers.

> Cuando Moreno dice que los roles intercambian sus experiencias, alude a que agrupan según una cierta dinámica. Mi pregunta fue: ¿con qué criterio se agrupaban los ramilletes? Refiriéndonos al orden evolutivo [...], podemos comprender este aprendizaje en tres grupos. Clúster uno, cuyo complementario es la madre o el adulto que lo sustituya. Clúster dos, cuyo complementario es el padre o adulto sustituto, y el tercero es el clúster tres, cuyo complementario es el hermano o sus sustitutos (Bustos y Noseda, 2007: 94).

El primer clúster, denominado *clúster materno*, conlleva para el infante un aprendizaje esencial, la satisfacción asociada a la dependencia. Como venimos sosteniendo, si los pilares de la identidad se organizan en torno a la seguridad, el afecto y la valoración, es en el modo en que se internalice este patrón de relación como se construirán las bases de una identidad sana, o se forjarán las fragilidades constitutivas de la personalidad. En último caso, el modo de encubrir y protegernos de las necesidades no cubiertas serán los constructores de la patología y los trastornos de personalidad. Nos dice Dalmiro (Bustos y Noseda, 2007: 98-156):

> Aprender a depender es esencial para el desempeño de la vida adulta. Saber recibir, aceptar ser cuidado, incorporar, convivir saludablemente con los momentos de vulnerabilidad, depende de las experiencias con las que se ha vivido esta etapa, las que podrían ser confirmadas o rectificadas por los hechos posteriormente. [...] La autoestima está en gran parte condicionada por esta etapa (p. 98). [...] En esta etapa las emociones básicas predominantes son la voracidad y la envidia (p. 106). [...] Lo más importante para considerar los sentimientos del ser humano, el odio, el amor, la envidia, etc., es comprenderlos como parte de un vínculo, ya que no pueden existir en sí mismos: son parte de una relación interna (p. 111). [...] La admiración es la contracara de la envidia. También lo es la gratitud. Ambos sentimientos son incompatibles con la envidia (p. 112). [...] La culpa es otro pertinaz habitante de nuestra cultura que tiene su matriz en este momento evolutivo (p. 115). [...] Otra ansiedad de temprana evolución es la vergüenza: turbación del ánimo que suele encender el rubor del rostro, ocasionada por una falta cometida o por alguna acción deshonrosa o humillante, propia o ajena (p. 120). [...] Fracaso, humillación, desprecio por sí mismo son experiencias que acompañan a la vergüenza [...]. Una de las mayores fuentes de angustia en nuestro mundo, ávido de estímulos, es la soledad (p. 121). En el clúster uno, pasivo, dependiente, incorporativo, la agresión tiende a manifestarse en forma de abandono, dejando al otro sufrir la carencia de afecto, de soledad. Te hago sentir que me necesitas y te dejo solo (p. 132). [...] El clúster uno representa el sí (p. 156).

En el *clúster dos,* la madurez permite la aparición de las iniciativas, permite que el niño actúe en el medio que lo rodea. Pero el medio, tanto humano como de objetos, tiene sus propias condiciones para interactuar con ellos, la disponibilidad del primero para participar en los juegos de descubrimiento, y sus modos de uso y riesgo que conlleva su utilización, para tocarlos, lanzarlos, agitarlos, escalarlos… En este proceso de toma de iniciativas y de aprendizaje de mis capacidades y limitaciones es necesario "otro" que nos complemente sin suplirnos, sin incapacitarnos, sin asustarnos por ir mostrándonos a través del hacer.

> Si en el clúster uno una persona aprende a aceptar sus necesidades, el pasaje hacia el clúster dos se realiza a través de aprender la capacidad de reconocerlas, nominarlas y administrarlas. [...] El clúster dos es acelerado frente a la angustia de la ausencia del clúster uno (Bustos y Noseda, 2007: 138-139).

El paso de la pasividad a la actividad no se produce al margen de la ternura:

> Cuando la ternura facilita la transición, esta irá impregnando gradualmente todos los momentos de cambio. Así, la ternura comienza por ser un estado biológico de máxima dependencia, pasa a integrarse con la respuesta materna de cuidados amorosos, los que se integran al anterior estado, para posteriormente recanalizarse en un trato tierno y comprensivo hacia los otros (Bustos y Noseda, 2007: 139).

En función de cómo realicemos este aprendizaje, la vida será un lugar de adquisición o un lugar de enfrentamiento. En el momento en que ponemos a prueba nuestras capacidades e iniciativas, la vivencia del entorno se puede convertir en facilitadora o en hostil. De la mano de la primera aprendemos a disfrutar aprendiendo, de la mano de la segunda cada paso en la vida es una lucha por no ser vencido por la realidad.

> La capacidad de un ser humano para luchar por mucho más que luchar contra (Bustos y Noseda, 2007: 139).

En este período se incluye una complejidad relacional nueva. La fantasía de ser todo para el otro, o encontrar otro que sea la fuente de todo bienestar, pasa a ser sustituida por un primer atisbo de toma de conciencia de las relaciones por criterios.

> En los primeros momentos de la vida [...] todas las necesidades están dirigidas a una única persona. Pero el gradual crecimiento permite la discriminación de las diferentes necesidades que admiten una alternativa. El padre es la primera alternativa (Bustos y Noseda, 2007: 140).

La capacidad de elegir y ser elegido vendrá acompañada del temor. No hay mayor dolor que caer en un mundo donde no existo para los demás. Y a su vez puede ser desgarradora la vivencia de elección, cuando no se ha accedido a la comprensión de la elección parcial, no es una aceptación absoluta, pero tampoco un rechazo absoluto. Conlleva la vivencia de un rechazo del otro masivo, que viene acompañado del sentimiento de desprotección y desamparo existencial. Es la fantasía temida de ser abandonado o de poder abandonar.

El clúster dos incluye un aprendizaje novedoso, la "autoridad". Quizás la palabra *competencia* puede permitirnos adjetivar y precisar el sentido que queremos dar al término *autoridad*. En este clúster, activo dependiente, los roles son asimétricos, el de quien da los primeros pasos y el de la persona que los guía. Esa función de guía puede generar una vivencia benéfica de la "autoridad", de la competencia del otro, al servicio del que la está adquiriendo. O, todo lo contrario, como un limitante, donde aprender es rivalizar desde una posición desventajosa. La autoridad será una amenaza, y el sujeto tendrá miedo a su propia competencia, o mejor, su incompetencia.

> El clúster dos es la capacidad de decir no (Bustos y Noseda, 2007: 156).

El *clúster tres* es el aprendizaje de las relaciones de simetría, supone aprender con los iguales, las reglas de la interacción se modifican, y el otro deja de ser una figura protectora, por lo que esa función tiene que aprender a desarrollarla el propio sujeto. Ser adultos conlleva mayoritariamente el desempeño de roles simétricos, donde la asimetría, cuando se establece, viene incorporada de modo puntual en relaciones simétricas, o en relaciones donde el miedo al crecimiento ha buscado una defensa en interacciones infantiles "asimétricas".

El aprendizaje que corresponde a este momento evolutivo es "aprender a compartir" (Bustos y Noseda, 2007: 61), Compartir en relaciones que impliquen simetría: "amigos, hermanos, esposos, compañeros, colegas, amantes…" (Bustos y Noseda, 2007: 161).

Compartir es un proceso difícil, quizás si convertimos el verbo en reflexivo nos acercamos a la complejidad que significa compartirse. Ser con otros, aceptando nuestras limitaciones y necesidades, que suponen asumir la necesidad que tenemos de los demás. Compartir es una vivencia que supone la victoria sobre la fantasía narcisista, donde lo importante, lo que da sentido a la vida, surge en el "entre" y con los otros. Ahora bien, acceder a esta fase de una manera sana supone una revisión de la identidad adquirida en las etapas anteriores. Esa revisión se puede plasmar en una simple, pero muy operativa, ecuación: a mayor fragilidad en la identidad construida en los clústers I y II, el acceso a este tercero vendrá de la mano de la agresividad. La agresividad en sus sentimientos más destructivos, la envidia, el odio, los celos y, en último lugar, "el deseo aniquilador del otro". Solo la muerte del rival pospone la pública evidencia de la impotencia.

> El motor final del crimen fraterno por antonomasia es la envidia, ya que lo lleva a destruir a su hermano. La ecuación de la envidia es destruir al que tiene lo que se desea [...]. Las tres dinámicas imbricadas en este tercer clúster son "compartir, competir y rivalizar" (Bustos y Noseda, 2007: 162-163).

Nos gusta creer que estamos en tres momentos de un único proceso de aprendizaje, competir y rivalizar son condiciones para llegar a la meta compartir.

> Compartir requiere un deseo de aportar aquello que cada uno tiene para el bien común. Moreno lo exalta como siendo el desiderátum de la comunicación humana y, de hecho, la convierte en la tercera etapa de la sesión de psicodrama (Bustos y Noseda, 2007: 163).

Si, como señalamos, compartir conlleva la belleza de la trascendencia del propio sujeto, para un bien común, hay otra característica que todavía ennoblece este tipo de interacción.

> Todos sabemos la sensación de plenitud que produce la acción conjunta donde cada cual pone lo suyo, sin medir cuanto puso cada uno (Bustos y Noseda, 2007: 164).

Competir tiene dos direcciones: vencer al otro o superarse a sí mismo. No vamos a vivir en un mundo idealizado. Nos hemos construido en un mundo donde competir es "vencer al otro", solo después de un largo recorrido por la vida podemos llegar a aprender que competir es poder sacar lo mejor de cada uno de nosotros. Si competir requiere alguien a quien vencer, necesitamos un rival al que oponernos. Tardaremos mucho en aprender que tener rivales solo tiene un sentido: aprender que nos necesitamos y llegar a acuerdos para negociar con ellos. El resultado, el final de este camino de interacciones, es disfrutar de nuestras competencias y limitaciones con un objetivo común: mejorarnos los unos con los otros.

1.5. Adquisición de roles y desarrollo interpersonal

En este apartado sintetizamos en un gráfico la posición integradora que recoge las concepciones del desarrollo mostradas hasta ahora en el texto. De tal manera que en la imagen se resume una teoría evolutiva e integradora de la adquisición de roles y el aprendizaje interpersonal que conlleva cada fase del desarrollo.

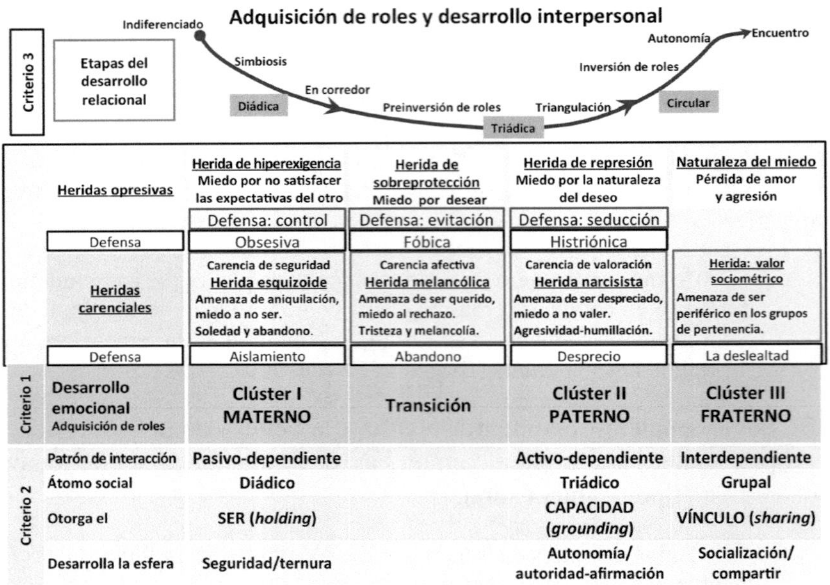

Figura 1.1. Adquisición de roles y desarrollo interpersonal.

2

Psicodrama y técnicas psicodramáticas

2.1. Definición de psicodrama

> El psicodrama nació el día de los locos, 1 de abril, 1921, entre las 7 y las 10. El *locus nascendi* fue la primera sesión oficial de psicodrama, el Komoedien Haus, un teatro para el drama en Viena (Cukier, 2007: 320).

Moreno considera este día la fecha de nacimiento del psicodrama. Moreno, en un teatro con un público de casi mil personas, en el que se incluían los curiosos habitantes de la ciudad, representantes de diferentes estados europeos y miembros de organizaciones religiosas, políticas y culturales. Se sitúo frente al público, en un palco vacío, con una cortina de ligero color ceniza; en el centro estaba colocada una silla de terciopelo rojo, con un respaldo alto, una silla envejecida. El trono del rey. Y sobre él una corona dorada. Se dirigió a los que allí estaban y les propuso dramatizar los conflictos sociales que se estaban desarrollando en ese momento histórico.

De la personalidad de Moreno se podrán entresacar déficits o excesos, pero lo que no podemos negarle es su capacidad de enfrentarse a lo desconocido con una confianza en sí mismo incuestionable. Quería proponer al público que jugaran a ser el rey de Austria. La propuesta que hizo al auditorio era encontrar un nuevo orden político para el país, que atravesaba una difícil situación interna, que no conseguía mantener unidas las naciones que constituían el Imperio austrohúngaro. Moreno escribió:

> La prensa vienesa, a la mañana siguiente, se mostró muy perturbada por el incidente. Perdí muchos amigos, pero recordé con tranquilidad: "Nadie es profeta en su tierra" y continué con mis sesiones durante mis estancias en países europeos y en los Estados Unidos (Castello de Almeida, 1990: 49).

Este es su origen pero, nuestro propósito es mostrar "qué es el psicodrama" como modo de hacer "psicoterapia", por eso partimos de una definición operativa:

> El psicodrama es una técnica global que integra el cuerpo, las emociones y el pensamiento. Hay terapias que se concentran en la parte corporal, como la terapia psicomotora y muchas variedades de grupos de encuentro; hay otras que hacen énfasis sobre las emociones y sentimientos, como la terapia centrada en el cliente, y hay formas que dependen exclusivamente de la comunicación verbal, como la psicoterapia tradicional. El psicodrama integra los tres aspectos con un énfasis particular en la acción corporal para reforzar los sentimientos y las emociones (Ramírez, 1997: 24).

Está técnica global de psicoterapia sigue una secuencia en su realización, en tres etapas para su desarrollo, que se denominan caldeamiento inespecífico, psicodrama propiamente dicho o dramatización, y la fase de compartir, o participación.

Cada fase propone un recorrido a los miembros del grupo. La fase de caldeamiento inespecífico tiene básicamente dos objetivos: desde lo interpersonal, crear grupo, facilitar la cohesión grupal, hacer que los participantes se sientan formando parte de un proyecto común; desde lo personal, que cada miembro acceda a su mundo interno, que se aleje de la presión de la realidad, de la inmediatez y la racionalidad, para acceder a sí mismo, a su mundo emocional, a reconocerse más allá de lo explicado y conocido en su discurso racional. Las vías de acceso son la palabra, la acción y la imaginación. Las propuestas de caldeamientos verbales pueden ser rondas grupales donde los miembros del grupo hablan sobre lo que en ese momento deseen, o les sugiera el director. En el caldeamiento desde la acción, el cuerpo nos guía en la exploración de nuestros estados emocionales o la imaginación a través de la cual invitamos a nuestros recuerdos a acceder a nuestra conciencia.

Sirvan como ejemplos de caldeamiento los siguientes: hablar de lo que hoy nos asusta, caminar dejando que la acción nos permita el acceso a las imágenes encubiertas, dejarnos sentir las diferentes zonas de nuestro cuerpo y reconocer la tensión o malestar asociadas a cualquiera de ellas, facilitar el recuerdo caminando por recorridos imaginarios de nuestra vida y nuestras relaciones, nuestro presente, nuestro pasado, nuestro futuro.

Este caldeamiento se denomina inespecífico y finaliza con la aparición del protagonista. El protagonista es cualquier miembro del grupo que se propone en ese momento para la búsqueda, exploración y reparación de sus conflictos. Requerirá su propia preparación o caldeamiento específico. El caldeamiento específico tiene por objetivo conseguir recrear el espacio imaginario frente al protagonista, en el lugar (*locus*) y con las personas que lo acompañaban en la situación donde surgió el conflicto (matriz). Es un recorrido interaccional en el que de la mano de la "recreación de la situación", el protagonista se ve frente a su mundo interno y conflictivo, "por segunda vez".

La dramatización, o, como algunos autores lo definen, "el psicodrama propiamente dicho" (Menegazzo, Zuretti y Tomasini, 1992), posibilita la búsqueda de los "roles cristalizados". Aquellos roles que se quedaron fijados evolutivamente a un contrarrol patológico. A través de la dramatización se rastrea el mapa evolutivo del protagonista. En la dramatización, a través del sufrimiento del paciente como hilo conductor, vamos a acceder a las escenas donde se originaron los conflictos. O, con más precisión, se accede "a la escena original cocreada por el paciente desde la vivencia y la reconstrucción". En esa escena se integran los hechos reales, los datos de la imaginación y la capacidad cognitiva y emocional desde la que el sujeto construyó "el significado consciente e inconsciente de la situación".

La escena, como en el teatro, se mostrará ante al público, dándole al sujeto la posibilidad de resignificarla y modificarla. La transformación de la escena es el germen para la transformación de los patrones de conducta o "roles cristalizados" nocivos para el sujeto. La última fase del psicodrama se llama compartir, participar o etapa de análisis y comentarios. Los autores que proponen este último nombre dividen la fase de análisis, a su vez, en dos partes: una fase que denominan con rigor "momento de compartir" y otra que a la que llaman análisis.

Compartir es el momento donde todos los miembros del grupo, tienen la posibilidad de poner en común lo experienciado en la escena revivida en su mundo interno, en su biografía, en su fantasía. Y es esta vivencia propia la que devuelven al grupo, de forma que este es el momento grupal en el que se recogen los "dramas" individuales de los integrantes del grupo y pasan a formar parte del "nosotros grupal", donde la intimidad une cada vez con más solidez a los participantes en la sesión.

> Aquellos autores que diferencian la fase de compartir de la fase de análisis consideran la fase de análisis como el momento de los comentarios terapéuticos y de las interpretaciones personales y grupales pertinentes en cada caso (Menegazzo *et al.,* 1992: 175).

2.2. Dramatización: ¿cómo y cuándo dramatizar con niños?

> Pensé que varios procedimientos se llaman dramatizaciones. Se habla de técnicas clásicas, dramatización con escena abierta, psicodrama interno, trabajo con sueños, trabajo con imágenes y juego dramático. Me parece muy complejo limitar cada una de estas categorías, ya que frecuentemente se interpenetran durante un mismo trabajo (Cukier, 2003: 25).

Asumiendo la dificultad que Cukier nos plantea para poder establecer categorías cerradas, y compartiendo la idea de que toda categoría natural se organiza de manera prototípica, luego con límites permeables, se concluyó para nuestro propósito y desde un punto de vista práctico en definir "la dramatización" como la puesta en acción de los conflictos presentados por los miembros del grupo.

Si se tuviera que establecer una línea conceptual que separe la dramatización del juego dramático, se consideraría el grado de propositividad del grupo y del terapeuta. Si el contenido que hay que dramatizar surge del grupo sin más guía del psicodramatista que el proceso de caldeamiento, se definiría como *dramatización.* Ahora bien, si la propuesta de acción surge del psicodramatista y es él quien sugiere, de un modo análogo a como lo realiza en el caldeamiento, una actividad para que el grupo aborde los conflictos, entonces se cree más adecuado denominarlo *juego dramático.*

¿Cómo y cuándo dramatizar? Queríamos recoger esta pregunta clásica en el mundo del psicodrama, por dos motivos. Existe un riesgo para los psicodramatistas en formación o psicoterapeutas de otros modelos que usan el psicodrama, al pensar la sesión de psicodrama como la aplicación de una técnica, como una herramienta que se aplica a cualquier situación al margen del proceso terapéutico. Y, en segundo lugar, los psicodramatistas experimentados suelen plantearse dudas sobre cómo integrar la acción y la palabra en el "discurso grupal". ¿El hablar se subordina al hacer o se trata de introducir la acción dentro de un proceso narrativo? (Pavlovsky, Moccio, Martínez Bouquet, 1979).

Con relación a entender la sesión de psicodrama como una técnica, *mutatis mutandi,* se diría que se comete un delito mayor con la filosofía del psicodrama. Un psicodramatista no entiende la sesión psicodramática como una "conserva cultural", un producto acabado que consumimos, sino, por el contrario, un lugar donde la espontaneidad del terapeuta confluye con la de los miembros del grupo.

Con relación a la segunda inquietud, la respuesta está en la confianza, confiar en la acción como método de evaluación y método de terapia. Desde esa confianza, para un psicodramatista, la acción como propuesta se intercala con el lenguaje verbal, como un diálogo fluido, y más complejo que la sola narración o la conversación entre los miembros del grupo.

2.3. Juegos dramáticos

> A pesar de que Moreno reivindicó cierto pionerismo sobre la utilización de recursos lúdicos infantiles [...], el psicoanálisis ya lo había hecho con relación a las psicoterapias infantiles [...]. Fue al observar y analizar el juego del carrete de un bebé de 18 meses que este autor descubrió los mecanismos psicológicos de la actividad lúdica (Cukier, 2003: 51).

Decir que el juego forma parte de la vida psíquica de los niños es un truismo, porque en los niños el juego es espontáneo y el desarrollo incipiente de la verbalización no favorece que se recojan informaciones por ese camino, la utilización de actividades lúdicas en la infancia siempre pareció pertinente y apropiada.

¿Cómo hacer del juego un modo de acercarnos al dolor de la infancia y su reparación? Requiere que precisemos de qué hablamos cuando usamos el término *juego dramático o psicodramático.*

El juego dramático es un modo de acercarnos con la suficiente cercanía y la suficiente distancia a los conflictos de los niños. Cercanía porque de un modo que se simboliza a través de una actividad lúdica se acerca al origen del dolor psíquico, y lejano porque lo simbólico es un modo de alejar a través de los significantes del juego el dolor que conlleva la representación de la realidad.

Con acertado criterio, dice Cukier:

> La finalidad del juego dramático es la de relajar el campo terapéutico para que pueda hacer una aproximación sutil en relación al material conflictivo. Se propone el abandono de la lógica formal y la posibilidad de adentrar en la lógica de la fantasía, pudiendo de este modo rescatar con frecuencia contenidos inconscientes que difícilmente serían percibidos (Cukier, 2003: 52).

El trabajo con niños requiere y obliga al uso del juego dramático. Como se muestra con más detalle cuando se exponen distintos tipos de juegos dramáticos, no podemos dejar de señalar que el juego dramático supone una postura "más directiva" del psicodramatista, en la medida en que el juego es una propuesta organizada que propone una actividad que se va a desempeñar con una finalidad concreta, el abordaje de los conflictos previamente mostrados por los niños y reconocidos por el psicoterapeuta.

La diferencia entre psicodrama y juego dramático podría ser objeto de aclaraciones y especificaciones más propias de la búsqueda de acuerdo en el campo teórico que de nuestros propósitos en este texto, donde, sin despreocuparnos de los "nombres", ponemos el énfasis en señalar que el acceso al conflicto en los niños requiere una mayor directividad y propositividad en el psicodramatista, y eso se realiza a través del juego dramático.

2.4. Técnicas psicodramáticas

Una definición operativa podría ser esta: las técnicas psicodramáticas son propuestas de acción o que se desarrollan en la acción, y se usan de manera independiente o al servicio de la dramatización.

Si la definición la buscamos en los textos de Moreno, resalta su interés por su funcionalidad:

> Las formas psicodramáticas de *role playing,* así como la inversión de roles, identificación de roles, doble y espejo, pueden contribuir al crecimiento mental del individuo (Moreno, citado en Cukier, 2007: 78).

Ahora bien, en el "ámbito de la psicoterapia", lo más conocido del psicodrama para otros profesionales son las técnicas. Los psicodramatistas insistimos en la necesidad de no escindir las técnicas de la teoría que las alumbró. Por eso, quizás sea especialmente oportuna la siguiente definición de técnicas psicodramáticas:

> Se entiende por técnicas psicodramáticas aquellos medios de que se vale el director de psicodrama para integrar a todos los miembros del grupo y movilizarlos hacia una mayor participación, actuación e involucración en los problemas personales. Las técnicas pueden ser visuales, auditivas o activas. No son una panacea, su efectividad depende de su adecuación al director, al protagonista y al grupo (Ramírez, 1997: 119).

Nos vamos a detener en explicar cuatro técnicas psicodramáticas, tres de ellas se consideran las técnicas básicas, doble, espejo y cambio de roles, a las que se añade una cuarta, la técnica de concretización. Las tres primeras están integradas en la concepción evolutiva de la "matriz de identidad"; la siguiente es una técnica postmoreniana, pero que se piensa como complementaria de las anteriores. La técnica de concretización podría considerarse, a su vez, una técnica básica, dado que es un modo de actuar característico del pensamiento infantil, por lo que se puede articular como un uso terapéutico de un modo de comunicarse y expresarse propio de una etapa del desarrollo.

La importancia de las técnicas psicodramáticas en el trabajo con niños es obligada, en la medida en que la psicología evolutiva y la neurociencia van añadiendo trabajos que avalan la importancia de las relaciones del niño con su entorno y su papel activo en la construcción del psiquismo desde los primeros momentos de su vida.

> Los estudios de Schore sobre el cerebro muestran que la información no verbal y en gran parte inconsciente que se intercambia en la díada madre-hijo, en la adultez puede continuar entre el *self* privado de una persona y el *self* privado de otro. Schore observa que esta comunicación representa transacciones directamente entre los hemisferios derechos de los participantes en la interacción. Confirma que los niños están sensorialmente preparados, no cognitivamente, por eso está claro que las experiencias que se sostienen en lo corporal forman una parte esencial de los procesos de vinculación (Bannister, 2007: 240).

Si esta manera de intervenir se sostiene en una concepción vincular, con más firmeza que nunca, se puede afirmar que las técnicas psicodramáticas contribuyen de un modo excepcionalmente eficaz al reconocimiento de los patrones interaccionales en los que participamos y desde los que convivimos. El psicodrama es una terapia global que incluye en la intervención la acción y el uso del cuerpo en la relación con los otros, lo que puede suscitar poderosos sentimientos que son difíciles de articular, incluso para los adultos.

2.4.1. La técnica del doble

> La definición más corta es que dos personas A y B son una y la misma persona. Este es otro ejemplo de la lógica psicodramática. B actúa como el doble de A y es aceptado por A como tal. El grado de no aceptación y el conflicto que surge entre el individuo y su doble es una fase importante en la catarsis a través del doble [...]. La técnica del doble es la terapia más importante para la gente solitaria; por lo tanto, es importante para niños aislados y rechazados. Un niño solo, como un paciente esquizofrénico, nunca puede ser capaz de invertir roles, pero puede aceptar un doble (Moreno, citado en Cukier, 2007: 280).

Si la técnica psicodramática está intrínsecamente unida a la teoría moreniana, la pregunta que tenemos que responder es: ¿cómo se une la técnica del doble a la teoría del desarrollo de Moreno? La respuesta es inmediata: la primera tarea evolutiva del sujeto psíquico es encontrar su identidad. Encontrar la identidad, desde nuestra concepción vincular, requiere de otro, de un yo auxiliar, cuya función es colocarse en el lugar del incipiente sujeto psíquico para poder reconocer los diferentes componentes de su precario autoconocimiento.

> Cuando un niño toma conciencia de "separabilidad" de su madre, cuando se reconocen los sentimientos del niño y la respuesta de sus cuidadores es apropiada. Esta interacción es muy parecida a la técnica psicoterapéutica del doble donde el director o los miembros del equipo asumen la postura y la expresión facial del protagonista para ayudarle a reconocer sus propios sentimientos no expresados (Bannister, 2007: 241).

Como Bannister expone, si se observa a los cuidadores de los niños cuando están en sintonía con ellos, funcionan como dobles que proporcionan las palabras que el niño no tiene, cuando ponen nombres a sus expresiones faciales y a su conducta. Todos hemos sido dobles de nuestros hijos, y se puede ver que los padres se colocan en esta posición, incluso para sorpresa de otros adultos que no entienden cómo mirando a sus hijos saben cómo están y qué necesitan en cada momento.

Pero está interacción contiene algunas características que le son propias. El bebé que participa de estas interacciones no está separado del cuidador. No tiene ni ha accedido a la conciencia de sí mismo y del otro, por lo que esta díada interaccional cumple dos funciones de cara al niño: en primer lugar, sirve para generar interacciones que cubran sus necesidades de un modo apenas esbozado o expresado por él, desde sus posibilidades comunicativas; en segundo lugar, el niño está incorporando en su acción, su gesto y su emoción el significado que el otro *lector de su necesidad le otorga,* lo que le permite ir reconociendo-se. Desde los primeros atisbos del sujeto psíquico, el "entre", el espacio interpersonal, actúa como constructor de la identidad del niño, de tal modo que sus trocitos inconexos del sí mismo puedan ir coordinándose mutuamente para poder acceder al siguiente paso evolutivo, un todo unificado que se denomina identidad. La identidad, por tanto, será el resultado de la integración de los diferentes grupos de "necesidad, sensación, conducta, afecto, conocimiento" que originalmente constituyen al sujeto en relación con el otro.

El método del doble, en psicoterapia con niños, evita la tendencia de los adultos a "dar por sabido"; el doble permite ir "sabiendo del otro, con el otro". El terapeuta puede inventarse "la tristeza en el niño" frente a su decepción, pero desde el "doble" puede reconocerse en la tristeza, el miedo, la rabia, el terror… no necesariamente y sólo en la supuesta y pensada tristeza que le podemos atribuir como respuesta a la decepción.

2.4.2. *La técnica del espejo*

Vamos a pasar a la segunda técnica, que también es importante para el terapeuta. Es la técnica del espejo. Con frecuencia vemos la fantástica experiencia de los niños mirándose en el espejo, y luego les oyes reír sorprendidos, asombrados. Es una experiencia fascinante.

> Cuando el niño se da cuenta de que la imagen en el espejo es de él, este es el punto de inflexión en su crecimiento, un importante punto de inflexión en su concepto de sí mismo (Moreno, citado en Cukier 2007: 226).

¿Cómo se convierte un proceso psíquico en una técnica? Sin olvidar que es muy importante que esta técnica *refleje como un espejo* sin distorsionar la imagen del otro. En realidad, el conocimiento de sí mismo es una de las actividades más complejas y siempre incompletas del ser humano, por lo que nos encontraremos con *múltiples espejos* que tendrán que irse unificando para acercarnos a una imagen cada vez más coherente y cohesionada de nosotros mismos.

Por eso *la técnica se aplica* con un fin, que la persona *se reconozca a través del otro*, y se reconozca sobre todo en las partes tapadas, no aceptadas o rechazadas de sí mismo.

> La técnica del espejo es útil incluso tratándose de niños de poca edad. En una terapia familiar en que un niño negro de Chicago de cuatro años tenía sujetos y dominados a sus padres con sus caprichos y demandas, yo actué como ego auxiliar, como espejo. Me quité la chaqueta y la corbata y, echándome en el suelo como Willie, empecé a gritar pidiendo cacahuetes como él. El que más se extrañó de mi actuación fue el mismo Willie. Al preguntarle si yo me parecía a él, se levantó del suelo, se metió el dedo en la boca y se fue en silencio a su lugar [...]. La técnica del espejo le hizo comprender su modo de ser sin palabras ni confrontaciones verbales (Ramírez, 1997: 141).

Está técnica, como podemos ver, consiste en llevar a la acción un proceso mental. La identidad se adquiere desde el reflejo de las personas más próximas. De tal modo que nuestra identidad no deja de estar constituida por los otros, por los "espejos", los "reflejos" o el "feedback" que los otros me devuelven. Este proceso permitirá al niño adquirir la noción de sí mismo como alguien diferente a las personas que lo rodean.

Bannister nos pone un ejemplo para ilustrar la diferencia entre los niños que se sitúan en una primera etapa de desarrollo, matriz de identidad indiferenciada (técnica del doble), de una segunda etapa del desarrollo, matriz de identidad diferenciada (técnica del espejo).

> En la primera etapa del desarrollo, cuando un niño empieza a llorar, los otros lo siguen y lloran. Cuando el niño está en la segunda etapa del desarrollo, los niños más mayores, cuando escuchan el llanto, miran con cara de preocupación a los niños que lloran y buscan adultos que satisfagan al niño que llora. Mentalmente ya se han separado del otro niño [...]. El niño ha aprendido que hay un yo y que hay otras personas y cosas que no son yo (Bannister, 2007: 242).

La técnica del espejo será imprescindible cuando los niños hayan hecho suyas imágenes distorsionadas que el entorno les haya dado. Por exceso o por defecto su imagen ha podido quedar atrapada de la fantasía de su interlocutor y será un largo recorrido en el proceso de adquisición de la identidad poder salirse del deseo del otro que ha proyectado en el niño.

2.4.3. Cambio o inversión de roles

> El objetivo de la técnica de inversión de roles es unir A al inconsciente de B y B al inconsciente de A. El terapeuta puede inducir a A a asociar libremente en el inconsciente de B y puede inducir a B a asociar libremente en el inconsciente de A usando la relación como el tema de referencia al revés. La libre asociación de A como B hacia A y la libre asociación de A como B hacia B. Consiguen estar más cerca del interior del otro. Imagina que A y B son padre e hijo o marido y mujer, habrían superado, más allá de las resistencias internas que cada uno tiene con relación a su propio inconsciente, la resistencia interpersonal que tienen cada uno con el oro. Si son, por ejemplo, padre e hijo, cada uno puede ser representado en la parte reprimida del inconsciente del otro. Por tanto, a través de la inversión de roles se puede poner de manifiesto una gran cantidad de lo que ha almacenado en el curso de años (Moreno, citado en Cukier, 2007: 289).

¿Pueden los niños cambiar roles?

> No es necesario para el niño pequeño convertirse en metafísico para creer en la transformación. Para él, el universo entero está vivo. Usando la técnica de inversión de roles el "fenómeno" se vuelve fácilmente en "noúmeno" (Moreno, citado en Cukier, 2007: 291).

Es posible aceptar que los niños pueden invertir roles, todos hemos visto a los niños colocarse en el lugar de la profesora dando clase a sus muñecos. Ahora, esta conducta de jugar roles es previa y preparatoria para el cambio de roles. Representarse al otro requiere que el desarrollo lo permita. La reversibilidad del pensamiento será condición para poder *pensar al otro* y acceder a reconocer los patrones de interacción *no tangibles, inferibles* de las conductas de ambos participantes. Por eso, la inversión de roles como tal vendrá marcada por las propiedades del pensamiento operatorio, si bien con anterioridad el niño juega roles como preparación para el conocimiento del otro.

Bannister (2007) sitúa entre los tres y los cuatro años el momento en que los niños invierten roles con objetos inanimados, trenes, personas, animales (reales o imaginarios), personas, amigos, padres, profesores, médicos. Consideramos más correcto definir estas conductas como jugar roles que como inversión de roles propiamente.

¿Qué función cumple la inversión de roles en los niños?

1. La inversión de roles aumenta la fuerza y estabilidad del yo del niño, el yo aquí es definido como identidad consigo mismo.
2. La inversión de roles tiende a disminuir la dependencia del niño sobre los padres, pero también aumenta su capacidad de dominarla o dominarlo porque ha obtenido un profundo conocimiento de él o de ella a través de la información interna.
3. La frecuente inversión de roles del niño con individuos superiores a él en edad y experiencia aumenta su sensibilidad para una vida interna más compleja que la suya. Con el fin de mantenerse al día con ellos en su nivel interno de rol, que está lejos del nivel explícito del rol, tiene que ser ingenioso. Él consigue ser habilidoso con rapidez en el logro de las relaciones interpersonales.
4. El excesivo deseo de invertir roles con la madre se debe a una temprana apreciación y percepción de sus roles. Frecuentemente la inversión de roles con el padre aumenta cuando la percepción del rol del padre llegar a ser más clara para el niño.
5. La técnica de inversión de roles es el modo más efectivo para acercar en lo psicológico, social y proximidad étnica a dos individuos: madre-hijo, padre-hijo, marido-mujer (Moreno, citado en Cukier, 2007).

2.4.4. Técnica de concretización

Hemos hecho nuestra la aportación de Estevao Monteiro Guerra (2008) al considerar la técnica de la concretización como la cuarta técnica, entre las consideradas técnicas básicas del psicodrama por su dimensión evolutiva. Sabemos que el pensamiento de los niños hasta la pubertad se mueve en la dimensión de lo concreto, en lenguaje piagetiano, *opera desde lo concreto.*

Cuando los psicodramatistas construimos el universo en un almohadón, nuestros pacientes adultos nos miran con perplejidad, con amabilidad y en algunas ocasiones con piedad. Por sus cabezas pasa una idea que al cabo del tiempo, según nos dicen, han compartido con sus amigos y allegados, *hablan con los almohadones*.

¿En qué consiste la técnica de la concretización? Esta técnica es la materialización de objetos inanimados, emociones y conflictos, partes corporales, enfermedades orgánicas, a través de imágenes, movimientos y palabras en acción. El terapeuta pide al paciente que le muestre concretamente lo que estas cosas hacen con él y cómo lo hacen.

La cualidad mágica del pensamiento infantil hace que cualquier objeto cobre vida, tenga intencionalidad y se convierta en un ser vivo que le ayuda o le ataca, que le protege o le abandona.

¿Cómo enfrentarnos a los fantasmas que asustan por la noche? Frente a un almohadón "concreto" colocado en una sala. La magia del psicodrama, unida a la magia del pensamiento de un grupo de niños de tres y cuatro años, se enfrentaron al miedo que viene cuando están dormidos. Cuando el miedo se concretó delante de los niños, con sigilo y terror, nos acercamos al símbolo *–blandito por almohadón–* del miedo, y los gritos y patadas lo mataron repetidamente. Parecería una contradicción, porque cada vez que lo matábamos, en lenguaje infantil "lo revivíamos" para volverlo a matar. Y la amenaza se transformó en *risas inicialmente* y en carcajadas después.

Como afirma Estevao Monteiro Guerra (2008: 115):

> Un niño, previo al lenguaje, ya articula una compleja red de información cosechada de un modo sensoriomotor. Un niño debe tener condiciones de asimilar y ampliar los diversos esquemas de acción, acomodándonos a las más variadas situaciones que se van presentando a su alrededor. Todo el equipo sensoriomotor debe permitir que el niño *cuide* de sí mismo, explorando objetos que le dan algún tipo de placer y se aleje o sea alejado por sus cuidadores de aquellos objetos que pueden causarle daños cognitivos, físicos y emocionales.

Sabemos que, desde los doce meses, el niño introduce en sus procedimientos de conocimiento "reacciones circulares" como modo de ir conociendo el mundo que le rodea. Su mundo es concreto, se aprende en esquemas de acción, y unos meses después, alrededor de los dieciocho, siguiendo a Piaget, el desarrollo neuropsicológico permitirá la capacidad de representación y de evocación de los objetos y las primeras estrategias simples que nos informan de la permanencia del objeto.

Si nos detenemos en este proceso, la técnica de concretización cuando se aplica a niños puede reproducir esa función *de puente, de transición* de la acción y la sensación a lo concreto *y representable.*

Cuando los niños notan su miedo en el cuerpo y el almohadón frente a ellos, externo y concreto, en el que se pueden colocar la causa de todas las sensaciones molestas, el cojín ejerce, solo con su presencia, una función organizadora, la de poder *evocar, representar y simbolizar la sensación de miedo en un objeto inanimado.*

Por eso proponemos la técnica de concretización como un modo de utilizar, al servicio de la psicoterapia, "un proceso psíquico", facilitador del conocimiento de sí mismo y del otro. Pero no queremos dejar de señalar su diferencia con las otras técnicas básicas. El doble es algo que al sujeto se le ofrece para reconocer sus "separados trozos de identidad", el espejo está al servicio de mostrar "su identidad como un todo", y el cambio de roles se utiliza para el reconocimiento de sí mismo y del otro en interacción. Se entiende que la técnica de concretización cursa evolutivamente de forma paralela a la adquisición del yo, el otro y la relación. De tal modo que la concreción es el medio en el que se sostiene ese proceso de adquisición, informa más "del medio" a través del que se van realizando esos logros que de una adquisición específica.

2.5. Monodrama

Es una técnica psicodramática usada en grupo. Es importante aclararlo para diferenciarla del psicodrama individual y bipersonal, que son procesos psicoterapéuticos, que definen un ámbito de intervención, y una relación terapéutica con características diferenciadas, y un modo de aplicación adaptado de las técnicas psicodramáticas.

El monodrama es, en palabras de J. Agustín Ramírez (1997: 133):

> Aquí el director pide al grupo que, si alguno tiene un problema, pase al escenario a representarlo tomando él mismo todos los papeles de la situación interpersonal conflictiva, primero tal como la percibe o es en realidad, y después como él quisiera que fuese. El grupo termina esta presentación con la participación (compartir o *sharing*) del con-

flicto que tiene cada uno, semejante al presentado. El director tomará como protagonista a aquel que aparece más involucrado en el problema al hacer su participación, lo pasa al escenario y empieza una acción o actuación psicodramática dirigida más extensa y profunda.

2.6. Psicodrama individual

Se caracteriza porque la persona representa sus conflictos con la ayuda de un terapeuta, una pareja terapéutica, un equipo terapéutico o un equipo psicodramático. Es la forma predilecta del psicodrama analítico francés (cf. Lebovici y Moreno, caso de Mary) y de forma excepcional del psicodrama clásico (en grupo) (Shutzenberger, 1974: 188).

Desde una concepción teórica y clínica, el psicodrama individual nos parece el tratamiento de elección cuando en el psiquismo coindicen dos elementos: primero un *alto nivel de desorganización* que dificulta el respeto por las normas y hace muy complejo el mantenimiento del *setting* terapéutico. Si, además de la incapacidad de organización, se une *la conducta actuante* como modo de enfrentarse a la angustia. Esta concomitancia obliga a crear un espacio sólidamente organizado, que permita al psicodramatista, facilitar la elaboración de los conflictos del niño y, a su vez, mantener *las reglas* en sesión. La desorganización psíquica, que se transmite en la confusión, requiere cuidar especialmente los procesos de elaboración y reflexión para los que el niño no tiene recursos. La defensa actuante contribuye a la confusión e incapacita al terapeuta para mantenerse en el rol de director.

> Habitualmente el psicodrama individual se hace con un sujeto (el protagonista) y dos psicodramatistas: uno de ellos representa el papel de psicodramatista y el otro el de ego auxiliar. El sujeto propone o acepta un tema, que representa con la ayuda del ego auxiliar (Shuztenberger, 1970: 32).

El trabajo con psicodrama individual requiere que los roles de psicodramatista y yo auxiliar no permuten, es necesario que la claridad en la relación interpersonal del niño sea también un instrumento clarificador de sus dificultades "inter-intra-psíquicas", por lo que la rigidez del encuadre y los roles que desempeñan los miembros del equipo terapéutico los consideramos de obligado cumplimiento.

2.7. Psicoterapia psicodramática bipersonal

> Se tiene la impresión de que siempre estuvo ahí, como un hijo bastardo del Dr. Moreno, algunas veces mencionado por otros autores (Cukier, 2003: 11).

Moreno quería mostrarnos y mostrarse como un creador que ofreció una alternativa que superaba el modo de hacer psicoterapia individual psicoanalítico. Lo que él denominó su tercera revolución psiquiátrica, la psicoterapia de grupo. No obstante, su posición pública y teórica no es escrupulosamente exacta con los hechos.

> Sabemos que, por lo menos en dos casos, Moreno utilizó el tratamiento bipersonal, en el caso de Ruth y en el psicodrama de Adolfo Hitler. Sin embargo, esos casos clínicos no parecen haber hecho mucho impacto en su obra, ya que en ningún momento Moreno formalmente prescinde o cuestiona la función del yo auxiliar (Cukier, 2003: 12).

La posición inequívoca de Moreno fue mostrar la psicoterapia de grupo como La Psicoterapia, señalando sus beneficios sobre la psicoterapia individual.

> Originalmente solo había una situación que fuese aceptable para Freud. Era la situación psicoanalítica en su consulta. Pero gradualmente las limitaciones de esta situación se hicieron evidentes. Solo se aplicaba a una minoría de individuos, adultos jóvenes y de mediana edad. No había ninguna relación transferencial ni análisis posible con niños y psicóticos. Se quedó con una situación, la única sagrada. Esta es probablemente la razón por la que sus discípulos se acercaron tan lentamente a mis ideas de terapia de juego espontáneo y público o terapia de grupo (Moreno, citado en Cukier, 2007: 263).

Del mismo modo, pone el acento en las ventajas que tiene para el psicodramatista el uso de yoes auxiliares como catalizadores de la psicoterapia frente al encorsetamiento de la psicoterapia bipersonal.

> El psicodrama a dos, semejante a la sesión psicoanalítica en el diván, ha sido intentada de vez en cuando, pero es interesante recalcar que el psicodramatista en su práctica privada prefiere habitual-

> mente emplear a su enfermera como yo auxiliar para mantener su propia identidad como director sin restricciones (Moreno, citado en Cukier, 2007: 263).

El concepto de psicoterapia psicodramática bipersonal y su modo de abordaje en el tratamiento de un paciente trasciende la idea intuitiva de utilizar la misma forma de trabajar en grupo, pero con una sola persona. El concepto de psicoterapia psicodramática es más abarcativo y complejo que hacer sesiones de psicodrama con una sola persona.

> La expresión psicodrama bipersonal es simple y sintética: dice claramente que es psicodrama y que incluye solamente dos personas. Además, creo que el psicodrama practicado hoy en día no es igual a aquel enseñado por Moreno (Cukier, 2003: 11).

Anteponer el termino psicoterapia al de psicodrama, conlleva la superación de una idea reduccionista, considerar el psicodrama como un proceso de intervención que se realiza en un contexto grupal, frente al psicoanálisis que se realiza en un contexto bipersonal. El psicoanálisis y el psicodrama son dos métodos diferentes, pero no divergentes: "Durante mucho tiempo quedaron separados los dos enfoques: lo bipersonal quedaba circunscripto al psicoanálisis o técnicas verbales derivadas, y el psicodrama era asociado solo a la psicoterapia de grupo" (Bustos, 1985: 41).

En este modo de psicoterapia, el origen desde el que se lee el conflicto y se buscan soluciones es el vínculo. Un vínculo de dos, el más protector y temido en las relaciones humanas, porque comporta la mayor fuente de seguridad y amenaza.

> Las alternativas de este vínculo constituyen la matriz esencial promotora de cambios. A estas alternativas en el aquí y el ahora las denominó el drama terapéutico y, dentro de ellos, se encuentra el análisis de la transferencia. En el drama el otro es real, está presente: compañero de grupo, terapeuta; en el psicodrama el otro al que se refiere es otro interno no presente (Bustos, 1985: 42).

¿Cuál es el método en una sesión de psicoterapia psicodramática? Cuando se trabaja con adultos, son los pacientes quienes a través de la conversación con el terapeuta van revelando su mundo consciente e inconsciente. En los niños, en función de su edad y personalidad, se requiere todo un proceso preparatorio para poder poner el foco en los conflictos y trasladarlos al escenario. Los objetivos tampoco son idénticos cuando se trabaja con adultos y cuando se realiza con niños. El objetivo con los adultos es encontrar una resolución adaptativa y la reparación del sufrimiento en los conflictos inacabados del sujeto. Supone una búsqueda en la historia de su sufrimiento para encontrar un modo alternativo de ser/estar en la vida. En el caso de los niños, se sustituye la palabra resolución por la de construcción compartida. Se trata de generar un nuevo aprendizaje de la mano del vínculo terapéutico. El vínculo es el sostén para avanzar frente a los obstáculos en su crecimiento emocional.

El niño tiene que salir del impasse evolutivo para poder continuar con su desarrollo personal e interpersonal. Por eso, junto a la comprensión de situaciones generadoras de sufrimiento, sufrimiento que se articula en sentimientos que van desde la rabia a la indefensión, el niño tiene que ir desarrollando sus propios recursos y poner en práctica sus potencialidades para superar las tareas que supone el crecimiento.

Las técnicas psicodramáticas, como auxiliares de la dramatización, pueden usarse de un modo similar al que se realiza en un trabajo grupal, adaptándolas cuando sea necesario, y dejando muy clara la diferencia entre los espacios de acción o representación y los espacios presentacionales. La relación que se establece con el terapeuta, el espacio presentacional, los roles paciente-terapeuta vienen guiados por el principio de realidad alejando el mundo del deseo y la fantasía infantil de la relación interpersonal que se da entre ambos. El niño puede fantasear, en el espacio psicodramático, con que el terapeuta desempeñe un rol materno, pero la realidad se tiene que imponer con la suficiente contundencia para que la gratificación solo se produzca en el terreno de lo fantaseado y lo simbólico, no en la relación interpersonal. En este segundo caso, el terapeuta *contribuiría a perpetuar la incapacidad de adaptación* del niño a su mundo real con su familia real, con sus compañeros reales.

La posición de hacer psicoterapia individual con niños ha sido muy discutida en la literatura psicodramática, a pesar de ser muy utilizada en la clínica privada.

Tenemos pocos trabajos clínicos de Moreno con niños, a pesar de sus incursiones “en los jardines de Viena”, que fue uno de los primeros momentos de gestación del psicodrama con niños. No olvidemos que, además, contamos con un protocolo del autor aplicado al comportamiento neurótico infantil (Moreno, citado en Petrilli, 1999).

3

Psicodrama y proceso psicodramático

3.1. La sesión de psicodrama

En el psicodrama clásico moreniano, la sesión de psicodrama se organiza en tres momentos, o tiempos de la sesión.

3.1.1. Los tiempos en la sesión de psicodrama: caldeamiento inespecífico, específico, dramatización y compartir

El caldeamiento inespecífico es el nombre con el que denominamos al primer momento de la sesión psicodramática. Aquí el psicodramatista tiene una conducta propositiva, sugiere actividades, tanto verbales como de acción. Estas actividades básicamente cumplen una doble finalidad. Por un lado, construir el grupo o red de interrelaciones que, a través de la interacción, surja entre los asistentes, con los nexos afectivos que conlleva. Se pretende conseguir que el grupo se sienta inmerso en un proyecto común en los que todos son pertinentes y necesarios.

El segundo objetivo es que, a través de las actividades propuestas por el psicodramatista, cada uno de los miembros del grupo acceda a su mundo interno, conecte con su mundo cognitivo afectivo que va más allá de lo inmediato, lo racionalizado y lo conocido. Es una invitación a la búsqueda en la trastienda donde lo consciente y lo inconsciente se interpenetran a través del sentimiento.

En la medida en que las personas que participan en el grupo se ven involucradas en las actividades propuestas por el director, *su caldeamiento* los lleva al reconocimiento de la sensación, del sentimiento, de la imagen, de la conducta que, de algún modo, es constituyente de su sufrimiento o de los contenidos psíquicos que desea cambiar.

El caldeamiento inespecífico finaliza con la aparición del protagonista. Todos y cualquiera de los miembros del grupo que lo deseen pueden pasar a ser protagonistas. El grupo elige al protagonista desde la resonancia de los contenidos movilizados, los miembros del grupo realizan elecciones sociométricas que conducen a la elección definitiva del protagonista.

Cuando aparece más de una persona en el escenario, pedimos a los miembros del grupo que se coloquen al lado de la persona que deseen. Esta decisión no es reflexiva, pedimos que lleven a cabo la elección desde la resonancia o la consonancia emocional.

Al caldeamiento inespecífico grupal prosigue el caldeamiento específico del protagonista. El deseo de abordar una situación no significa que la persona tenga la disponibilidad para abordarla. Esa facilitación viene de la mano del caldeamiento específico. Desde la sensación, el sentimiento, o el recuerdo, el protagonista tiene que transitar a una realidad aquí y ahora que le muestre *el lugar* donde surgió el conflicto que hay que resolver, la *matriz* con quien surgió, para poder pasar a sorprender la conducta en la acción a través de la representación *status nascendi.*

El psicodramatista irá volcando la representación mental interna del protagonista en el espacio externo, el escenario psicodramático. Se creará el espacio, de tal modo que la sala se convierta en otro espacio y en otro tiempo, casas, ciudades, caminos, viajes... Cualquier lugar intrapsíquico se convierte simbólicamente en el lugar actual donde transcurrirá la acción. En este proceso le acompañarán las personas con las que vivió la situación, esas personas serán miembros del equipo terapéutico o los propios miembros del grupo, que pasarán a asumir los papales que le asigne el protagonista. Estos acompañantes del protagonista se denominan yoes auxiliares, que pasan a encarnar los personajes que el protagonista les otorga.

El caldeamiento específico incluye también a los yoes auxiliares, quienes tendrán que "pasar a ser la persona determinada por el protagonista". No se trata de imitar, sino de ser el otro, de colocarse en el papel dado desde su propia vivencia. El objetivo es que, durante el tiempo que se realice la dramatización, "sea y sienta" como el personaje asignado.

Cuando el tiempo, el espacio y los yoes auxiliares estén preparados, ¡empieza la acción! La escena psíquica interna se convierte en una escena externa y representable, luego comprensible y reparable.

El segundo momento de la sesión psicodramática es la dramatización; algunos autores simplemente la denominan *acción*. La dramatización no es una narración del protagonista de lo vivido allá y entonces, es una actuación donde el tiempo pasado se transforma en presente, y el protagonista se convierte aquí y ahora en el actor de su propia vida.

El director psicodramático tiene una función *auxiliar*, común a los demás miembros del equipo terapéutico: *facilitar* que el actor pueda encontrar una nueva respuesta a la escena, una nueva respuesta frente a los miedos que lo incapacitan para estar en "su vida" libre de las restricciones que el miedo le impone.

El tercer momento se denomina *compartir*. Lo vivido por el protagonista en la acción también ha sido vivido por el resto de miembros del grupo. Por lo que la sesión de psicodrama finaliza recogiendo lo vivido por todo el grupo. Se les pide que hablen de sí mismos, de sus sentimientos, de sus recuerdos, el desencadenante ha sido la escena en la que todos han estado presentes, ahora es el turno de colocar sus sentimientos en voz alta, y de dar su respuesta a las situaciones que en ellos se han activado. El compartir puede ser el punto de partida de la siguiente escena psicodramática, o puede ser el percutor de las respuestas que las personas quieren dar a sus "dramas" internos no resueltos.

3.1.2. Instrumentos básicos del psicodrama

Cuando Moreno ilustraba el Psicodrama le gustaba comenzar por la descripción de los instrumentos presentados en su metodología; los identifica como cinco entidades (Moreno, 1953).

Estos instrumentos en el orden en que él los presenta son el escenario, el sujeto o paciente, el director, el equipo de ayuda terapéutica o yoes auxiliares y la audiencia.

El escenario es el lugar físico donde los sucesos psíquicos suceden, concretizándolos. Moreno hace esta presentación:

> El primer elemento es el escenario. Este proporciona al sujeto un espacio de vida que es multidimensional y extremadamente flexible. El espacio de vida ofrecido por la realidad a menudo es restringido y limitante: en él, el individuo puede fácilmente perder el equilibrio, mientras que en el escenario puede volver a encontrarlo gracias a una metodología de libertad, libertad de estrés insostenible y libertad de experimentar y de expresarse. El espacio ofrecido por el escenario constituye una ampliación de las oportunidades de autorrealización, superando la prueba de realidad ofrecida por la vida cotidiana... (Moreno, citado en Boria, 2001: 34).

En psicodrama, el lugar tiene un valor esencial, dado que la acción es el elemento central, lo que incluye entrar en relación con una variedad de personas, objetos. Es necesario un espacio en el que las personas puedan volverse activas, tanto en sus aspectos psíquicos como corporales. Originalmente, la sala de psicodrama tenía un diseño de sala de teatro:

> El interior del teatro de psicodrama está dividido en dos partes: una contiene la audiencia, donde se reúnen los miembros mientras el protagonista desarrolla su psicodrama; la otra parte contiene el escenario y el balcón, donde actúa el protagonista conducido por el director y ayudado por los yoes auxiliares (Boria, 2001: 137).

Hoy en día el psicodrama mantiene el principio de separación en el espacio, el espacio grupal y el espacio de la dramatización, donde se desarrollan las "escenas del protagonista". La separación entre los espacios es la separación que marca la diferencia entre el sujeto en el grupo y el sujeto en su grupo interno, cualquier ambigüedad entre estos dos lugares sería una fuente de confusión en el protagonista y en el grupo.

El *protagonista* es el término que universalmente se utiliza en psicodrama para hablar de lo que en otros modelos terapéuticos denominan paciente, cliente, etc.

> El segundo elemento es el sujeto o paciente. A este se le pide ser él mismo en el escenario, representar su propio mundo. Debe ser él mismo y no un actor, pues el actor es obligado a sacrificar su propio mundo ante el rol que le impone el autor de la obra que se ha de representar. El sujeto, cuando está suficientemente preparado (caldeado) para lo que va a hacer, logra proporcionar con relativa facilidad –mediante la acción– información de su vida cotidiana, pues nadie es más competente que él para representarse a sí mismo [...]. El proceso de prepara-

> ción del protagonista para la representación psicodramática viene estimulado con numerosas técnicas cuyo objetivo no es transformar al protagonista en actor, sino más bien incitarlo a ser en el escenario lo que realmente es más profunda y explícitamente de cómo aparece en la vida cotidiana (Moreno, 1953: 82-83).

Cuando una persona se convierte en protagonista se orienta hacia él el trabajo psicodramático hasta la conclusión de la dramatización, momento en que vuelve a incorporarse como un miembro más del grupo.

El *director,* o *psicodramatista,* es el tercer instrumento del psicodrama. El término director evoca sus orígenes teatrales, pero a su vez define el rol que se le asigna al psicodramatista, activo y propositivo.

> Esta figura entra con toda su personalidad en relación con los miembros del grupo mostrando su disponibilidad para que se le conozca en su peculiar humanidad y evitando la actitud neutral propia del terapeuta en otras formas de psicoterapia (Boria, 2001: 147).

¿Qué se espera que haga el director de psicodrama en una sesión?

> Tiene tres funciones: director de escena, terapeuta y analista. En cuanto director de escena, debe estar atento para transformar en acción todo indicio ofrecido por el sujeto para realizar la representación psicodramática en un modo afín a su estilo de vida y evitar que la representación pierda contacto con la audiencia. En cuanto terapeuta, puede atacar y sacudir al sujeto o bien reír y bromear con él. De vez en cuando puede volverse indirecto y pasivo; a tal punto que se podría percibir como que la sesión psicodramática, estuviera conducida por el mismo paciente. En cuanto analista, puede integrar sus interpretaciones con las informaciones provenientes de la audiencia, el esposo, los padres, los niños, los amigos o bien los vecinos (Moreno, 1953: 83).

Los *yoes auxiliares* son aquellos miembros del grupo seleccionados por el protagonista que le van a acompañar en la dramatización de su escena. El yo auxiliar permitirá que el mundo interno, fantasmático, del protagonista se encarne en ellos y tome vida en el transcurrir de la acción.

> El cuarto elemento es un equipo de yo-auxiliares. Estos yo-auxiliares o actores terapeutas tienen un doble significado: son una extensión del director en su función de exploración y acción terapéutica, pero son también una extensión del paciente en cuanto encarnan a las

> personas reales o imaginarias presentes en su vida. La función de los yo-auxiliares es triple: función de actor que encarna los roles requeridos por el mundo del paciente, función de agente terapéutico que estima al sujeto, función de experimentador social (Moreno, 1953: 83).

El quinto instrumento es la audiencia. Como audiencia podemos considerar a los miembros del grupo que no van a participar en la dramatización y se quedan como observadores de la escena. Originalmente el término *audiencia* se les asignaba por el lugar que ocupaban al lado del escenario, desde el que podían ver y oír la representación.

> El quinto elemento es la audiencia. También este tiene un significado doble: puede ayudar al paciente o puede ser ayudado por el sujeto que actúa en el escenario a volverse paciente. Para ayudar al paciente, el auditorio actúa como si fuera un instrumento de resonancia de la opinión pública. Sus respuestas y sus comentarios son improvisados como los del paciente y pueden ir desde la risa hasta la protesta indignada. Cuanto más aislado está el paciente (por ejemplo, porque su drama en el escenario está permeado por fantasías alucinatorias), tanto más se vuelve importante para él la presencia de una audiencia que quiera aceptarlo y comprenderlo. Cuando es la audiencia la que es ayudada por el paciente, volviéndose ella misma paciente, la situación se invierte: la audiencia se observa a sí misma; observa uno de sus síndromes representados en el escenario (Moreno, 1953: 84).

3.2. Psicodrama con niños: la sesión de psicodrama

Moreno dejó la puerta abierta a la espontaneidad de los psicodramatistas para hacer psicodrama. Eso nos dota de una enorme libertad no exenta de responsabilidad, la responsabilidad de "mostrar" cómo hacemos psicodrama. El psicodrama infantil, tal y como se muestra en este texto, considera especialmente dos aspectos: el nivel de organización de las sesiones y el peso que se da a la relación entre los terapeutas y los niños.

Vamos a recorrer de forma cronológica los pasos que hay que seguir desde el momento inicial en el que se piensa la conveniencia de elegir el psicodrama como psicoterapia hasta la presentación del modo en que se desarrolla la sesión de psicodrama.

3.2.1. ¿Es el psicodrama el tratamiento de elección?

> La evidencia demuestra la eficacia de los métodos de acción en niños y adolescentes. La cantidad de evidencia positiva de la investigación en psicoterapia y la investigación neurobiológica está aumentando rápidamente (Bannister, 2002: 31).

Desde Moreno, Levobici, Rojas Bermúdez, Pavlovsky, etc., hasta autores más recientes como A. Bannister, A. Huntington, Kate Kirk, Ioanna Gagani, E. Hollander, P. Holmes, M. Cossa, Antunes Petrilli, etc., se considera el psicodrama como el tratamiento de elección para niños. El ámbito de aplicación va desde los trastornos tradicionalmente llamados neuróticos, niños con organizaciones de personalidad obsesivas, fóbicas, a niños con dificultades en la adquisición y organización de su identidad, con organizaciones psicosomáticas, niños víctimas de abuso y maltrato, con trastornos de conducta, con déficit de socialización... Incluso su aplicación se ha extendido a trastornos del espectro autista (Gagani y Grieve, 2002).

3.2.2. ¿Qué información deben tener los padres y el niño sobre el tratamiento?

Con relación a los padres es importante recordar que *son sus padres;* quizás la obviedad sea necesaria. No concebimos en psicodrama una psicoterapia al margen de la implicación de los padres en el proceso terapéutico. Pero hay que eliminar sus defensas "como padres" y las nuestras "como terapeutas", para ponernos en un lugar de colaboración mutua. Hay que ser lectores de las necesidades y temores de los padres, y ser claros en relación con la información que se les va a facilitar de sus hijos sobre su actividad en la sesión. Será necesario explicarles el rol que necesitamos que desempeñen a lo largo del tratamiento de sus hijos, que incluirá modificaciones en sus modos de actuación habitual con ellos. Huimos de responder con consignas a la agotadora petición: "Deme pautas". Las pautas se descubren y se construyen en la relación con los hijos. El terapeuta solo "da pautas" frente a los patrones de interacción que dañan a los niños, y cuando eso sucede lo hace de manera limitante y prohibitiva. Pero el descubrimiento de cómo acoger, abrazar, contener, guiar e ilusionarse con los niños no se pauta, se crea y se disfruta en el proceso de mutuo descubrimiento y conocimiento.

Los padres deben tener un cauce de participación, con entrevistas pautadas, que requieren un compromiso regular. También existe la posibilidad de solicitar entrevistas con el terapeuta y el niño en caso de que la conducta del segundo o la preocupación de los padres lo requieran.

Ahora bien, es bueno recordar que los padres deben sentirse seguros y contenidos por el terapeuta de sus hijos. El modo de hacerlo inicialmente es desculpabilizarlos, la culpa y las heridas narcisistas de los padres hay que revertirlas al servicio de la intervención y no dejarlas coaligadas al fracaso de la psicoterapia. Avisarlos de que a lo largo del proceso terapéutico el niño atravesará distintas fases, y que podrán observar cambios conductuales, no siempre los que esperan, es un modo de protegerlos de la hipervigilancia del tratamiento. Trasmitirles la diferencia entre enfermedad y crecimiento no exento de conflictos y detenciones es un modo de desestigmatizar a los niños y, en ocasiones, de tranquilizarlos, recordándoles que el oficio de ser padres, como nos enseñaba Freud, siempre es incompleto. Este puede ser un buen punto de partida para bajar la autoexigencia y la exigencia con la intervención. De ahí en adelante, proponemos un ambiente de colaboración y compromiso en el tratamiento de sus hijos, donde, solo si ellos consideran que pueden llegar a disfrutar en el desempeño de su rol como padres, iniciamos el camino con posibilidades y con esperanza.

3.2.3. ¿Qué debe saber el niño?

Debe conocer la razón por la cual sus padres han pedido el tratamiento. Para eso ha de proporcionarse un espacio donde los niños estén presentes cuando los padres muestren "su queja, su preocupación", a lo que el terapeuta solicitará que también nos muestren las cualidades y las "bellezas" de su hijo. El humanismo en psicoterapia antepone la persona a los déficits y cree que solo si el sujeto es visto como persona se tienen las condiciones de vencer los déficits.

El terapeuta debe captar el dolor y colocar el foco de la intervención de una manera que el niño se sienta protagonista en el proceso a seguir. No se puede ver como un elemento pasivo que viene a "someterse" al deseo de los adultos. No es fácil, pero tampoco imposible, ver el sufrimiento en la mirada de los niños, incluso cuando trabajamos con niños con severos trastornos de conducta, redefinirles el tratamiento como "ser capaz de mostrar mucho más que el enfado, la rabia o la violencia" puede servir como un excelente punto de partida.

También necesitan saber qué van a hacer en la sesión de psicodrama: ¿es un juego?, ¿es una actividad extraescolar? Es importante que sepan los niños y los padres que la psicoterapia es algo "importante". Una manera accesible para la comprensión de qué es una psicoterapia puede hacerse del siguiente modo: recoger aquellos aspectos del niño que son fuente de malestar y conflicto interno o interpersonal, seleccionarlos y señalarle posibilidades diferentes. Por ejemplo, en niños en los que el motivo de consulta son los trastornos de conducta, se les pueden presentar las sesiones como un lugar donde de múltiples modos (con pinturas, con dibujos, con marionetas, con juegos, con representaciones, con cuentos, etc.) vamos a intentar ver si disfrutan haciendo las cosas de un modo que no incluya la violencia, los gritos, e introducir cosas que le diviertan. Este tipo de mensajes hay que adaptarlos a la edad y a los conflictos que se vayan a abordar: "Vas a venir a aprender a jugar con otros niños sin morderlos".

Creo que es bueno que la información verbal se acompañe de una invitación a la sala de grupos, y se le muestren los elementos con los que va a trabajar. Lo desconocido siempre es inquietante, cuando no amenazante.

También debe saber que va a estar con otros niños de edades próximas a la suya, niños y niñas y otros adultos, no solo el director, y que todos van a participar haciendo algo juntos en las distintas actividades que cada día se van a realizar.

3.2.4. ¿Cómo se organiza un grupo de niños?

Las variables que hay que considerar con especial cuidado son la edad y la "sintomatología" que los niños presenten.

La edad ha sido uno de los criterios más consensuados para agrupar a los niños que van a formar parte del grupo. Se recomienda que no exista una diferencia superior a dos años, y cuanto más homogéneos sean los grupos en este aspecto mejor, porque se facilita la cohesión y el trabajo. Hay que evitar la exclusión de los niños, la combinación de edad y competencia intelectual es imprescindible para proteger a los miembros del grupo de su propio rechazo, la discriminación del *pequeño* o la estigmatización del *menos capaz.*

Con relación a la naturaleza de la personalidad y a los conflictos que los niños muestran, se cree que a mayor heterogeneidad mayor riqueza y mayores recursos grupales. Si bien en algunas ocasiones se aconsejan grupos homogéneos o tratamiento individual por la naturaleza traumática de sus conflictos: niños que han sufrido maltrato, abuso, negligencia, requieren un espacio de mayor homogeneidad para sentirse integrados.

3.2.5. ¿Quién constituye el equipo terapéutico?

El psicodrama con niños requiere realizar un trabajo en equipo. Pero en los diferentes modelos teóricos del psicodrama el peso que se da a la función del equipo terapéutico es distinto, de tal modo que los roles que se desempeñan son diferentes, en función de los matices teóricos sobre los que se realiza la intervención.

La diferencia esencial gravita en torno al lugar de la transferencia en la intervención. Aquellos psicodramatistas que tienen una influencia predominantemente psicoanalítica mantienen el precepto de que la cura *se juega en la transferencia,* de tal manera que el procedimiento no solo trabaja los aspectos transferenciales cuando se dan, sino que se generan las condiciones para provocar la transferencia de los niños en los terapeutas. De este modo se mantiene la idea psicoanalítica original, donde la transferencia con el analista es condición para la regresión y la reparación.

En esta posición se sitúan autores como Didier Anzieu, que aconseja una pareja de coterapeutas de distinto sexo y que el número de niños que constituyen el grupo sea de cuatro; o Widlocher, que mantiene la idea de pareja de coterapeutas de distinto sexo, un número limitado de niños, e incluye algún yo auxiliar. Como se ve en el *setting* terapéutico, se invita a la reconstrucción a través de una "familia imaginaria".

Aquellos que consideran, entre los que nos encontramos, que para resolver los conflictos del niño no es necesario "crear una neurosis de transferencia", ponen el foco del trabajo en esclarecer, resolver y desarrollar el aprendizaje de las complicaciones que les supone a los niños relacionarse. Para lo que se considera que el equipo terapéutico debe estar constituido por un director, y uno o dos yoes auxiliares. De tal modo que la transferencia, que aparecerá en diferentes momentos, de la misma manera que se incluye en cualquier relación humana, se maneje sin que el director desempeñe roles. Así, el manejo de lo transferencial se hace a través de la acción en la que el director no participa, sí lo harán los yoes auxiliares, desempeñando los papeles que se les asignen (amigos, papás, etc.). Este planteamiento se considera más cercano a la teoría moreniana del psicodrama que a la lectura psicoanalítica de la acción psicodramática. Desde este encuadre, el foco se pone sobre todo en las interrelaciones entre los niños, y el equipo terapéutico cumple la función de catalizador de esos procesos. El objetivo terapéutico es convertir la transferencia en tele, es decir, en la correcta y mutua percepción de las relaciones; de ese modo el niño aprende a reconocerse y a reconocer a los demás a través de las interacciones de las que forman parte.

3.2.6. La sesión de psicodrama

La sesión de psicodrama no deja de ser una *metáfora* al servicio del cambio, luego al servicio de recuperar la alegría y la ilusión en los niños. Pero es necesario que esta metáfora se sostenga en algunos pilares para una adecuada realización. Antes de que los actores accedan al escenario se han debido crear las condiciones que garanticen el éxito de la representación.

En cuanto al *espacio*, no tenemos ni podemos tener teatros infantiles en las consultas, pero cualquier sala se puede convertir en un pequeño teatro. Tiene que contar con dos lugares espaciales y psíquicos, el lugar de la acción, del juego..., y el lugar de la reflexión, el pensar sobre lo sentido, lo vivido y lo realizado. La fantasía no puede confundir la realidad y la realidad se ancla en un espacio diferenciado. Las sillas o almohadones alrededor de las alfombras donde se piensa, se trabaja, se conversa; por otro lado, el escenario, un espacio en el que se actúa.

Los *límites,* por otra parte, vienen de la mano de la información; en los momentos de la sesión en que se considere necesario, se informa de lo que se va hacer y cómo hacerlo. De la mano del qué y el cómo pretendemos que los niños sean capaces de manejar sus ansiedades, sus impulsos, etc. Las condiciones para actuar incorporan la frustración, lo que contribuye a la internalización del otro y al desarrollo de sus capacidades. No se puede hacer lo que se desea y cuando se desea.

A) Tiempos de la sesión de psicodrama con niños

Los tiempos de la sesión siguen la secuencia habitual de una sesión de psicodrama con adultos, pero requiere adaptaciones que vendrán de la mano de la edad de los niños y sus recursos de funcionamiento interpersonal.

En primer lugar, la diferencia entre caldeamiento inespecífico y específico se diluye en el trabajo grupal, ya que el protagonista en el grupo de niños es, salvo ocasiones excepcionales, el grupo. Por eso el caldeamiento tiene por objetivo crear las condiciones para la dramatización grupal.

El caldeamiento, a su vez, es un caldeamiento que requiere actividades y herramientas adaptadas a las posibilidades de los niños. El uso de actividades, pintura, cuentos, etc., cubre una doble función: facilitación de la representación posterior y estructuración. Facilita el hacer y enseña a hacer.

B) ¿Cómo se realiza el caldeamiento con niños?

Se utilizan las *herramientas* del mundo infantil con un propósito terapéutico. La sala cuenta con muñecos o títeres, que sirven como portavoces cuando surge la dificultad de los niños parar expresarse. Los títeres se han convertido en una herramienta terapéutica ampliamente utilizada en niños por parte de profesionales de la salud (Epstein, Stevens, McKeever, Baruchel y Jones, 2008). Otra manera de utilizar los muñecos, o los títeres es que el niño sea quien los construya, o tenga la posibilidad de *personalizarlos.* Leni Verhofstadt-Denève (2000) utiliza unos muñecos que permiten que sean los niños quienes diseñen la expresión de su rostro, colocan los ojos, la boca, la nariz; de este modo consiguen que el muñeco tenga una mayor capacidad de representar a quienes ellos desean en ese momento. El uso de muñecos y títeres sirve para disminuir los niveles de ansiedad y de temor (Epstein, 2008). Permite a los niños hablar abiertamente de aspectos tanto positivos como negativos de sus experiencias, sin la culpa o ansiedad por lo que se pueda decir, pues los que hablan son los títeres (Timberlake y Cutler, 2001). Permiten a los niños comunicarse en sus propias palabras, pudiendo así expresar sus propias necesidades (Dillen, Sionger, Helskens y Verhofstadt-Deneve,

2009). Permite la recreación de eventos vividos y la posibilidad de *probar la realidad* y enfrentarse a situaciones desconocidas en un ambiente seguro y protegido (Helton y Kotake, 2004).

Otra herramienta asociada al disfrute de los niños es pintar, dibujar, para ello se puede usar cualquier tipo de lápiz, pinturas, incluidos sus propios dedos, con el objetivo de facilitar su expresión y la expresión de su mundo interno o conflictivo. La expresión emocional por medio de la pintura y el dibujo permite el logro de objetivos, tales como evaluar la percepción de sí mismos, del mundo y del futuro, conocer la forma de enfrentarse a los conflictos; identificar y diferenciar emociones, expresarlas, mostrar las relaciones interpersonales, los modos de vincularse. En resumen, el dibujo nos permite acceder al uso de una metáfora que desvele la realidad infantil.

Podemos usar cuentos, donde las historias narradas pasan a ser las historias representadas y puestas en acción. Uno de los trabajos más sistemáticos que utilizan los cuentos y el psicodrama es el realizado por I. Henche (2006), que utiliza doce cuentos (los siete cabritos y el lobo, Caperucita Roja, los tres cerditos...), que servirán como punto de partida para abordar en acción la autoestima, la aceptación, la capacidad de vinculación y la posibilidad de modificar su modo de estar con los demás.

Los objetivos terapéuticos que favorecen el uso de cuentos en psicoterapia infantojuvenil se relacionan con la exploración, coconstrucción, atribución de nuevos significados o resolución de las diversas problemáticas que aquejan al paciente (Hill, 1997; Oaklander, 2001; Blánquez, 2003; Rivas, González y Arredondo, 2006).

Se ha comprobado que el uso de cuentos en psicoterapia infantil sirve para mejorar la relación y las interacciones entre iguales y disminuye la agresividad y la conducta hiperactiva, aumenta las aptitudes sociales cooperativas, desarrolla las habilidades sociales (McCune-Nicolish, 1981). Incrementa las conductas prosociales e induce una disminución de los niveles de agresión manifiesta, una mejora en la resolución cooperativa de los problemas de relaciones, el incremento de las conductas sociales-prosociales, así como una disminución de conductas agresivas, de apatía y timidez (Garaigordobil, 1992).

A partir de las *herramientas* que se consideren más adaptables a las características del grupo que atendemos, el papel del equipo terapéutico, cuyos miembros en ocasiones habrán contribuido como dobles o yo auxiliares, es pasar a la acción los contenidos que se han puesto de manifiesto.

C) La acción, la dramatización

Se ponen en acción las diferentes temáticas que han ido desvelándose en el proceso de caldeamiento. El paso a la acción para la construcción de las escenas requiere la asignación de papeles, roles que los propios niños eligen, los yoes auxiliares acompañan y les ayudan en la definición del papel. Es importante que los niños sepan que tienen que ajustarse al rol que van a desempeñar, tienen que ser el personaje. Ir al mundo del *como sí,* conlleva un tiempo de preparación del rol junto a los miembros del equipo terapéutico.

Al poner la escena en acción en el interjuego de roles que los niños realizan, se incorporan las técnicas psicodramáticas, especialmente el doble. El doble, al introducirse en la escena, quiere sorprender a través de la acción los trozos diseminados y ocultos de sí mismo en el niño, los aspectos silenciados de su identidad.

D) ¿Cómo se realiza el compartir con niños?

La separación entre acción y compartir en los niños no es tan nítida como en el trabajo con los adultos. Nos gusta usar el "compartir en la acción". Manteniendo el grupo en el espacio dramático, invitamos al soliloquio de los niños, ¿qué le ha pasado al personaje?, ¿cómo se ha sentido?... El compartir grupal propiamente dicho es un tiempo en el que se recalca lo más relevante de lo sucedido. El director se convierte, de alguna manera, en narrador de lo actuado e invita a los niños a que muestren su propia visión de lo que han realizado y ha transcurrido en la escena, que hablen, opinen y muestren lo que ellos han vivido.

4

Teoría de la cura en psicodrama

4.1. Teoría de la cura en psicodrama

> Pero esta loca pasión, este desarrollo de la vida en el plano de la ilusión, no funciona como una renovación del sufrimiento, sino que confirma la regla: cada verdadera segunda vez es la liberación de la primera. [...] Uno camina hacia su propia vida, hacia todo lo que uno ha hecho y hacia el punto de vista del creador de la experiencia de la verdadera libertad, la libertad de su propia naturaleza. La primera vez conduce a la segunda vez y a la risa. El mismo dolor no afecta al actor y al espectador como dolor, la misma necesidad no le afecta como necesidad, el mismo pensamiento no le afecta como pensamiento (Moreno, citado en Cukier, 2007: 173).

La concepción de la cura para Moreno viene de la mano de la dramatización, de darle a la persona una segunda oportunidad para poder encontrar un modo satisfactorio de estar consigo misma y con los otros en el desarrollo de su proyecto existencial. Con frecuencia se cuestiona que esta ilusión, de la que Moreno nos habla, no deja de ser una ilusión, no es real. Se dice que la vida y la realidad es lo que sucede fuera de la sesión de psicodrama. Quizás la mejor respuesta a esta desconfianza en la eficacia del método psicodramático la avale la posición que propone la investigación actual para clarificar la diferencia entre percepción e ilusión, *realidad y fantasía.*

> Una percepción no es la captación de una realidad independiente del observador, en el fenómeno perceptivo no puede distinguirse con tanta facilidad de lo que se denomina ilusorio, ya que ambos son configurados por la conducta del organismo. Según estas premisas, los textos de ficción, a diferencia del mundo, e incluso cuando es ambiguo, revelan un margen considerable de certeza, conduciéndonos a una paradoja muy interesante, o sea, la ficción "desrealiza" lo real para crear un "nuevo" real más seguro, por tanto, más real que aquello que se encontraba en el punto de partida (Maturana, 2001).

¿Cuál es el motivo para que la vida se encamine hacia el sufrimiento? Nuestra respuesta es simple: solo hay dos razones psíquicas para que el sujeto se aleje de la salud mental.

La primera es traumática, cuando la vida no nos ha concedido una realidad que haya permitido nuestro desarrollo. La realidad es la matriz social con la que nos hemos constituido.

La segunda es imaginaria, o fantasmática, el desarrollo requiere que vayamos caminando con confianza por un complejo recorrido relacional, no exento de insatisfacciones. En este camino, contamos con nuestra capacidad de comprensión y de un medio social capaz o no de acompañarnos, protegiéndonos de nuestros propios miedos y cubriendo nuestras necesidades. La tristeza y el peligro nos acompañan en este recorrido. La tristeza por dejar lo conocido, y el peligro de adentrarnos en lo nuevo, luego desconocido.

Desde nuestra concepción de enfermedad, enfermamos en patrones de relación nocivos, tóxicos. Esos patrones son el resultado del interjuego de roles, un rol y su antagónico. Si la persona o personas que juegan el rol complementario no permiten el desarrollo del niño, el niño tiene que realizar un "sacrificio evolutivo", la propia incapacitación de sí mismo para mantener la relación de dependencia/supervivencia con el otro.

¿Cómo actúa la verdadera segunda vez? La ilusión de la representación es la recreación del escenario psíquico que incluye al paciente, o protagonista, a los otros personajes que participan en la escena y la interacción que surge entre ellos. El sujeto frente a su propio escenario tiene la posibilidad de cambiar el modo en que lo hizo la primera vez. Tiene la posibilidad de poder recuperar la parte de sí mismo que se quedó evolutivamente estancada o, peor aún, sin suficiente organización para el desarrollo de su potencial.

Si, de la mano de la definición de salud, definiéramos la personalidad, no se alejaría excesivamente del pensamiento original de Moreno afirmar que aquellos patrones de interacción con los que nos adaptamos a la vida, de forma consciente o inconsciente, son nuestro modo de ser, nuestra personalidad.

Si se acepta esta concepción interaccional de personalidad, la segunda oportunidad, no solo significa cambiar una situación que se convirtió en generadora de la limitación y el sufrimiento, sino, y sobre todo, en la posibilidad de crear un nuevo modo de ser y hacer con los demás, introducir cambios en nuestra personalidad.

4.2. La cura de la realidad traumática

Enfermar mental y emocionalmente frente a la realidad no es una metáfora. La realidad humana que nos toca vivir tiene la posibilidad de impedir la construcción de una personalidad estable, luego proveedora de los medios para cubrir nuestras necesidades, enfrentarnos a las dificultades de la vida, mantener un estado de ánimo estable, tener una imagen satisfactoria de nosotros mismos y de los que nos rodean, y hacer de la vida un lugar donde alcanzamos el disfrute en el *compartir* con los demás.

Vamos a partir de una realidad traumática que está en la base de múltiples trastornos, entre los que se encuentran los trastornos límites de la personalidad. Esta realidad traumática es la negligencia, el maltrato y el abuso sexual. Nuestro objetivo es mostrar diferentes contextos y situaciones de intervención para ofrecer una segunda oportunidad a los niños que han sido víctimas de un proceso de deshumanización que los acerca a la *locura*, al lugar de la indiscriminación y de la confusión, donde se mezcla el placer y el sufrimiento, el otro y el sí mismo, en un océano donde el pánico y el odio son las emociones que guían su conducta.

Vamos a mostrar cómo se interviene frente al efecto del abuso y el maltrato en los niños, de diferentes edades y en distintos ámbitos de intervención, pero con un objetivo común, la reparación del sufrimiento original y la modificación de los patrones de interacción desadaptados que constituyen su identidad. Vamos a detenernos en tres procesos psicodramáticos de intervención:

- El psicodrama en grupo con menores que han sufrido abusos sexuales.
- El psicodrama con niños y sus familias.
- El psicodrama en grupo con menores institucionalizados.

4.2.1. Psicodrama con menores que han sufrido abusos sexuales

Abordar los abusos en los niños supone un doble reto para el terapeuta. En primer lugar, contener sin dañar, desarrollar un procedimiento que permita restaurar las heridas emocionales recibidas sin generar un dolor añadido, sin "retraumatizar". En segundo lugar, crear un modo de comunicación adaptado a las características y posibilidades de los niños.

Los niños que han sufrido traumas han internalizado roles desadaptativos de víctima y agresor, y defensas que contribuyen a mantener el dolor y aumentar el patrón de conductas desadaptadas, como el silencio o la disociación.

> La investigación más reciente en psicoterapia demuestra que son herramientas eficaces utilizar intervenciones desde la acción, guiadas por la teoría de la clínica. [...] Los pacientes supervivientes a traumas pueden expresar a menudo sus estados internos de un modo más articulado a través de la acción, o en dibujos, que con palabras (Hudgins, Drucker y Metcalf, 1999: 60).

El psicodrama aprendió del juego infantil a usar objetos, muñecos, peluches. Hay una larga tradición en el uso de *objetos intermediarios.* Los objetos intermediarios son todos aquellos elementos, desde muñecos a instrumentos musicales, que pueden facilitar la comunicación interpersonal y la expresión emocional.

Los niños se comunican con sus objetos, a los que podemos dar una función, si bien su leve distancia cognitivo-emotiva entre fantasía y realidad hace que los muñecos puedan tener tanta vida y realidad como las personas con las que interactúan. A su vez, el trabajo grupal con niños que son víctimas de situaciones traumáticas similares es, en sí mismo, un factor eficaz para la reparación emocional. Los objetivos que hay que conseguir van dirigidos a evitar la futura estigmatización, contrarrestar la indefensión, la desviación de la conducta sexual, animar a la expresión y oportunidad de mostrar y decir lo que les sucedió, eliminar el secreto, la culpa y la represión, minimizar el riesgo de abusos posteriores.

¿Cómo hacerlo? Citron (2002) desarrolla un encuadre y un procedimiento terapéutico que garantiza la seguridad de los niños en un ambiente afectivo y lúdico. Trabaja con niños de cinco a siete años en un lugar donde se canta, se cuentan cuentos, se dibuja, se juega de forma libre y espontánea, para lo que hay asignado un espacio de juego, se merienda, pero también se *revelan los secretos*, se protege a los niños y se castiga a los malvados que les han hecho daño.

Para revelar un secreto es necesario alguien en quien se pueda confiar, los niños tienen un muñeco o un peluche que habla por ellos. A su vez tienen alguien de su entera confianza para revelar sus secretos, "un muñeco llamado el pájaro de los secretos", a quien guía uno de los terapeutas del grupo. ¿Qué cualidades tiene este pájaro?

> Tiene un pico grande, le gustan los secretos, se los come. Algunos dan dolor de tripa, pero a él no porque tiene un estómago que se los puede tragar sin dolor, los niños pueden darle sus secretos (Citron, 2002: 196).

El pájaro es el facilitador de la expresión de los sentimientos de los niños, de sus miedos, de su culpa, de su odio. A veces golpean al pájaro, a veces lo cuidan y a veces lo quieren y, como la autora nos dice en alguna ocasión, sucede que:

> Una niña quería limpiarle los dientes después de haberse tragado su historia (Citron, 2002: 198).

Después de la revelación se inicia *el drama*, la puesta en acción a través de los muñecos y los peluches de las historias de los niños.

A los niños se les facilita la representación en un banco donde los muñecos pueden jugar. El niño construye el escenario, describe el lugar donde se dio el suceso o lo imagina, cuenta con la ayuda del coterapeuta en la recreación de su historia, y con la ayuda de los otros niños, que pueden tener otros muñecos para participar en la escena. El único muñeco que los niños no pueden usar, ni el propio niño, es el del agresor. También de la mano de un coterapeuta aparecerá el policía y en un lugar del banco del drama, la cárcel.

Como la autora nos dice, no es necesario que todos los niños dramaticen su historia, aunque todos participan si lo desean en todas las historias. Si bien es cierto que, en psicoterapia, se dice que en última instancia todas las historias tienen mucho en común, aquí se puede afirmar, con mayor rotundidad si cabe, que todas las historias son la misma historia.

El uso de la realidad *surplus,* la *fantasía* del psicodrama, permite que los niños realicen sus deseos sobre cómo tienen que suceder las cosas, les permite recuperar la esperanza y sentirse con derechos, especialmente con uno: *el derecho a decir que no* a todos los que dañen o invaden su cuerpo. Junto a la capacidad de defenderse, se genera la competencia para cuidarse. Es sabido que, a través del juego de roles, uno aprende a desarrollar sus propios roles, cuando estos niños juegan a cuidarse a través de sus muñecos, en el rol de madre, o cualquier otra figura de cuidado reconocen y desarrollan su capacidad para cuidarse.

4.2.2. Psicodrama para ayudar a la revinculación de los niños con familias adoptivas

Cuando los niños son objeto de maltrato o negligencia, los servicios de la comunidad intervienen con un propósito: facilitarles un nuevo hogar. Se sabe que, desde el momento en que los niños salen de sus familias hasta que se reincorporan a otras familias adoptivas o de acogimiento, en los casos que así es posible, el recorrido que tienen que seguir supone un sobreesfuerzo adaptativo. Como resultado de la situación traumática original y el modo de sobrevivir emocionalmente a las situaciones, su *matriz de identidad* se organiza en torno a sus conductas defensivas. Eso supone mucha dificultad para su posterior "revinculación". Volver a querer es una labor tan ardua como arriesgada, porque en su historia el *cariño* y la *agresión* han estado intrincados de un modo confuso en su relaciones con los adultos.

Cuando surge en estos niños la posibilidad de incorporarse a una nueva familia, una familia adoptiva, no es infrecuente que observemos desde la ilusión y la negación de las familias la minimización de las dificultades. A veces su formulación se resume en frases como "si a estos niños se les da cariño, el cariño que no han tenido y un hogar, serán y se comportarán como cualquier otro niño".

La fantasía se quiebra en más de una ocasión con los hechos, y los hechos hacen que los padres se sientan fracasados, y culpables en el mejor de los casos, y en el peor se defienden de manera paranoide acusando a los profesionales y a las instituciones de estafa, de la peor de todas, la *estafa emocional,* nadie les había dicho la verdad sobre estos niños.

Si esa es la respuesta de los padres adoptivos, la identidad de los niños se reasegura en sus defensas, en sus defensas "de malos", luego no queribles y no merecedores de cariño. Las defensas organizarán su psiquismo en torno a la rabia y aparecerá la violencia en torno al miedo y se intensificarán los temores persecutorios.

Holmes (2002) se atreve a intervenir con familias adoptivas y con niños donde la convivencia es prácticamente imposible. Las defensas de los niños en forma de violencia, oposicionismo, negativismo, hace que los padres se sientan incapaces de poder continuar la vida con sus hijos adoptivos. Holmes utiliza el psicodrama dentro de lo que nomina "terapia multisistémica centrada en el vínculo". Con este nombre deja clara la meta terapéutica, *revincular* o, con más propiedad desde el lenguaje psicodramático, rematrizar. Se tienen en cuenta todas las variables que pueden contribuir de manera útil a la eficacia de la intervención. El bagaje emocional del niño, sus elementos constitucionales o genéticos, los factores asociados a los padres como individuos, como pareja, las experiencias de su infancia. Los aspectos que intervienen aquí y ahora en la relación entre cuidadores y los niños, cómo se manejan los conflictos, el cuidado, las prohibiciones y el contexto, escuela, servicios sociales… Pero todos estos elementos se consideran de cara a un objetivo: entender su contribución a las dificultades de estos niños para poder establecer vínculos seguros. El objetivo es que los niños puedan crecer en un entorno que lea y cubra sus necesidades y no necesiten activar sus defensas frente a la desorganización de sus vínculos fundantes.

> Los padres de estos niños a menudo van a profesionales buscando ayuda para sus niños y algún respiro del trauma de vivir cada día con un niño (o en ocasiones más de uno) que no aceptan una crianza normal o la intimidad (Holmes, 2002: 162).

Queremos destacar dos aspectos especialmente relevantes desde nuestra concepción psicodramática del cambio. En primer lugar, cómo contribuir a cambiar el "nombre" asociado a la culpa que estos niños arrastran. La segunda, crear una situación "dramática" que permita rematrizar los "vínculos desorganizados" de los que se protegen estos menores.

El primer paso es construir el escenario. Se hace a través de una muy elaborada línea de la vida, donde se reconstruye la biografía de los niños a partir de toda la información que ya se conoce.

> El equipo había trazado en el suelo, en una habitación grande, una U de papel normal, tres hojas grandes de casi treinta pies de longitud. La familia ayudaba en la tarea (o, para ser más precisos, los padres lo hacían mientras los niños miraban sentados). Sheila (la coterapeuta) explicó que el objetivo era usar el papel para recordar los sucesos importantes en la vida de los niños. Sugirió que –para comenzar– los niños podían dibujar en el papel todas las casas en las que ellos habían vivido hasta ahora (Holmes, 2002: 165).

Cambiar "el nombre" con el que estos niños se autodefinen supone introducir espejos diferentes, "miradas distintas" en las que se han visto reflejados y con las que frecuentemente se identifican.

En la medida en que los niños van recorriendo su línea de la vida, se encuentran con los momentos en los que el daño o el abuso aparecen. Que los niños puedan escuchar cómo les ven sus actuales padres en las situaciones donde fueron dañados les aporta un mensaje diferente al que tienen internalizado. Para ello se les pide a los padres que escriban sendas cartas a las personas con las que vivían los niños cuando se dieron los sucesos que se habían revelado.

> Ellos expresaron su rabia con D. (pareja de la madre biológica de los niños) por abusar de ellos y su indignación hacia la madre por no haberlos protegido del abuso (Holmes, 2002: 167).

La respuesta de los niños cuando escuchan este tipo de expresiones de sus padres adoptivos es de sorpresa y alivio, no podían imaginar que sus padres adoptivos pudieran estar enfadados con las personas que les habían hecho daño y culparan a los agresores y no a ellos. Un espejo diferente les ofrece una identidad diferente, no eran culpables, sino víctimas de abusos y agresiones.

El siguiente paso en este proceso va dirigido a generar otro modo de vincularse, donde la confianza y la seguridad sustituyan el miedo y la rabia. A través de la acción, los niños y sus padres tienen que enfrentarse y vencer la desesperación, la agresividad, el descontrol que el recuerdo del abuso desencadena en los niños.

> Jenny mira un poco confusa y preocupada, pero de repente dijo: "No deberías haberme hecho esto a mí". Después continuó detallando algunas de las cosas que el padrastro le había hecho. Sarah y David (los padres adoptivos) permanecieron próximos uno a cada lado

> de ella, estaban impresionados. Habían experimentado a menudo las rabietas de Jenny, pero nunca habían visto tanta rabia a la vez. Cuando Jenny acabó, Sheila (la coterapeuta) preguntó: "¿Y hay más?". Jenny dijo: "Sí", y comenzó a hacer una descripción del abuso que, hasta donde sabíamos, no se había hecho nunca. Súbitamente, Jenny (la niña) rompió en lágrimas y saltó en la mesa. Sarah (la madre) se acercó a tranquilizarla, Jenny inicialmente permitió que su madre la tranquilizara, pero después intentó empujarla. Estate con ella, le susurró Sheila (la coterapeuta) a Sarah (la madre). Acércate, le dijo Larry (coterapeuta) a David (el padre), animándolo a apoyar a su mujer para que calmara a Jenny, que estaba intentando quitarse de encima a Sarah. "Déjame sola, no te quiero, no confío en ti, no te necesito". Larry animó a Sarah a permanecer cerca de su hija. Jenny peleó, pero Sarah puso sus brazos alrededor de Jenny y le dijo: "Estoy aquí, no te voy a dejar. Te quiero". Como Jenny continuaba peleando David, se acerco para apoyar a su mujer. Sarah la sostenía, intentado mantener el contacto visual con su niña. David cuidadosamente puso sus brazos a lo largo de las piernas de Jenny para detener las patadas a su madre. Lentamente, Jenny se fue calmando y permitió a su hermano que le limpiara la frente sudorosa. Está bien, dijo Sarah. "No tienes que luchar todo el tiempo. Te queremos y sabemos que fueron atroces las cosas que te sucedieron en el pasado. Ahora estás segura" (Holmes, 2002: 170).

La verdadera es la segunda vez, la acción reparadora se da aquí y ahora frente al daño original. La matriz original, la matriz confusional desde la que estos niños generaron sus defensas parte del *daño disfrazado de cuidado*. Las figuras protectoras son las que dañan, y la dependencia infantil busca respuestas para protegerse de la vivencia desgarradora que les sume en el miedo asociado a las conductas con las que son tratados. La culpa defensiva los lleva a fantasear que el otro no deja de ser el bueno, luego en ellos debe estar el motivo por el que merecen ser tratados de ese modo.

> Sarah y David dijeron, más que sorprendidos, que Jenny había estado tranquila después de la sesión e incluso había aceptado un cálido abrazo y un beso antes de ir a la cama (Holmes, 2002: 175).

La dramatización permite *revivir,* desde otro sentimiento, las situaciones traumáticas de estos niños.

> Un niño altamente excitado (rabioso, gritando, con el corazón latiendo a toda velocidad y la piel enrojecida) puede ser tranquilizado y cuidado por un adulto. Aunque una combinación de tacto (sostén y balanceo) y sonido (susurrando y hablando) de la madre es capaz de ayudar al niño para alcanzar un equilibrio psicofisiológico. Durante este tiempo es importante que la madre tenga contacto visual con el hijo, para incrementar la intimidad entre ellos (Holmes, 2002: 176).

4.2.3. Cómo usar el psicodrama en grupo con menores institucionalizados

El trabajo que compartimos se basa en una experiencia de trabajo de alrededor de veinte años con menores (Herranz 1991, 1996, 1997, 1998a, 1998b, 1999a, 1999b, 2001, 2004, 2004b, 2012). El acercamiento a estos menores puede hacerse desde dos actitudes, la del buscador de síntomas y síndromes o la del buscador y reparador de las necesidades no cubiertas y pervertidas en el desarrollo. Colocarse en la primera actitud supone dirigir la atención hacia los criterios que estos niños reunían para ser diagnosticados. Los diagnósticos más habituales eran: trastorno oposicionista desafiante, trastornos explosivos intermitentes, trastornos de conducta, trastornos de aprendizaje, trastornos del sueño, trastornos de ansiedad, trastornos del estado de ánimo... Demasiadas categorías para que cualquiera de estos niños tuviera preservada una imagen mínimamente *sana* de sí mismo.

Desde la otra actitud, la del buscador de necesidades, se hicieron múltiples intentos para comprender qué latía debajo de tanta manifestación desorganizada. En una ocasión, como un modo de acercamiento a su mundo interno, se les preguntó sobre sus sueños, "¿qué sueños tenéis?". A continuación recogemos de manera sucinta alguno de los sueños que, como en las historias, parecen ser diferentes apariencias de una misma pesadilla.

> Tenía un rosario debajo de la almohada y un niño me lo quitaba, estaba triste en el sueño, y lo hizo un niño grande, yo estaba solo y él era grande (niño de siete años).

> Por las noches sueño que hay una persona debajo de mi cama y tiene un cuchillo para matarme (niña de siete años).

> Soñé con Chuki, me dio mucho miedo, me ataron con un hacha la cabeza, los pies, las manos, me hicieron pedazos y luego mató a todos.

> Estaba con un niño de mi clase con el que no me llevaba bien y un señor me perseguía y llegaba a la residencia y no había nadie y nos perseguían y estaba cerrado. Me encontré con mi hermano, y mi hermano me iba a matar y me llevo bien con él y me desperté (niño de diez años).

> Un gato negro que me perseguía, le di una patada y me arañó la cara, y una niña se encerró con el gato y salió llena de arañazos (niña de diez años).

La imagen que estos niños tenían de cara al exterior contrastaba con su mundo interno lleno de fantasmas, que encontraban en el sueño un momento excelente para atacarlos.

En los grupos de psicodrama incluíamos a los niños con una diferencia de edad máxima de dos años; el motivo por el que se incorporaban al grupo venía de las quejas de profesores del colegio o educadores y la razón era un listado de inacabables quejas de su comportamiento hacia los demás. La preocupación que dirigía la intervención era acceder al sufrimiento venciendo las conductas desadaptativas, entendidas como defensivas, pero, eso sí, organizadoras de su vida y valorativas de sí mismos. *Ser el más violento, el primero en ser expulsado de clase, el temido por los demás niños* es un motivo de orgullo y satisfacción al que es difícil renunciar.

Su modo de abordar la frustración, los conflictos y la relación interpersonal eran fácilmente previsibles: el impulso, la violencia, en resumen, todas las posibles maneras que tiene de manifestarse el *acting-out*. La motivación que guiaba la intervención era cubrir la carencia y para eso teníamos que atravesar la violencia. Era evidente la necesidad de desarrollar un modo de trabajar específico para estos niños. No era posible una intervención que siguiera la secuencia de las sesiones de psicodrama. Caldear un grupo de niños que corren por las paredes de una sala era una contradicción en sí mismo. Primero se tenía que conseguir que se sintieran implicados en nuestra propuesta de actividad.

El resultado de un diálogo interno entre la teoría que guiaba la intervención y los hechos fue el método de intervención, que presentamos a continuación. El proceso terapéutico se subdivide en tres períodos diferenciados a lo largo del tiempo: construcción, regresión y reconstrucción.

La primera fase se denomina *construcción* porque la meta es reincorporar patrones de conducta e interacción adaptativos para los niños. Tenemos que conseguir que dejen de gritar, correr por la sala o golpearse. No se puede dar por supuesto que estos niños sepan hacer algo diferente a lo que hacen. Su modo de protegerse de los conflictos es el *acting*, incluso frente al conflicto que les genera responder a las preguntas que se les realizan. Pero detrás del *acting* solo tienen la ansiedad y la ausencia de respuestas. A esta conclusión no se llegó como resultado de nuestra reflexión o investigación, nos la dieron los niños. En uno de nuestros primeros trabajos se les propuso que jugaran un rol, el rol de *ser buenos,* de *hacer cosas buenas.* Con sorpresa para el equipo terapéutico, cogieron las colchonetas y uno tras otro fueron tumbándose. Se les preguntó por su conducta: "¿Qué estáis haciendo?". Y su respuesta fue muy clarificadora: "Acostarnos". "¿Por qué?", les seguimos preguntando. "Porque es cuando dicen los educadores que nos portamos bien".

Después de que ellos nos ensañaran el vacío de recursos que sentían, pensamos dedicar las primeras sesiones, en función de las necesidades grupales, entre ocho y doce sesiones (de dos a tres meses), a construir respuestas alternativas para incorporarlas a sus situaciones cotidianas. Lo hicimos trabajando con dobles. La elección del doble la realizaban los niños, y esa unión permanecía durante todo el tratamiento.

Cada niño del grupo contaba con un miembro del equipo que jugaría su rol, se convertía en él en ciertas ocasiones. Las sesiones de grupo se iniciaban siguiendo un pequeño ritual. Después del saludo inicial, el director pedía a los niños que iniciaran una conversación con el doble. Ambos decidían de mutuo acuerdo qué era lo que querían abordar cada día. Después los niños, junto a su doble, proponían la situación que querían tratar, y se decidía de manera sociométrica la que más resonaba en el grupo. En las escenas podían participar los demás niños jugando roles junto a su doble, que pasaba a tener una función de doble contenedor. El director le pedía al niño que narrara su escena, y permaneciera como observador del drama, se dramatizaba en espejo. El doble mostraba de manera improvisada las respuestas que deseaba frente a la situación, *sin recurrir* a la violencia o a la evitación. El niño podía sugerir otras respuestas si quería, respetando la limitación de no actuar. Cuando se finalizaba la escena, tal y como su doble la había resuelto, el director le pedía que la ensayara. El niño pasaba al escenario y ponía en práctica la respuesta que había aprendido.

Este período de intervención lo denominados *de construcción* porque nuestro objetivo era *construir* con los niños un nuevo repertorio de roles *buenos* para ellos, de tal modo que dejasen de entender la *bondad* como la ausencia de conducta.

La segunda fase la denominamos *regresiva,* si bien su separación de la siguiente fase de reconstrucción es sobre todo didáctica. Quizás sería más preciso definir esta segunda como predominantemente regresiva, y la siguiente como predominantemente reconstructiva.

La definimos como regresiva no por su énfasis en la historia infantil de los niños, sino porque el trabajo pasó de ser esencialmente cognitivo a convertirse en un trabajo emocional. En esta etapa se mantuvo la misma disposición, el caldeamiento se realizó con los dobles, quienes hablaban con los niños de aquellos temas de su biografía, problemas actuales, etc., que les resultaban conflictivos y dolorosos... En el caldeamiento con el doble se solían usar dibujos, máscaras, cuentos o sueños como facilitadores para que los niños entrasen en contacto consigo mismos, con su mundo interno. Cuando habían mostrado sus historias, se pasaba a la elección sociométrica y después a la dramatización. El doble *actuaba* por el niño, al niño se le asignaba un rol, el de cuidador del doble cuando lo necesitara. Se ha comprobado, con diferentes trastornos, cómo el hacer para el otro, cuidar al otro, tiene un efecto restaurador para la persona que lo hace (Carnabucci y Ciotola, 2013).

La razón que nos llevó a hacerlo de este modo también nos la ensañaron ellos con sus defensas; la huida maníaca a través de la risa, el grito, o los golpes a los objetos, etc., nos hizo comprender que su rol debía ser el de "reparar". Sirva como ejemplo una escena donde un niño pone en acción su drama. La escena muestra a su padre borracho que llega a casa, golpea a su madre, él mira a su padre a distancia, el padre se enfurece y lo persigue por la habitación hasta que lo atrapa y lo golpea con un plato haciéndole una brecha en la cabeza. Al introducirlo en la escena, *jugaba el rol* y se reía de una forma casi maniaca, y nos decía que su padre era un *cachondo*, una persona muy divertida.

Nuestra concepción de la violencia neurótica nos había hecho subestimar la intensidad del *dolor asociado a las experiencias traumáticas* que la repetición podía conllevar para estos niños. Por eso se llegó a la conclusión de que su función sería la de aprender a cuidar-se a través del doble. Las técnicas auxiliares, entrevista al personaje, soliloquios, movimientos a cámara lenta..., servían para que el niño tomara contacto con sus carencias, para que sus sentimientos reparadores pudieran generarse en el cuidado al otro que lo representaba.

La fase de reconstrucción. El último tramo del recorrido debería ser el que más satisfacciones les proporcionara, pero en los niños institucionalizados la realidad no solo fue traumática, es traumática. Salir de la trama defensiva con la que encubren sus carencias es ponerlos delante de su situación vital actual. El niño que se sentía orgulloso por ser el primero en ser expulsado de clase se reconoce como el más torpe y el que menos entiende las explicaciones de los profesores. La niña que se reía de manera hipomaniaca cuando su hermana mayor fue trasladada de centro tiene que enfrentarse a la soledad de su habitación hasta que alguien pase a ocupar la cama que hasta ahora ocupaba su hermana. La niña que contaba que su madre, cuando saliera de prisión, iba a llevársela a una casa en un pueblo con caballos para correr por el campo sigue viendo a su madre esporádicamente cuando la traen en un furgón de la guardia civil para una visita custodiada de dos horas. El trabajo en este momento conlleva la "depresión" y la "elaboración de la falta" que tendrán que incorporar a su vida.

El trabajo psicodramático se realiza en escena abierta, los dobles siguen siendo los protagonistas y los niños los cuidadores que cuidan y protegen. Pero este proceso tiene que estar inserto en lo cotidiano, buscando los apoyos necesarios para que dejen de ser los más torpes, los más rechazados o los más solos de los distintos lugares de los que forman parte. En el grupo se crea el germen de un narcisismo sano, en las peores condiciones posibles, pero una imagen razonablemente sana de sí mismo requiere el sostén de la realidad. Una niña del grupo, pasados los años, inicio una carrera universitaria, y en un encuentro casual con uno de los miembros del equipo terapéutico le dijo: "A mí nunca me trataron mal en la residencia, pero yo nunca fui especial para nadie". Hoy su vida profesional se dedica al trabajo social.

4.2.4. Lo común de las intervenciones frente a la realidad traumática

En las tres intervenciones que hemos mostrado hay un denominador común, la necesidad de reparar. Reparar al sujeto en sus vínculos y su capacidad *dañada, cuando no quebrada*, de vincularse con los demás y con el mundo. A su vez los tres procedimientos comparten otro aspecto, la protección. El pájaro que se come los secretos, los brazos que sostienen desde la ternura sin juzgar y sin desaparecer, o los dobles que se enfrentan a los conflictos de los niños dejándolos en el rol de observadores. En los tres procedimientos, el cuidado está en el cómo se desarrolla la sesión de psicodrama.

Y, por último, desde la teoría que guía las intervenciones, se puede afirmar lo siguiente: el proceso terapéutico parte de crear un vínculo de seguridad desde el que poder rematrizar la inseguridad generada en el trauma vivido o en la vida traumática que tienen. La seguridad no es una condición añadida al tratamiento, es la condición generadora del cambio terapéutico.

4.3. La cura de la fantasía

Forma parte de la historia de la psicoterapia diseñar tratamientos para enfrentarnos al mundo imaginario que nos asusta. Nuestro sistema mental tiene la capacidad de construir ilusiones, pero también amenazas. Se consideran fantasías amenazantes los modos en los que representamos nuestros sentimientos de miedo. El miedo y la lógica tienen una relación subordinada, la fuerza del miedo hace que la lógica del pensamiento desaparezca y en su lugar aparezca la magia. La magia en su versión negativa son las fantasías temidas.

Bajo el nombre de *neurosis* se incluían históricamente los trastornos en los que las fantasías se convertían en motivos de sufrimiento y organizadores desadaptados de la conducta. Hoy, bajo los rótulos de *trastornos de ansiedad, somatomorfos, facticios, trastornos del estado de ánimo*…, vemos que a las fantasías temidas se les atribuye el rol de causa única o coadyuvante de los mismos.

Si la magia sustituye a la lógica en el pensamiento adulto, cuando el miedo aparece en los niños la magia se constituye en su principal forma de pensar. Por lo que si a un pensamiento en construcción se le une la vivencia de peligro, las fantasías temidas se convierten en poderosas señoras de la vida psíquica.

Se consideran miedos básicos el miedo al abandono y el miedo a la agresividad. Desde una posición psico(pato)lógica se denominan ansiedades depresivas y paranoides. Bajo el peso de estas ansiedades, el mundo se convierte en un proyecto de soledad y desprotección o en un lugar persecutorio y amenazante. Ambas ansiedades se esconden detrás de diferentes máscaras y cursarán con una amplia variedad de síntomas. Estos últimos vendrán a confirmar su poder sobre el psiquismo infantil.

¿Cómo luchar frente a las fantasías temidas en psicodrama? Pedir a los niños que nos hablen de sus conflictos y representarlos puede ser el modo más tradicional. Pero, aunque parezca obvio, *los miedos asustan.* Por eso, en psicodrama una idea recurrente es hacer fácil lo difícil, diseñar procedimientos que aporten seguridad a los miembros del grupo. Si la seguridad viene de la mano de la protección y la cohesión grupal, el camino se allana frente a las dificultades a las que se tienen que enfrentar.

Si se dice que vamos a luchar contra las palpitaciones, los temblores, la opresión en el pecho, el miedo a morirse, el miedo a que se mueran los padres, el miedo a que se separen o a que los secuestren, el miedo a ir al colegio, o el miedo a volver a hacerse caca en al autobús del colegio…, el viaje se torna temeroso.

Pero ¿y si jugamos? Un juego dramático no deja de ser una actividad organizada dirigida a un fin, abordar los conflictos subyacentes a los síntomas que los niños nos presentan. Pero en el hecho de jugar ya existe una distancia protectora, la distancia que lo simbólico nos proporciona frente a lo concreto.

Supongamos que el viaje es para enfrentarnos a un dragón (Cossa, 2002, 2006). El dragón ha venido, cuando estábamos distraídos, a robarnos algo valioso que nos pertenece. El objetivo es ir a rescatarlo. ¿Qué nos ha podido robar un dragón siendo niños?, ¿la alegría?, ¿las ganas de jugar?, ¿el interés por aprender?, ¿la curiosidad?, ¿la espontaneidad?, ¿las ganas de estar con los demás y disfrutar haciéndolo? Puede que algunas de estas cualidades y quizás otras. Si ese es el punto de partida, nos podemos pertrechar para ir en su búsqueda, cogeremos lo necesario, escudos, espadas, capas… Podemos ser invisibles, podemos rebotar las amenazas, podemos cortar los miedos y convertirlos en insignificantes y diminutos rivales.

Si estamos dispuestos, el camino para vencer al dragón está delante de nuestros ojos. Pero el dragón tiene un ejército poderoso y presentará batalla en dos terrenos diferentes, el *territorio de la depresión,* abierto y desolador, y el *bosque de los miedo*s, oscuro, con ruidos desconocidos, pero inquietantes, con una bruma que no permite reconocer a los enemigos.

El ejército del dragón cuenta entre sus soldados con los duendes del desánimo, que vendrán a decir que la tarea es imposible, que no se intente, y, si se hace, es irrelevante, al final se impondrá el fracaso. Los ogros también vendrán a con-vencernos, nos dirán que nos olvidemos de las cosas, que no va a pasar nada si nos abandonamos, que comamos mucho y así nos distraemos, que nos quedemos en la cama sin hacer nada. Pero el más poderoso de los guerreros es la señora de la depresión. Con rostro arrogante vendrá a decirnos que no hay esperanza, que nunca se consigue vencer al dragón. Si, no obstante, seguimos el camino, el segundo campo de batalla cuenta en sus filas con un temible mago, el mago de la maldad, nos dirá que nos merecemos lo que nos pasa, luego cualquier castigo es merecido.

Si se ha conseguido pasar y pelear contra este poderoso ejército, nuestros fantasmas, entonces el tesoro nos es devuelto. El dragón ha sido vencido porque ha perdido la capacidad de asustarnos.

El recorrido se hace trabajando en psicodrama grupal, todos los niños se enfrentarán al ejército enemigo, se emplearán todas las armas que tiene nuestro ejército, los dobles, el soliloquio, la concretización, la dramatización, los objetos intermediarios. Todos estarán a disposición de los niños que van sintiéndose con el derecho a recuperar su bienestar en la pelea.

Al leer el proceso de intervención en esta secuencia es fácil reconocer la metáfora del conflicto y del cambio. El conflicto se organiza en un vínculo de dependencia en el que se instala, de manera fantasmática, la amenaza de abandono o de agresión. El miedo hace creer a la razón que, de algún modo, se ha dañado el vínculo protector del que se depende. No se han cumplido las normas, el deseo del otro, la maldad forma parte del propio deseo, o el sufrimiento de los padres es su responsabilidad. Con este temor, los síntomas perturbarán el equilibrio emocional dejando en su lugar la angustia y la tristeza.

5

El aislamiento al servicio de la psicosis

Marina será el caso que ilustre este apartado. Representa la organización de los niños donde su mejor opción viene de la mano de aislarse para no vivir en un mundo donde tienen que enfrentarse a la soledad y al vacío relacional. Su mundo es confusional, la línea que divide la fantasía y la realidad se ha roto, provocando que, en ocasiones, aparezcan alucinaciones visuales y auditivas que le generan un malestar insoportable.

5.1. Descripción del caso

Marina acude a tratamiento de la mano de unos padres guiados por la persona responsable del departamento de orientación del colegio, donde le habían realizado una evaluación psicopedagógica. Dicha valoración fue solicitada por la tutora de la niña, alarmada por la respuesta dada por Marina a la pregunta de clase acerca de qué querían ser de mayores, ante la que ella había expresado su deseo de morirse respondiendo: "Yo no quiero ser nada en la vida. Lo único que quiero es morirme". Esto, unido a la percepción de los profesores de que era una niña que nunca sonreía, que se mostraba siempre triste y apática e incapaz de comunicar lo que le sucedía, había motivado la intervención.

La información más relevante proporcionada por el colegio era la ideación suicida de la niña, el aislamiento real que sufría y la vivencia del

Figuras 5.1. Dibujo de un árbol.

Figura 5.2. Dibujo de una casa.

Figura 5.3. Dibujo de una persona.

mismo. Todo ello acompañado de unos niveles de angustia muy elevados. Además, en la evaluación aparecieron indicadores de agresividad y ansiedad, alto grado de desestructuración, gran fragilidad y una necesidad imperiosa de protección.

Marina afirma en la valoración que piensa recurrentemente en la muerte y en hacerse daño, considera cada vez más difícil poder ser feliz, define las relaciones con sus iguales como muy hostiles e imposibles, "los demás siempre verán algo malo en mí". En el cuestionario de evaluación de la conducta aplicado en el colegio da por verdaderas afirmaciones de este tipo: "A veces oigo voces que me dicen que haga cosas malas", "Tengo miedo de poder hacer algo malo", "No puedo dejar de cometer errores", "Nadie me entiende", "No puedo controlar mis pensamientos", "Los otros niños evitan estar conmigo", "No le gusto a nadie", "A veces quiero hacerme daño", "Ya no me importa nada". Mostramos los dibujos realizados por Marina durante la evaluación (véanse las figuras 5.1, 5.2, 5.3).

Los datos de los que disponíamos antes de la entrevista inicial y la edad de la niña, doce años, guiaron la decisión de acoger la demanda de atención con una entrevista familiar, Marina y sus padres. El objetivo, además de obtener más información, era poder guiar las intervenciones necesarias para la menor, y asesorar a los padres en los pasos a seguir.

En la entrevista, cuando se le pregunta a Marina sobre su problema, ella, mirando hacia abajo, dice: "Tengo problemas, cosas, algunas cosas, a veces oigo cosas que la gente no oye y otras cosas, veo personas. Ahora me pasa a menudo, veo una persona, pero no sé quién es, lleva un abrigo y unos pantalones raros, antiguos [...], la persona hace menos que la veo, pero lo que veo hace más tiempo son coches antiguos de caballos, carruajes con gente. [...] Esa persona solo me mira, no me dice nada, intento evitarlo, pero está todo el rato mirando. Lo de las voces me pasa desde hace mucho tiempo, desde la muerte del bisabuelo [...], oigo voces que me llaman, me dicen ven, ven con nosotros [...], normalmente las voces no me pasan cuando estoy con gente, pero lo demás sí, incluso pregunto a mi hermana y a mis compañeros si ellos ven lo que yo estoy viendo".

Marina narra con gran angustia lo que le ocurre, casi no levanta la mirada de un libro que trae. Esta angustia que siente la atrapa en un mundo de aislamiento, al que solo será posible acceder si Marina consigue abrir una puerta para poder escuchar un mensaje tranquilizador, pues cuando no sé lo que es realidad o fantasía, todo lo nuevo y desconocido genera una gran desconfianza.

Un dato esperanzador aparece cuando Marina verbaliza tener claro, desde los cinco años, que de mayor quiere ser chef (respuesta diferente a la que manifestó a su tutora cuando dijo que no quería ser nada de mayor porque quería estar muerta).

Los padres definen a su hija como una niña con grandes dificultades escolares: "Es un niña que no sabe estudiar, no comprende bien lo que lee y le cuesta el aprendizaje, repitió segundo de primaria, ahora está en sexto". Ella dice que le cuesta memorizar: "Hay cosas de matemáticas y de lengua que no entiendo". Refiere que lo mejor del colegio ahora mismo son sus amigas, a las que ha empezado a contar lo que le pasa y la están intentado apoyar mucho, pero cree que llegará un momento en que se cansarán y se volverá a quedar sola, como antes, "He estado muy sola", volviendo a hacer referencia a un mundo donde no puede esperar que nadie esté ahí de forma incondicional.

Continúan hablando de Marina como una niña que siempre ha sido seria, introvertida, vergonzosa, poco expresiva, pero muy sensible: "Cualquier suceso grave para ella supone la confirmación de todos los sucesos malos que pueden ocurrir: muertes, accidentes de tráfico, tragedias que aparecen en la televisión, etc.". Hablan de dos hechos importantes en la historia de la niña: el fallecimiento del bisabuelo y la muerte de su gato por accidente, hace unos meses.

Le pedimos a Marina que presente a su familia. Ella es la segunda de cuatro hermanos; David, el mayor, solo es hermano por parte de madre, pero vive con ellos desde siempre (véase la figura 5.4).

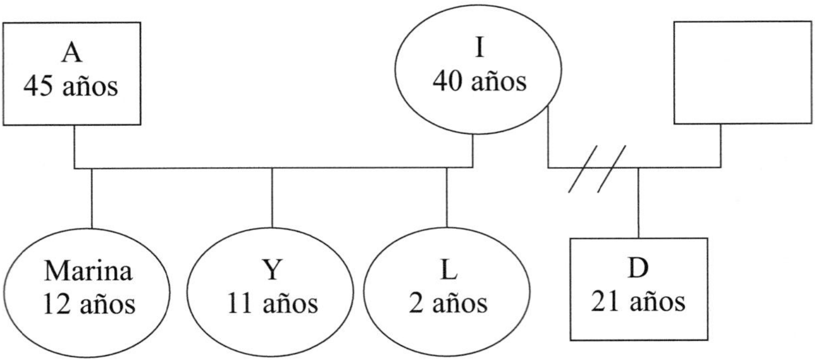

Figura 5.4. Genograma de Marina.

Define tener muy buena relación con su hermano, empatizan mucho; un trato de amor-odio con Yohana, según sus propias palabras; y una relación muy lúdica con la hermana pequeña, es "el juguete de la casa"; añade que Laura siente adoración por ella.

Las tres hermanas comparten habitación. Al definir su rutina, Marina parece bastante autónoma; se levanta, va al colegio en transporte público, mostrándose independiente en los hábitos de autocuidado. Resulta llamativo que, a pesar de ir al mismo colegio, Marina y Yohana van separadas.

Los padres refieren que es una niña que nunca ha tenido problemas de conducta y que, salvo las dificultades escolares y la mala relación con su hermana, no tienen conflictos con ella. Diferencian en ella dos formas de reaccionar emocionalmente: mucha rabia, "tiene estallidos que nos asustan", o se queda totalmente inhibida, apática y sin respuesta. Además, definen su rigidez: "Es obsesiva, cuando tiene un tema en la cabeza se puede obsesionar, con series, juegos, problemas, pero, sobre todo, es una niña muy triste, y extremadamente aislada".

Una información relevante para el caso la obtenemos cuando hablan de la dinámica familiar. La definen como muy conflictiva, con mucha tensión, por los problemas de relación entre el padre y el hermano mayor. Marina cuenta situaciones de peleas, amenazas graves y huidas de casa, que le provocaban mucho miedo: "Me asustaban mucho las peleas entre papá y David, nunca sabías cómo podían acabar, he sentido pánico".

Los padres confirman estos hechos, señalando que la vivencia de Marina de los descontroles de su hermano ha sido muy negativa, y que es una situación mantenida en el tiempo. David fue diagnosticado a los cinco años de edad de alteraciones de conducta, y a los dieciocho de un trastorno del control de los impulsos que ha requerido medicación por los estallidos de violencia.

Aseguran que la convivencia actualmente ha mejorado mucho y que ya no existen discusiones abiertas: "En casa ahora no estamos en guerra". Pero parece que esta situación ha sido vivida por Marina con la incapacidad de diferenciar y diferenciarse de los personajes implicados en las peleas, convirtiendo su mundo en un lugar lleno de peligros donde no puedes contar con nadie cuando lo necesites.

Se acuerda que el marco de intervención va a consistir en un tratamiento combinado, ya que la sintomatología de Marina requiere medicación. Antes de iniciar las sesiones de tratamiento psicológico, acuden al psiquiatra, quien, tras realizar una valoración, prescribe antidepresivos a la niña con pauta 1-0-0-0.

Además se explicita con los padres la importancia de su actitud de confianza y colaboración, pidiéndoles que desechen escepticismo y resistencia ante el tratamiento de su hija, justificado, según manifiestan, por las experiencias negativas que habían tenido con su hijo mayor.

Antes de presentar las escenas del tratamiento, es importante describir la posición de Marina en la relación terapéutica. Al inicio se mostró como una niña colaboradora que contestaba a todas las preguntas, pero manteniendo una actitud reservara y resguardada, manifestando suspicacia y falta de confianza en el otro, en este caso en el terapeuta como figura de ayuda. Esta percepción fue compartida por todos los profesionales implicados en la valoración de Marina. Por lo tanto, era fundamental que, en la primera etapa del tratamiento, se fuera creando con ella una relación de ayuda, asentada en el sentimiento básico de confianza: "Estamos aquí para ayudarte".

La medicación fue muy beneficiosa, las alucinaciones remitieron en un corto periodo de tiempo, lo que posibilitó a Marina abrirse al cambio a pesar del miedo.

A continuación, mostramos las escenas del proceso que se ha ido realizando con Marina. El objetivo perseguido era cubrir sus carencias de seguridad y afecto, partiendo, en primer lugar, de clarificar sus vivencias, para después generar los recursos que la capacitaran para apegarse de nuevo a la vida, pero desde un lugar que ya no le asuste. Marina tenía una frase para describirse: "Tengo alergia a la alegría", matizando que la alegría era una planta. Entendemos que esta era su manera de transmitirnos que ella y la alegría eran incompatibles.

La propuesta de tratamiento fue psicoterapia psicodramática bipersonal con sesiones semanales, y sesiones de seguimiento con los padres, según la evolución de la intervención.

5.2. Proceso terapéutico: sesiones de tratamiento

Para ilustrar el trabajo realizado con Marina, hemos seleccionado las sesiones más informativas del tratamiento que compartimos como escenas, sesiones que se muestran de la forma más literal posible, utilizando las propias palabras de la niña para describirlas. El orden en que se presentan es cronológico, mostrando en primer lugar la redefinición de sí misma y de su mundo relacional, para posteriormente reparar, con más recursos, sus heridas, trayendo las situaciones dolorosas del pasado para revivirlas, en el aquí y ahora, sin tanto sufrimiento:

- Mi átomo social/familiar. La confusión relacional.
- Quién soy yo.
- Los agujeros negros de la alegría.
- "Tengo un hueco justo detrás de la puerta". Mi aislamiento.
- Para mí, es mi mejor amiga... ¿Quién soy yo para ella?
- La muerte de mi gato Nor.

5.2.1. Mi átomo social/familiar. La confusión relacional

Tal y como se ha señalado, las primeras sesiones tenían el objetivo de clarificar el mundo de la niña. Para ello, se le propone una de las técnicas de evaluación que usamos en psicodrama, el *átomo social.* Dibujamos círculos concéntricos explicándole que ella estará en el centro, y que alrededor coloque a las personas de su vida, indicándole que la distancia significa lo cerca o lejos que ella siente que están esas personas.

Marina se muestra recelosa al empezar. Tiene dificultades para elegir a la primera persona que incluye en el átomo, pero, cuando empieza, se deja llevar y va escribiendo todos los nombres (véase la figura 5.5).

Se le pide que presente a las personas que ha colocado. Desde el inicio se hace muy evidente su confusión relacional. Las figuras de mayor cercanía para ella son su hermana de dos años (Laura); Beltrán, un novio ficticio con el que hace más de un año que no tiene ninguna relación, y la orientadora del colegio que le realizó la evaluación, "Me saluda cuando me encuentra en el colegio", pero hace más de dos meses que no tiene ninguna relación con ella más allá del saludo.

En el segundo círculo, sitúa con igual importancia a nosotros (psicóloga), aunque esta es tan solo la cuarta sesión para Marina, a su madre y a David, su hermano, además de a algunas compañeras del colegio. Al hablar de ellas se pone de manifiesto la superficialidad de la relación, y su falta de capacidad para diferenciar grados de amistad, aunque consiga hacerlo en el átomo.

Por último, es significativo donde sitúa a su padre y a su hermana Yohana. Están en el último círculo, y Marina define la relación como lejana, "están ahí"; en realidad son a las personas que tiene más cerca, pero que siente más lejos.

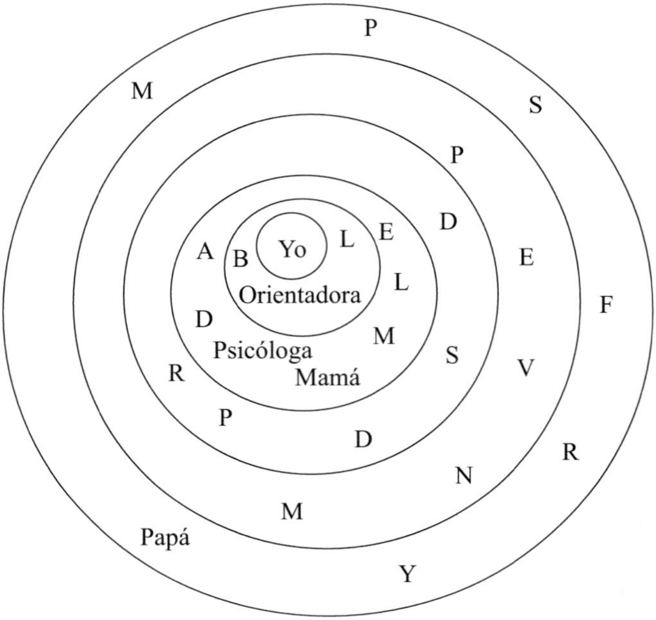

Figura 5.5. Átomo social de Marina.

Cuando termina de organizar sus relaciones de forma gráfica, se le pregunta sobre el modo en que se acerca, para averiguar la propuesta de relación que plantea en lo social. La consigna dada era conocer el mundo de sus iguales, aunque Marina haya mezclado también a su familia y otras relaciones.

Marina describe dos extremos, la cercanía que le proporcionan sus amigas ("Me están ayudando mucho, cuando les cuento lo de mis alucinaciones, o que me quiero morir, o que estoy triste, me escuchan") y el aislamiento al elegir la soledad ("Esta semana, ningún día he bajado al recreo, me quedo en clase, sola"). Es decir, o muestra su aislamiento, y no se relaciona con nadie, o se acerca a los demás a través de una demanda que no puede ser cubierta por sus iguales, no le pueden dar lo que necesita, por lo que, a pesar de acercarse, se siente abandonada.

Terminamos la sesión mostrando a Marina la importancia de saber estar con los demás de manera más tranquila y además con la devolución de que existen diferentes lugares donde estar con las personas. Marina define que le ha gustado encontrarse a todo el mundo al mismo tiempo, porque el gráfico le muestra el todo, y no solo una parte. Además, se le lanza la propuesta de buscar la parte que ella pone en las relaciones que mantiene.

Ante esta invitación, Marina nos explica que normalmente no se acuerda a posteriori de las cosas que hace, solo de cómo se siente, no se acuerda muy bien de lo que ha ocurrido, pero sí del malestar generado. En su confusión, se queda impregnada del sentimiento sin recordar el suceso, lo que impide un posible aprendizaje. Cuando se le plantea buscar una solución para su falta de memoria, Marina no lo duda y sugiere hacer un diario en la tableta con las cosas más importantes del día. Esta propuesta y su seguimiento supusieron para la niña un gran avance, ayudándola a centrarse en sí misma, a unir sus emociones a los acontecimientos de su vida y, sobre todo, a poner palabras, designando un nombre que mostrara lo que estaba sucediendo en su vida.

5.2.2. Quién soy yo

Esta sesión muestra el final de una de las líneas de trabajo realizado durante varias sesiones con Marina. Para ella, la imagen que ofrecía de sí misma era una imagen muy negativa. Como ejemplo, en unas sesiones anteriores a esta, Marina sostenía que no podía verse reflejada, porque ningún espejo podría darle su imagen, ya que se rompería. Ante la propuesta de indagar más, la niña cerró el asunto, y solo jugamos a imaginar si en algún momento eso cambiaría. Cuando los niños no nos permiten acceder a un tema, entendemos que no están preparados para hacerlo, y ahí nuestra posición siempre será de proposición, no de imposición.

Partimos de una imagen muy frágil y negativa de sí misma. Durante el tratamiento, Marina descubrió su habilidad para expresarse con redacciones, así que explotamos esta herramienta como recurso.

1. *Caldeamiento.* Es iniciado por la niña cuando nos cuenta que ha tenido que escribir una redacción en el colegio acerca de sí misma, mostrándonos el trabajo que ha realizado (véase la figura 5.6).

"Quién soy yo"

Hola me llamo Marina y os voy a contar quién soy yo espero que os guste.

Marina es una chica un poco tímida, también es amigable. Se preocupa por sus amigas y las intenta ayudar todo lo que puede. Marina también tiene un pelo muy largo y muy brillante, también tiene su propio conjunto de ropa. Marina también es alta y muy guapa, también es responsable y siempre recoge su hatitación. Marina aparte de todo eso también quiere a su familia sobre todo a su hermano. Porque no sé es el mejor.

Bueno ya sabemos todas como es Marina pero positivamente ahora vamos a hablar de las cosas malas. Marina siempre está sola en los recreos. Para ella primaria ha sido muy duro porque la pobre lo pasó tan mal que dijo que quería suicidarse. Su tutora la ayudó mucho. Pero aún así Marina estaba sola en los recreos. Entonces Marina fue al psicólogo y del psicólogo al psiquiatra donde la dijeron que todos los días tenía que tomarse una cápsula de antidepresivo pero Marina desde que está en el instituto siente como si no encajara. Lo peor es como si los profesores me odiaran.

Hasta aquí la redacción de quién es Marina espero que os haya gustado.

Figura 5.6. Transcripción de la redacción de Marina.

2. *Dramatización.* Le sugerimos a Marina rehacer aquí y ahora la redacción, dándole la oportunidad de buscar, si quiere, presentarse de otra manera. La propuesta viene de la mano de proteger a Marina del rechazo. La información sobre el suicidio, el psicólogo, el psiquiatra y los antidepresivos le sirve para atraer la atención de los demás, y le impide, al mismo tiempo, cubrir su necesidad relacional, pues también es muy fácil que se asusten y se alejen.

   Marina acepta reescribirla, pero no en primera persona, tal y como se le sugiere, por tratarse de un recurso menos literario. La consigna dada es: "¿Quién es Marina?", a lo que ella añadió "Segunda parte".

   Cuando termina, la invitamos a compartirla en voz alta, imaginando que en un cojín ponemos a una persona (audiencia) a la que luego pediremos opinión. Marina escoge la imagen de una niña que llega nueva al instituto (véase la figura 5.7).

Esta es Marina:

Marina es una chica un poco tímida, también sabe a veces expresarse en positivo. Marina también se ofende muy fácimente como por ejemplo si alguien la rechaza. También tiene amigas tanto pequeñas como mayores. Marina también tiene miedo como por ejemplo a las atracciones altas y sin seguridad. También tiene jobis como escuchar la música o bailar. Marina también quiere a su familia tanto como a sus amigos pero a veces se enfada. Marina tiene una forma de vestir especial también tiene un pelo precioso. Marina se lleva bien con todos los profesores. Bueno y esta es Marina que por cierto soy yo.

Figura 5.7. Transcripción de la segunda redacción de Marina.

Al terminar la lectura, nos dirigimos a la silla donde está colocado el cojín y se le pide que realice un *cambio de rol.* Desde este personaje se le pregunta sobre la niña que acaba de leer la redacción, y expresa: "Es una chica normal, con sus cosas buenas y malas". Le indicamos a Marina que, de esas dos cartas, elija con cual se queda. Prefiere la segunda, y añade: "Si presento todo lo raro, soy rara, y yo ya soy algo más".

Marina, así, está eligiendo presentarse como una más. La mirada del otro se fija en lo que muestras, y para estar conmigo tienes que verme. En el caso de Marina, se trataba de ver más allá de sus cosas negativas, que la alejaban una y otra vez de ser aceptada por los demás.

3. *Compartir.* La sesión se cierra con el análisis de cómo se ha sentido Marina al poder presentarse con su mejor cara, sin exagerar y sin enseñar lo más privado.

Parece que tiene una sensación de agrado; además, se ha dado cuenta de que antes compartía toda la información sin seleccionarla. Reforzamos su comentario señalándole que no todos tienen que saberlo todo y que la confianza se va adquiriendo progresivamente; para contar cosas importantes, tiene que haber pasado un tiempo donde tú te sientas cómodo. "No es malo contar tus cosas, pero tienes que elegir a quién quieres regalarle tus cosas más íntimas", y mostramos la importancia de que los acercamientos fueran graduales en información y actitud.

Marina se fue de la sesión con una visión de sí misma más positiva, y con una estrategia que la podía proteger de mostrarse como alguien fácilmente rechazable.

5.2.3. Los agujeros negros de la alegría

Este trabajo supuso para la niña una nueva manera de mirar su estado de ánimo. Desde la propia propuesta de la que partimos, los agujeros negros de la alegría, ponemos el foco en su alegría, y le planteamos identificar los momentos de su historia que le generaron tristeza. Esta sesión puede ser considerada como exploratoria, y su objetivo es clarificar y ordenar las vivencias de la menor.

Marina trae a la sesión un discurso muy negativo acerca de las situaciones que tienen lugar en el instituto y que le generan gran malestar y desasosiego: "Tengo la sensación de que siempre es así, siempre hay cosas malas". Ante esta afirmación, le sugerimos conocer los hechos que, según recuerde, le han quitado alegría, a través de un dibujo titulado "Los agujeros negros de la alegría". Así, Marina irá representado en una hoja cada uno de los sucesos que lo causaron. Trabaja concentrada, con actitud positiva. Al terminar, comenta lo que ha realizado (véase la figura 5.8).

Explica que los agujeros de tristeza han sido: 1) cuando está sola, ese sentimiento que la aísla y la hace sentirse fuera del mundo; 2) las discusiones de su padre con su hermano mayor; 3) la muerte de su gato; 4) la mudanza a Madrid; 5) el colegio y el instituto y todas las situaciones que vive allí; 6) la muerte del bisabuelo; 7) las discusiones y los enfrentamientos, y, por último, 8) las amigas que se van.

Cuando termina de describir las situaciones señalamos que, a pesar de que parecen muchas, todavía quedan huecos, aunque la alegría ha quedado algo agujereada, aún es más grande: escuchar música, el amor, leer libros, las sonrisas y la amistad.

Figura 5.8. Dibujo de los agujeros negros de la alegría.

Para finalizar la sesión preguntamos cómo se ha sentido al organizar todas esas situaciones. Explica que muy bien, "así he visto que la alegría sigue ganando". Desde ese sentimiento es posible que Marina dirija sus iniciativas hacia un mundo que puede darle momentos buenos, donde los sentimientos de tristeza generados en ciertas situaciones no inunden todo lo demás.

5.2.4. "Tengo un hueco justo detrás de la puerta". Mi aislamiento

Esta sesión tuvo el objetivo de generar recursos en el aquí y el ahora. Se hace una propuesta de psicodrama horizontal (en el presente y hacia el futuro) que fortalezca a la niña antes de poder realizar un trabajo con escenas regresivas.

1. *Caldeamiento.* Marina manifiesta que en el instituto siente que no encaja con los compañeros y además cree que los profesores

la odian (ideas que ya habían aparecido en sesiones anteriores). Queremos profundizar en esta sensación buscando una situación concreta.

Según relata, en la mayoría de los recreos se siente así, y se esconde en el lugar ideal para que no la encuentren, detrás de la puerta. Lo expresa de tal modo que parece que está huyendo de un peligro que la acecha. Desde lo relacional, pensamos que te escondes desde un sentimiento de miedo que genera una respuesta de huida, para protegerte del daño. Desde ese sentimiento describe cómo es el escondite perfecto que ha encontrado para huir.

2. *Dramatización.* Pedimos que represente con una *escultura* la posición que toma para esconderse de los demás.

   Marina adopta una postura evidentemente incómoda, apoyándose en la pared y agachada, para poder quedar escondida justo en el hueco que queda cuando se abre la puerta, "nadie mira detrás de la puerta al abrir". Desde esa posición se le sugiere hacer un *soliloquio* para ponerle palabras a ese momento: "Esta es la única manera de librarme de los demás, no quiero estar sola, no quiero sentirme rechazada".

   Pero justo es esa posición la que la excluye, los otros no tienen que rechazarla, lo hace ella misma. Su forma de protegerse del posible sentimiento de rechazo perpetúa que su necesidad se quede sin cubrir. Es imposible que Marina pueda disfrutar de estar con sus compañeros de este modo.

   Después de señalar a Marina que lo que consigue escondiéndose es quedarse sola, se le pide que *cambie el rol*, y observe a la chica que se esconde de todo el mundo, representada en un almohadón. Desde fuera, puede ver su forma de proceder: "Nadie te puede hacer daño, pero nadie se puede acercar", "Lo pones muy difícil, no solo quieres que te vayan a buscar, sino que además te encuentren".

   En ese momento se la invita a ayudar a esa niña a salir: "¿Qué crees que necesita saber?, ¿qué necesita escuchar?". Marina, desde fuera, se dice: "Date la oportunidad de que las cosas sean diferentes, deja el pasado, prueba".

   Entendemos su respuesta como un cambio en su vivencia. Puedo permitirme probar de nuevo a estar con los demás abriendo la oportunidad a los pequeños logros, cuando sienta que el daño de un supuesto rechazo no tendrá la capacidad de destruirme.

Ponemos, de nuevo, a Marina en la posición de la niña que se esconde, y se le devuelve el mensaje que ella misma se daba, con la consigna de que busque el sentimiento que le genera. Al oírlas expresa alivio y fuerzas para salir de su escondite.

3. *Compartir*. Marina aquí pudo cambiar el foco. Hasta la sesión de hoy vivía su mundo de modo hostil, pero sin observar que el lugar donde ella se situaba proponía una distancia difícil de superar.

   Su comentario "Me ha gustado ver que yo puedo poner de mi parte" lo entendemos como el reconocimiento de su parte activa, de ella depende estar; si ni siquiera está, nunca podrá darse el encuentro.

   Marina se fue de la sesión con ganas de estar en la vida de otra manera, a lo que se iría uniendo lo trabajado del cómo estar con los demás. Desde esa disposición y desde su mayor habilidad, ahora sí sería posible que sus relaciones fueran más placenteras y menos angustiosas.

5.2.5. Para mí es mi mejor amiga... ¿Quién soy yo para ella?

Marina reparó una escena repetida en esta sesión. El rechazo era para ella la confirmación de que los demás no iban a estar. En esta escena compartió el dolor del desprecio sin que fuera paralizante. Desde ese sentimiento pudo generar recursos para progresar.

1. *Caldeamiento.* Describe al inicio de la sesión el rechazo que ha sufrido por la que consideraba su mejor amiga, Elena. Explica que, cuando le ha felicitado el día a través de las redes sociales (ambas tenían un día especial por ser mejores amigas), Marina ha recibido el rechazo de Elena, con una frase muy contundente. "Yo no soy tu mejor amiga, no quiero saber nada más de ti, ser tu amiga ha sido lo peor".

   Al analizar con Marina cómo era su relación de mejores amigas, queda en evidencia el escaso vínculo que las unía, llevaban sin quedar más de cinco meses y sin hablar unos dos meses. Este dato vuelve a revelar lo fácil que es dañarla, además de la falta de reciprocidad en la relaciones.

   Hablando del suceso y de su sentimiento, Marina pregunta:

"Para mí ella es mi mejor amiga... ¿Quién soy yo para ella?". Recogemos su demanda y le planteamos conocer la respuesta.

Previo al comienzo de la escena, investigamos si considera que tiene más amigas, aunque no sean tan especiales como Elena. Asiente, así que solicitamos una descripción de ese conjunto de niñas, para que las imagine en una silla.

Antes de introducir a Marina en el mundo doloroso del rechazo, buscamos que pueda sentir que existen más personas y posibles relaciones, diferentes a la que ha perdido con Elena. Una vez representadas sus compañeras de clase, colocamos dos sillas más, una para Elena y otra para Marina (véase la figura 5.9).

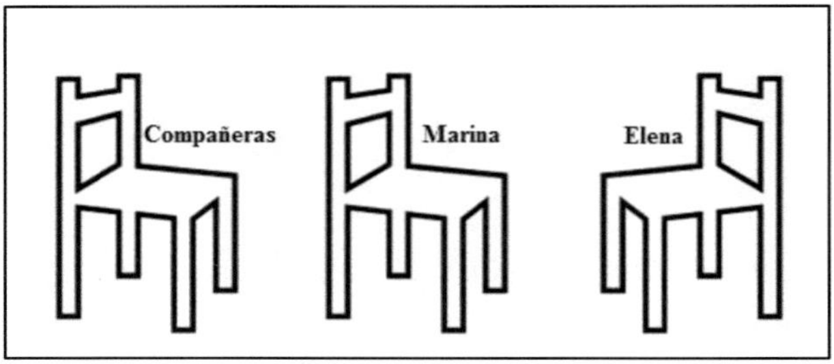

Figura 5.9. Organización de la escena para la dramatización.

2. *Dramatización.* Tras describir a todos los personajes, pedimos a Marina ocupar la silla de en medio. Le preguntamos cómo se siente en esa posición: "Estoy esperando a que Elena me diga algo". Tal y como está sentada no puede ver lo que las otras personas pueden ofrecerle.

   Vamos a escenificar lo que ha pasado para que pueda revivir la situación y elegir aquí y ahora lo que quiere hacer. Le recordamos el rechazo de Elena ante su felicitación, y giramos la silla para representarlo en el espacio; ahora es Elena quien le da la espalda (véase la figura 5.10).

   El siguiente paso depende de ella, tiene que ver lo que quiere hacer. La colocamos como observadora, *cambio de rol,* para protegerla. Describimos la escena del siguiente modo: "Parece que

Elena ha tomado su decisión, Marina puede esperar a ver si Elena cambia de idea, o mirar si ella puede buscar más posibles amigas, aunque no sean las mejores".

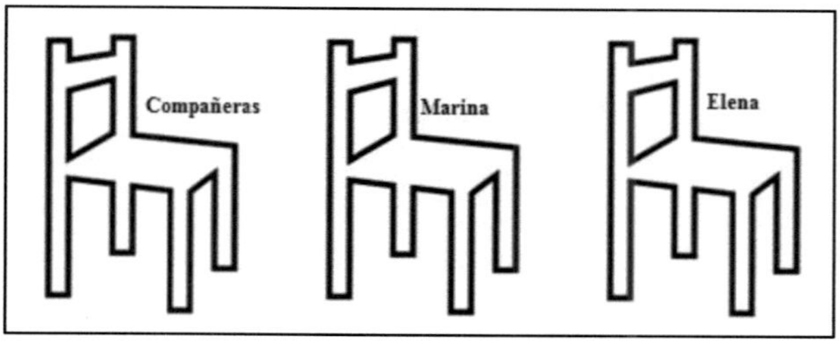

Figura 5.10. Escenificación del rechazo sufrido por Marina.

Su elección es dejar esa posición de espera. Pero antes debe contestarse a la pregunta que se había formulado al principio: "¿Quién es ella para Elena?". Tras meditarlo, dice: "Elena ya no es tu mejor amiga, lo ha sido, pero ahora no lo es". Le señalamos que no se ha respondido, añade: "¿Qué más da quién eres para ella? Es alguien que no quiere estar contigo".

Vuelve a meterse en la escena y le pedimos que, con lo conocido, vea qué quiere hacer. Marina coge su silla y la gira; cambiar supone un esfuerzo, y solo se consigue si pones de tu parte (véase la figura 5.11).

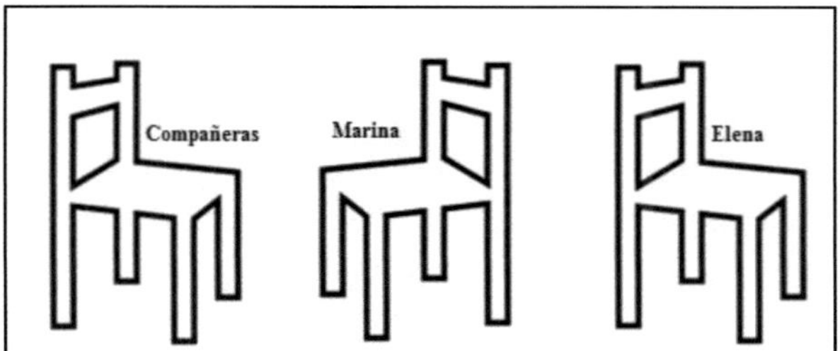

Figura 5.11. Escenificación del cambio de Marina.

Se la detiene antes de finalizar, para que conecte con su emoción y la verbalice: "Así puedo estar con otras amigas, pero me da pena perder a Elena". Recogemos su dolor ante la pérdida, matizando que depende de ella seguir o no adelante.

Termina de girar la silla y se le pide que se quede con la sensación que le llega ahora: "Estoy mejor que al principio". Le ofrecemos la posibilidad de relacionarse desde esta nueva posición, y añade: "Hola, ¿qué tal?, ¿de que habláis?".

3. *Compartir.* Marina pudo buscar una respuesta diferente ante el rechazo y la pérdida, y pudo hacer algo más que quedarse con el dolor que paraliza, encontrando una nueva oportunidad de relación.

   En el compartir, expresó su satisfacción al comprobar su capacidad, era como si se le abrieran nuevas puertas. Unimos el trabajo realizado en sesiones pasadas, recordándole que, además de dar la vuelta a la silla, era muy importante el modo de acercarse a las nuevas amigas para evitar que se repitiera su patrón de relación que generaba rechazo.

5.2.6. La muerte de mi gato Nor

Para Marina, esta es otra sesión reparadora, esta vez del sufrimiento ligado a la pérdida. La reparación vino de la mano de permitirse hacer lo que no hizo ante el dolor, cambiando su vivencia de sufrimiento. Supuso un trabajo movilizador, que le posibilitó llevarse un "parche" para cerrar uno de sus agujeros.

1. *Caldeamiento.* La escena surge cuando Marina expresa que, de vez en cuando, siente que su madre hace cosas que le molestan, culpándola de determinadas situaciones.

   La niña tiene una buena relación con su madre, además reconoce los esfuerzos que hace para que ella pueda hacer cosas que le ayudan, como apuntarla a clases de baile, ir al cine juntas o traerla a tratamiento cada semana. Sin embargo, para Marina existen hechos de los que la culpa, por ejemplo, de la muerte de su gato Nor.

   Esta escena supuso un hito, era la primera vez que permitía profundizar sobre uno de sus temas más dolorosos. Normalmente los abordaba de un modo superficial, solo a nivel descriptivo.

Marina narra la historia de lo que le había ocurrido al gato. Su madre y su hermano le dijeron que había sido un accidente, pero ella siente que fue culpa de su madre: "No tenía que haber dejado las cajas descolocadas, era peligroso". La muerte del gato fue un accidente, pero ella sentía rabia hacia su madre, fue culpa suya.

Tras describir pormenorizadamente su recuerdo, queremos que cuente con más detalle cómo le dieron la noticia. Fue su madre quien le dijo: "Nor ha tenido un accidente", y ella se sintió muy triste. La muerte del gato sucedió cuando ella tenía nueve años, pero aún ahora su recuerdo tenía la capacidad de generarle gran sufrimiento.

2. *Dramatización.* Se le sugiere a Marina evocar la imagen que le llega de ella misma cuando le dieron la noticia. Va reconstruyendo su aspecto con nueve años, estatura, cómo llevaba el pelo, como vestía, su expresión... Cuando ha terminado la descripción la invitamos a centrarse en esa niña colocada en un cojín, cuando le comunican que su gato ha tenido un accidente y ha muerto.

   Vamos despacio y cuando Marina ha conectado con esa imagen le sugerimos que la observe, y se centre en lo que puede necesitar. Marina contesta: "Siente rabia, y una tristeza que te rompe por dentro, en pedazos". Redefinimos su respuesta señalando que saber lo que siente le puede ayudar, pero que además aquí y ahora nos gustaría que encontrara lo que necesita.

   Le cuesta contestar, pero se la anima a intentarlo. Puede localizar algo bueno para darle a esa niña que ha perdido a su gato y que no pide nada. Marina dice que tal vez necesita no quedarse sola, "estar sola solo hace que se multiplique el dolor", la invitamos a decírselo y, de nuestra mano, se acerca al cojín, y dice: "No te quedes sola, no es bueno para ti". En ese momento le indicamos que si además de con la palabra quiere transmitírselo de algún otro modo... Entonces coge el almohadón y lo abraza, diciendo: "Estar sola no lo va a solucionar, no te hagas más daño". Entonces se le pide que se imagine que también ella puede recibir ese abrazo.

3. *Compartir.* Marina pudo experimentar el sufrimiento de otra forma al sentirse acompañada y sostenida en su dolor. Desde ese lugar donde te sientes más seguro, todo lo demás puede ser sentido, pensado y actuado de otro modo. Las culpas, los enfados o la tristeza ya no estarán teñidas del gris oscuro de la soledad.

Para Marina la pérdida siempre había sido múltiple, perdía lo querido y también el cariño y la presencia de los demás. Sentirlo diferente inauguraba otra manera de estar ante los sucesos dolorosos de la vida.

Un año después del tratamiento, a Marina le fue retirada la medicación, por una clara mejoría en su estado de ánimo y por la remisión total de la sintomatología psicótica. Continuó los estudios de secundaria, accediendo a un nuevo mundo donde comenzaba a gestionar las relaciones de forma diferente. Pero se le añadió un problema: el no saber cómo unir su deseo de ser chef con su nueva vocación, ahora también quería ser psicóloga.

Pero, sobre todo, un año después Marina nos define su cambio del siguiente modo: "Antes mi vida era como el vaso de agua donde metes los pinceles manchados de pintura para limpiarlos. Una sola gota consigue ensuciar toda el agua y teñirla de negro. Aquí he encontrado cómo encapsular la pintura negra para que no tiña de gris toda mi vida".

6

Los aliados de la pena

Dos son las maneras que encuentra la tristeza en los niños para manifestarse. Ambas tienen la capacidad de hacer que no vivan, solo podrán quedarse aferrados en luchas que no pueden ganar sin ayuda; se dedican a sobrevivir emocionalmente. Andrea y Matilde serán los casos que ilustren ese apartado.

6.1. La inhibición: Andrea, el bebé que no quería crecer

Andrea será el caso que ilustre este apartado. Representa la organización de esos niños que desde su sentimiento de abandono no pueden hacer nada más que depender, depender de un adulto que en ocasiones no tiene la capacidad de darles lo que a nivel emocional necesitan.

6.1.1. Descripción del caso

Andrea es una niña de nueve años que acude a tratamiento de la mano de su madre. El motivo que refiere es que le han dicho que una intervención psicoterapéutica puede resultar beneficiosa para la niña que, según cuenta, ha sido diagnosticada de depresión infantil por su pediatra.

Los datos más relevantes de su historia son los siguientes: Andrea es una niña que fue adoptada cuando era un bebé. En el momento de la adopción la madre no tenía pareja.

Cuando la niña acude a tratamiento vive con su madre y con la expareja de su madre, que a su vez tiene una hija biológica más pequeña que Andrea. Definen la relación entre ambos como una relación de apoyo y ayuda, con un funcionamiento de familia reconstituida; ambas niñas se consideran y se quieren como "hermanas", aunque saben que no lo son (véase la figura 6.1).

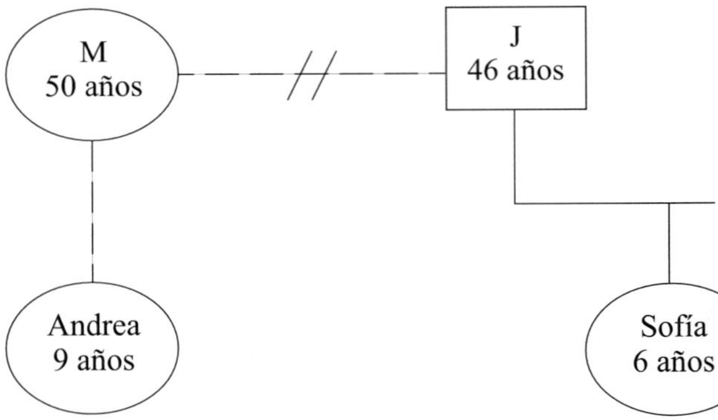

Figura 6.1. Genograma de Andrea.

En la entrevista que se realiza con la madre, el dato más relevante es la definición que hace de la niña: "Es una niña sin iniciativa, sin recursos, desde siempre; es una niña muy parada ante la vida". Además, refiere que siempre ha tenido unas conductas "como de más pequeña".

Le preocupa las dificultades que tiene la niña a la hora de conciliar el sueño. Para conseguir dormirse, hace un movimiento como para automecerse que denominan "hacer la croqueta". Además, refiere que la niña demanda constantemente contacto físico, mimos, y verbaliza en exceso que la quiere mucho, "Mami, te quiero". Por último dice que es una niña muy reservada y muy callada, y que presenta gran dificultad para hablar de sí misma.

Además de la definición de la niña, en la primera entrevista, la madre refiere que en poco tiempo han tenido lugar algunos sucesos significativos. Ha habido un cambio de domicilio y de colegio, en el que Andrea ha empezado a tener fracaso escolar. Pero el más importante es que, a consecuencia de haber atravesado un momento vital difícil, la madre reconoce que ha tenido un consumo abusivo de alcohol, que ha afectado directamente a su hija, ya que en dos episodios se ha llegado a "descontrolar" tanto que se han tenido que hacer cargo de la menor otros familiares.

La madre refiere que este problema lo está trabajando en psicoterapia. En la actualidad, le genera grandes sentimientos de vergüenza y arrepentimiento, pero sobre todo le preocupa porque ahora cada vez que sale su hija le repite: "Mamá, por favor, no bebas".

Otro dato relevante es cómo define la interacción que tiene con su hija. Es una dinámica que podríamos definir como incongruente, exige mucho a su hija, pero de manera inconstante, es decir, o se muestra hiperexigente con la niña en las pautas o muestra una actitud pasiva que se podría definir como un "tú sabrás", dejándola sola, para resolver situaciones en las que Andrea presenta dificultades reales. Por tanto, la niña recibe dos mensajes opuestos: lo que un día puede ser importante al día siguiente es irrelevante.

Por último, siempre en la entrevista pedimos que nos digan cosas buenas, lo mejor que tienen los niños, ya que necesitamos conocer no solo sus dificultades, sino también sus recursos. Andrea, según las palabras de su madre, "es una niña muy muy buena".

Después de la entrevista con la madre, se realiza una entrevista semiestructurada a la niña, como parte de su evaluación. Durante la misma, Andrea adoptó una postura de excesiva corrección, sin moverse de su sitio, muy callada y poco participativa.

Como síntesis rescatamos una frase que puede ilustrar la situación: "Vengo porque me ha dicho mamá que venga aquí a hablar de mí y de mis cosas, pero mamá sabe que a mí no me gusta hablar y menos de mí y de mis cosas, y hay cosas que es mejor no tocarlas". Ante la propuesta de hablar, Andrea comienza a hablar de temas de forma aprendida, desligando su discurso de cualquier emoción. Habla de su fracaso escolar definiéndolo como "no me he esforzado y por eso he suspendido", la adopción la describe como "yo soy hija de mamá aunque no naciera en su tripa, porque la otra mamá me tuvo en su tripa y nací para que mi mamá fuera mi mamá", y por último, acerca de sus problemas de sueño, cuenta que "quedarse dormida es un rollo, porque tardo mucho en dormirme, pero no me pasa nada".

Teniendo muy presente la dificultad de la niña para sentirse cómoda, se dirige el discurso a saber cómo se había imaginado que era venir a hablar con una psicóloga, centrándolo en las cosas que había pensado durante el camino. Ella se permite bromear un poco, tras su broma le devolvemos que venir aquí consiste un poco en hablar de ella y sus cosas, pero también en dibujar y hacer escenificaciones de situaciones de su vida. Entonces ella dice: "A lo mejor no va a ser tan rollo esto de venir aquí". Y es en ese momento cuando comienza a relajarse un poco.

Andrea continúa hablando y, antes de preguntarle por sus deseos, adopta una actitud seria y dice: "Tengo varios secretos, cosas que han pasado y que no voy a contar, porque me da miedo hablar de esas cosas, porque si hablo pueden volver a pasar y no quiero que pasen".

Tras aceptar su condición, se le propone pedir sus deseos. Dice que con dos deseos tiene suficiente: "Que yo coma más y mamá coma menos", y al final añade: "Que mi hermana se beba toda la leche".

La intervención realizada con Andrea fueron sesiones individuales con una periodicidad semanal, psicoterapia psicodramática bipersonal y sesiones conjuntas (madre-hija) una vez al mes para apoyar el proceso.

6.1.2. Proceso terapéutico: sesiones de tratamiento

Para mostrar el trabajo realizado con Andrea hemos seleccionado las sesiones más informativas de su proceso terapéutico. Los nombres de las sesiones respetan las palabras que la niña ha utilizado. En la medida de lo posible se recogen las frases y las explicaciones de forma literal.

El orden en que se presentan las sesiones del tratamiento es cronológico, con el objetivo de mostrar la evolución que la niña experimenta, así como las necesidades no cubiertas, que aparecen a lo largo de su proceso. De esta manera pretendemos exponer cómo Andrea va generando conductas más adaptativas y alejando el sufrimiento de su vida:

- Mi *átomo social:* "Yo no traigo a nadie".
- "No puedo dormirme sola".
- "Andrea bebé y Andrea ahora".
- "Jopeta, no sé qué hacer".
- "Espagueti sabe defenderse y puede".
- "Cuando mamá me castiga, también puede quererme".
- "No tengo la culpa de los descontroles de mamá".

A) Mi átomo social: "Yo no traigo a nadie"

Se inicia la sesión proponiéndole a Andrea que dibuje su *átomo social*. Se le explica que, en los círculos concéntricos dibujados, ella se sitúe en el centro y a la distancia que ella prefiera coloque a las personas que forman parte de su mundo, de su vida. Andrea se muestra segura, y realiza el siguiente dibujo (véase la figura 6.2).

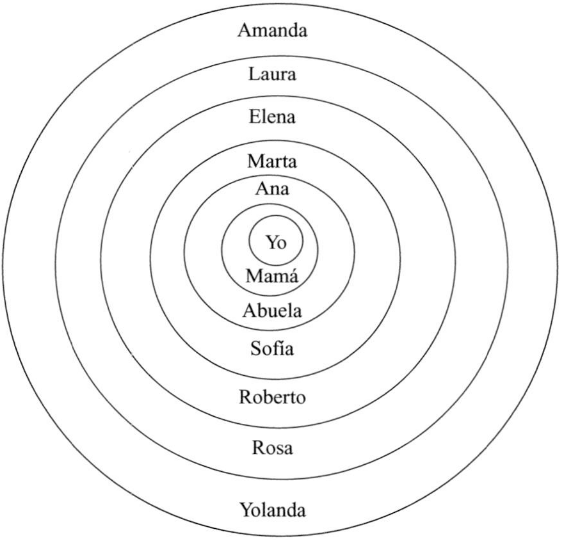

Figura 6.2. Átomo social de Andrea.

Al ir presentando a sus personas importantes en lo social, sorprende comprobar que considera importantes a todos los miembros de su familia, y a todas las amigas y conocidos de su madre.

Este dibujo muestra la dificultad de Andrea para separar las relaciones de su madre de las suyas. A su vez, lo consideramos un signo de su dificultad para crear relaciones con sus iguales, que son los que tienen que constituir su mundo social.

Andrea cuando mira el gráfico, se da cuenta de la falta de relaciones propias. Se la invita a buscar qué ha tenido que hacer ella para que esas personas estén allí. A lo que responde: "Nada, ser la hija de mamá".

Observamos en su respuesta la actitud pasiva y dependiente de la niña. Con nueve años no ha pasado por el riesgo de elegir y ser elegida, no ha pasado por la satisfacción de tener amigos.

Finalizamos la sesión con un propósito, "poder tener relaciones propias". Las otras relaciones, las que vienen por ser "hija", permanecerán, pero ahora se trata de poder jugar, conversar con personas de su edad, con iguales.

Pretendemos generar en ella el deseo que consiga movilizar su iniciativa a nivel relacional.

B) No puedo dormirme sola

En esta sesión Andrea comparte su miedo y su necesidad de ser tranquilizada para poder dormir. Al abordar su miedo sobresale lo que ella define como "estar sola". Duerme en la misma habitación que su hermana, pero para Andrea estar sola es sinónimo de que su hermana no esté despierta; suele dormirse antes y eso es lo que considera quedarse sola.

Se hace evidente que lo que llama soledad es la ausencia de una figura que vele sus sueños, que esté "despierta", luego vigilante, para protegerla mientras duerme.

1. *Caldeamiento*. La sesión se inicia hablando sobre su semana y las diferentes situaciones que quiere transmitir; entre ellas, comparte sus dificultades para quedarse dormida.

   En su lenguaje infantil y voluntarista, expresa "dormir no se me da bien"; para ella es un problema que intenta solucionar con una estrategia que llama "hacer la croqueta". Le proponemos jugar a ver qué ocurre y qué hace cuando se va a la cama.
2. *Dramatización.* Vamos a colocar en el escenario, es decir, externalizar la escena interna de Andrea. El lugar, "su habitación"; los personajes, ella, que es "la protagonista", y su hermana, "que se duerme enseguida".

   Usamos los cojines para simbolizar los personajes y los elementos que constituyen la escena. Nos detenemos en la construcción de la habitación, el escenario: ¿dónde está situada la cama?, ¿la puerta?, ¿los armarios?..., y así poco a poco. Se le indica que se fije con detalle en su cama, las sábanas, los muñecos y todos los detalles que le ayuden a avivar el recuerdo de la escena. Construido el escenario, pasamos a que se fije en ella misma, cómo es su pijama y cómo es su rutina a la hora de dormir. La niña habla de manera somera de la escena.

A continuación, se la invita a *jugar el rol* de Andrea cuando se va a la cama y no se puede dormir. Cuando está actuando ese rol, se le pide que ponga en voz alta lo que está pensando, en técnica le pedimos que haga un *soliloquio*. El pensamiento en voz alta de Andrea dice: "Que rollo, no me duermo, no sé en qué pensar, ya me he quedado sola y ahora ¿qué hago?", y así van apareciendo palabras que nos hacen reconocible su sentimiento de soledad.

Unimos la soledad a la desprotección, Andrea se siente sola frente a la situación de dormirse. Entendemos que dormir es retirar la conciencia del mundo externo y abrir la puerta de la inconsciencia al sueño y los peligros que pueden acecharle.

Sacamos a la niña del escenario, para que deje de jugar el rol de Andrea la que no puede dormirse. En su lugar, colocamos un cojín que la representa.

A Andrea le damos la función de observar el escenario. Pedirle que sea observadora de sí misma es un modo de facilitar la comprensión de lo vivido. Hacerlo desde fuera, desde la distancia, es un modo de alejarla del impacto emocional que supone lo vivido en el escenario.

Contemplando a la niña que no duerme le sugerimos que la ayude. Andrea pregunta con extrañeza: "¿Qué hago?"; la invitación es: "Prueba a hacer lo que te apetezca". Dar a Andrea una respuesta concreta hubiera alimentado su manera de resolver su miedo: que alguien se ocupe de hacerlo por ella.

Andrea se introduce en el escenario y, cogiendo el cojín, lo acurruca en sus brazos y lo mece. En ese momento se le anima a que además de la acción incluya palabras. Su primera reacción es recitarle una oración muy corta que ella reza. Al hacerlo, una sonrisa se dibuja en su cara, después besa a la "niña que no duerme" (el cojín que tiene entre su brazos).

Además del beso, le da mensajes tranquilizadores: "No pasa nada", y le pasa la mano, como acariciándola, mientras dice: "Le estoy apagando los pensamientos que tiene en la cabeza". Andrea acaba la escena con un mensaje: "Puedes dormite sola".

El primer paso lo había dado, era capaz de cuidar, necesitábamos saber si ese cuidado le servía. Para ello, realizamos un nuevo *cambio de rol,* metiéndola de nuevo en el escenario. Cuando está en el rol, le indicamos que recuerde y reviva los mensajes recibidos. En ese momento sonríe y juega a hacerse la dormida, emitiendo sonidos que simulan que ronca.

3. *Compartir*. Al terminar la escena, es el momento de poner palabras a lo ocurrido. Andrea verbaliza que le ha gustado sentirse mayor y sentir que podía dormir a una niña. Se ha dado cuenta de que pensar en algunas cosas a la hora de dormir no es bueno.

   En ese momento juega de nuevo a "hacer la croqueta". Esta vez pone muchas palabras, que le ayudan a sentirse tranquila para poder dormir.

C) Andrea bebé y Andrea ahora

En esta sesión, Andrea habla de su deseo de ser un bebé. El deseo de regresar al rol de bebé es soñar con volver a estar en un lugar donde todo nos es dado, no es necesario ni pedirlo. Es la mayor expresión de dependencia y pasividad que podemos imaginar.

Nuestro objetivo terapéutico es el opuesto, ayudar a Andrea en su crecimiento emocional, y eso va acompañado de la actividad. Nunca mejor que en este momento nos resulta útil la frase "para progresar hay que regresar". En esta ocasión, hay que regresar para cubrir las carencias del bebé que habita en la niña de nueve años.

1. *Caldeamiento*. Andrea acude a sesión muy habladora, explicando su teoría vital, lo mejor en esta vida es ser bebé, "los bebés, no hacen deberes, no van al cole, no tienen problemas, no tienen que pensar".

   Por si faltaba contundencia en la expresión de su deseo, Andrea finaliza su teoría añadiendo: "Un bebé no tiene que hacer nada". Crecer para Andrea es algo exigente que la sobrecarga y asusta.
2. *Dramatización.* Se la invita a jugar en una escena la situación compartida. Construimos el escenario con sus dos personajes. Andrea bebé, "la Andrea de su fantasía", y la Andrea actual de nueve años. Colocamos en el espacio del escenario dos almohadones

que los simbolizan. Queremos que Andrea tome conciencia de sus necesidades a través de la acción, ¿para qué ser bebé?

Se inicia la acción desde el rol de "niña mayor", sugiriéndole que mire al bebé e imagine que tiene la capacidad de adivinar sus necesidades. ¿Qué quiere ese bebé? No le resulta fácil adivinar esas necesidades.

Al principio parece no conectar con las necesidades del bebé, pero se mantiene en silencio en el rol, hasta que es capaz de contactar con su sentimiento, y dice: "Los bebés necesitan que los cuiden y los quieran".

En ese momento, *cambiamos el rol*, colocándola en el de Andrea bebé. Al hacerlo, se la acompaña con las palabras que la invitan a ser y sentirse un bebé. La niña se acurruca, adopta una posición fetal y cierra los ojos; acercándonos, se la anima a que responda: "¿Qué quiere un bebé?, ¿qué necesita?". Andrea se deja llevar por la acción y emite sonidos guturales que imitan el protolenguaje de los bebés. En ese momento le señalamos que le vamos a dar un poder, el poder de hablar. Escucha la consigna y responde, de manera escueta: "Comida, mimos y cuidado".

Cambiamos de nuevo el rol, deja el rol de bebé para pasar a jugar el rol de Andrea mayor. Cuando está en ese rol, la animamos a que se ocupe de las peticiones que le ha hecho el bebé. Andrea juega a cuidar al bebé representado en el cojín.

Con los niños, consideramos útil que tras lo vivido en la escena lo pongan en relación con su vida actual. Con este objetivo, se le explica a Andrea que no solo los bebés quieren cosas, que los mayores de nueve años también. La niña sigue aferrada al bebé, y, sin soltarlo, dice: "Menos lo de comer, quiero lo mismo que el bebé".

En ese momento, recordamos otra frase que guía nuestro trabajo terapéutico: pedir es un indicador de madurez. Con esa finalidad proponemos a Andrea un juego, pedir cuidados y mimos. Vamos a entrenar un nuevo rol.

El juego solo tiene una regla: las peticiones tienen que empezarse con las palabras *quiero* o *necesito*. La dinámica, al principio, se ve frenada por el silencio, silencio que poco a poco se va transformando en una actividad divertida que permite hacer todo tipo de peticiones. Andrea juega a pedir desde lo más disparatado hasta lo más sencillo y posible.

3. *Compartir.* Recogemos a Andrea con una sensación de bienestar compartido y, desde ahí, se le pregunta por lo que más le ha gustado. Responde que ser un bebé que habla, porque ella podía estar equivocada, y a veces a los bebés les dan cosas que no quieren; por tanto, pedir no estaba mal.

   La claridad de Andrea al explicarnos el dolor de su infancia solo podemos y queremos recogerla en estas breves palabras: "la falta de sincronía entre las necesidades y las respuestas que el adulto da a esas necesidades". Al iniciar el juego, Andrea se sentía extraña pidiendo, no estaba acostumbrada a hablar de ella, y menos a decir lo que quería; pero, según avanzaba, se incrementaba el disfrute que le producía pedir, desvaneciéndose el temor a hacerlo.

D) Jopeta, no sé qué hacer

Andrea nos habla de lo difícil que le resulta decidir. No es por azar que después de "revivirse en el rol de bebé" aparezca la dificultad de tomar decisiones. Decidir es un compromiso, es una responsabilidad, es empezar a tener que apoyarse en las propias piernas para elegir el camino que se va a recorrer. "Decidir es de mayores".

1. *Caldeamiento.* La situación que Andrea presenta es reciente: en el colegio se había organizado una excursión; no era obligatorio ir, pero los niños que no iban tenían que ir a clase. Andrea no iba a la excursión, pero tampoco quería ir a clase. Al hablar de su dificultad presenta un diálogo interno entre su cabeza y su apetencia.

   Expresa el conflicto y el malestar que siente cuando sabe que su cabeza le dice que tiene que hacer algo, pero no quiere hacerlo. Recurrimos a un dibujo que le ayude a *concretizar* a partir del boceto su agónica indecisión (véase la figura 6.3).
2. *Dramatización.* Proponemos un juego dramático que iniciamos poniendo palabras en el dibujo a los distintos mensajes:

   - De su cabeza: "Andrea, tienes que ir al cole, aunque no vaya la mayoría. Porque yo sé que van a ir unos cuantos. HAZME CASO".

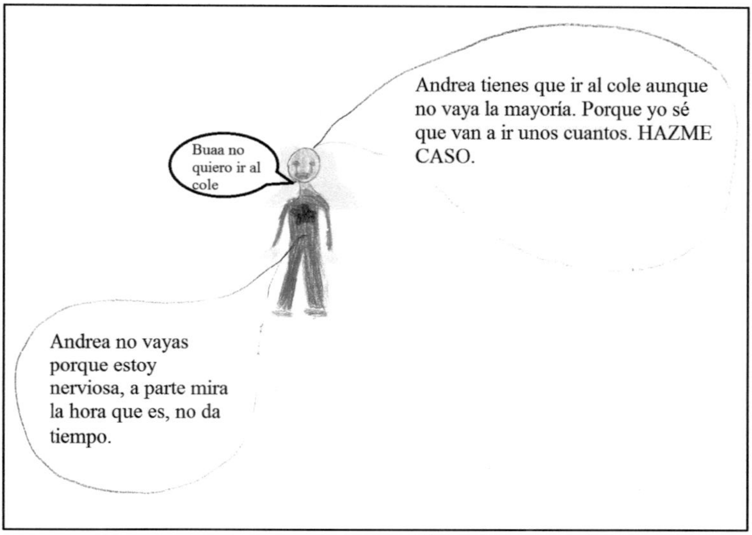

Figura 6.3. Dibujo de la toma de decisiones de Andrea.

- De su estómago: "Andrea, no vayas, porque estoy nervioso; aparte, mira la hora que es, no te da tiempo".
- De su boca: "¡Buaaa, no quiero ir al cole!".

Al poner palabras a las diferentes partes de su cuerpo reconoce "los nervios del estómago". Se la invita a centrase en esa sensación para decir si le encuentra sentido. Andrea piensa que cuando se pone nerviosa pospone la decisión que tiene que tomar, pero cada vez se pone más nerviosa y no puede tomar la decisión, ya no hay tiempo, y sin tiempo no se pueden tomar decisiones.

Después le proponemos jugar a ser cada una de las partes del cuerpo que participan en el conflicto, diciéndole que deje aumentar la sensación de cada de una ellas y que se deje impregnar por las mismas (*técnica de maximización*). Una vez que conecta con las sensaciones, da una respuesta a cada uno de esos mensajes "corporales".

No es fácil para nosotros hablar de un yo, tendemos a pensar más en un nosotros. En esta ocasión, el nosotros de la niña estaba distribuido en los mensajes que "simbólicamente" recoge su cuerpo. Desde ahí queremos que se acerque a una única Andrea, la que tiene la capacidad de decidir sin miedo.

3. *Compartir*. Se invita a la niña a hablar de lo que más le ha gustado o le ha servido de lo que hemos hecho. Señala que "poner palabras a lo que le pasa". Al hacerlo cree que se enterará mejor, y tomará más consciencia de lo que le preocupa, de lo que no sabe y puede preguntar.

   Para Andrea saber más de ella se estaba convirtiendo en un sentimiento de mayor capacidad que empezaba a disfrutar.

E) Espagueti sabe defenderse y puede

Andrea comparte en sesión una situación habitual. Es frecuente que sus compañeros del colegio la llamen "Espagueti" por lo delgada que está, como una manera de meterse con ella.

1. *Caldeamiento*. Andrea dedica un tiempo a contar cosas del colegio, relacionado con lo académico y con lo relacional. En este momento recordamos el *átomo social* de Andrea, y la ausencia de relaciones propias. Por eso, cuando empieza a hablarnos de otros niños y el modo de estar con ellos lo entendemos como una reorganización de sus intereses, o al menos de su expresión.

   Verbaliza que el mote que le han puesto en el colegio es "Espagueti". No le gusta mucho, pero lo soporta, todo el mundo tiene un apodo, pero para ella es un insulto. Ante la propuesta de conocer un poco más esta situación, señala: "Vale, pasa todos los días, así que…".

   Solicitamos a la niña que defina un hecho concreto, unos niños o niñas concretas con las que le haya pasado para externalizarlo. Trabajamos en *escena abierta,* partiendo de una situación real que ella ha vivido.

   Dos niñas le insultan cuando sale al patio en el recreo. En el escenario vamos creando el patio, recreamos a los personajes guiándola con nuestras preguntas: ¿de qué color tienen las niñas el pelo?, ¿son altas?, ¿cómo se llaman?

2. *Dramatización.* Situados los dos almohadones que representan a las niñas que la insultan cuando sale al recreo, se la invita a poner

en voz alta la frase que le dicen, sin pedirle que juegue el rol de las niñas, ya que no queremos que se intensifique el sufrimiento que puede provocarle la agresión. Andrea verbaliza una frase: "Espagueti, eres un espagueti, carbonara, boloñesa…".

La invitamos a situarse delante de las niñas que la insultan y buscar lo que siente, para expresarlo con su cuerpo, a través de una *escultura.*

Repetimos en voz alta de modo literal el mensaje. Andrea se hace pequeña, baja su cabeza y la entrelaza con sus manos. Su cuerpo muestra temor, se defiende escondiéndose.

En ese momento, le sugerimos un *soliloquio:* "Pon en voz alta lo que estás pensando y sintiendo". Con un objetivo facilitador, le decimos que nadie lo puede oír. Andrea verbaliza que no le gusta que le digan eso, y que le gustaría insultarlas, pero "luego las personas se enfadan mucho y es peor". Parece que tiene miedo a poner un límite que genere en el otro una rabia o enfado que no pueda manejar.

Paramos ahí, indicándole que se vuelva a poner de pie. En ese momento, le decimos que congelamos a las niñas del cole, y nos salimos de la escena. Iniciamos una conversación con Andrea para conocer los modelos que tiene de cómo la gente resuelve este tipo de situaciones, porque para ella insultar o defenderse con una respuesta agresiva genera problemas.

Después de poner diferentes ejemplos, finalmente refiere lo que puede decir a las niñas: "No me gusta ese nombre, y que me dejen en paz, que eso no es divertido, y que a ellas no les gustaría que nadie les llamara eso".

Cuando Andrea da esa respuesta, le señalamos que parece que sí sabe defenderse, es decir, tiene el conocimiento para hacerlo. Le mostramos además que no solo se le ha ocurrido una respuesta, sino más. Desde ahí, se la invita a hacer algo diferente, y la dirigimos a la escena de nuevo. Andrea verbaliza que hacerlo es más difícil, pero se da permiso y puede poner en voz alta una de las respuestas: "No me gusta ese nombre, es algo que me hace sentir mal".

3. *Compartir.* Andrea señala algo muy importante para cambiar cuando refiere haberse sentido más nerviosa durante el tiempo que había transcurrido desde que escuchó la consigna hasta que empezó a hablar, y que al hablar se había sentido mejor.

Después de esto la invitamos a centrarse en esa sensación que ha tenido y que ha podido identificar, para que no la olvide: es importante saber que cuando hablas y te defiendes te sientes mejor; así, "cuando el miedo te quiera callar, tú puedes recordar que te sientes mejor si no te callas, ya no desde lo que te han dicho, sino desde lo que hoy aquí has sentido".

Finalizamos pidiéndole que guarde esa sensación en un sitio cercano para que pueda encontrarla si le hace falta en algún momento.

F) Cuando mamá me castiga también puede quererme

En esta sesión abordamos las dificultades de Andrea para diferenciar el castigo por su conducta del rechazo afectivo. Trabajamos los sentimientos que la inundan cuando su madre se enfada con ella y la castiga.

1. *Caldeamiento.* Partimos de un dibujo para concretar la información que va dando la niña acerca de la situación vivida, que nos sirve de catalizador y organizador (véase la figura 6.4).

Figura 6.4. Dibujo del teatro.

En el dibujo, Andrea representa una escena en la que ha sentido que mamá no la quiere porque la castiga sin fiesta de cumpleaños. Dibuja la situación como un teatro, Andrea ha internalizado los recursos psicodramáticos como medio de expresión.

Se dibuja a sí misma y a su madre en pijama, por la noche, cuando le entrega la nota que ha obtenido en un examen. Andrea verbaliza que ella sintió que su madre no la quería "porque una madre que te quiere no deja sin fiesta de cumpleaños a su hija".

2. *Dramatización*. Colocados los personajes del dibujo en el escenario de modo simbólico, partimos del diálogo original señalándole que después le pediremos que busque otros modos de actuar, de sentir, de pensar.

   - Mamá: "Andrea, estás castigada sin fiesta de cumpleaños por haber sacado un 4,2 en *Cono*. Yo te avisé, pero tú NO me quisiste hacer caso. Tuviste desde el miércoles para estudiar. Tú misma" (lo dice con enfado).
   - Andrea: "¡Porras, tenía que haber estudiado, porque yo creo que tuve muchos días desde el miércoles! ¡REPÁMPANOS!" (Lo dice en voz baja).

   En ese momento, se la invita a actuar el papel de la niña después de hablar en bajito, y que se deje sentir. Desde el rol, Andrea señala que quiere negociar el castigo, que por 0,8 no quiere quedarse sin fiesta.

   Desde su deseo, de manera dialogada, buscamos modos de pedir a mamá un aplazamiento del castigo, o un cambio. Andrea asume que es responsable de su nota, que ha actuado mal. Reconoce en la conducta de su madre el interés porque ella aprenda, pero también quiere que su madre entienda que el castigo es muy doloroso para ella.

3. *Compartir*. Tras preguntarle por lo vivido, le señalamos que es importante saber pedirle a su madre lo que quiere, pero que lo más importante es que ha podido tener sentimientos diferentes. "Parece que cuando sientes que lo que hace mamá es por tu bien, puedes pensar mejor en opciones para hablar con ella que cuando crees que sus enfados son porque no te quiere".

Nuestro objetivo es que aprenda a diferenciar el rechazo global, "no me quiere", del específico ligado a su conducta, "no quiero que suspenda".

G) No tengo la culpa de los descontroles de mamá

La sesión que a continuación se describe la consideramos de reparación, entendiendo que le sirvió a Andrea para ir cerrando las heridas afectivas de su historia vital.

1. *Caldeamiento.* Andrea necesita darse un tiempo hablando de las cosas de la semana antes de expresar que ya está preparada para hablar de lo que pasó con mamá, su gran secreto. Habla de sus recuerdos. Para facilitárselo, le invitamos a imaginar que está contando una película y ella es la narradora. El rol la protege de la angustia.

   Los recuerdos de los que habla describen a su madre con olor a alcohol y con todo tirado por el suelo, antes de hacer la maleta para irse de casa. Da la impresión de que mezcla recuerdos de dos situaciones diferentes.

   Continúa evocando las frases que dijo su madre y que dijeron las personas que se hicieron cargo de ella cuando su madre se marchó. Andrea acaba de compartir su escena de abandono. Nos está contando una huella traumática de su biografía. Al hacerlo detectamos en la niña un sentimiento de culpa, buscando en ella la razón que justifique y disculpe la conducta de su madre. Es sabido que de este modo, al menos en su fantasía, puede retener una imagen bondadosa de la figura que la daña.
2. *Dramatización.* Se indica a Andrea que vamos a traer a la niña de su recuerdo, colocándola en un almohadón. Dedicamos un tiempo a recrear a esa niña en detalle. Queremos que la intervención sea respetuosa con el dolor y extremadamente protectora.

   Una vez hecha esta parte, le proponemos que se coloque en el rol de la niña que ve cómo su madre la abandona. En el rol se le pregunta: "¿Qué necesita esa niña?" Su respuesta, esperable pero no por ello menos desgarradora, fue: "¡Necesito saber por qué ha pasado, que ha ocurrido para que mi madre se vaya!". Le indicamos que salga del rol, y que ahora, desde fuera, mire a la niña que tiene frente a ella, representada en el almohadón, y le responda del modo que quiera.

Andrea se acerca al almohadón: "Yo no tengo ni idea de qué le ha pasado a tu mamá, pero no es culpa tuya. Espero que no te vuelva a pasar". También nosotros lo deseábamos para ella, ojalá que el abandono fuera el pasado, lo que ya hemos conseguido dejar atrás.

3. *Compartir*. Sentir que te puedes quitar la culpa te abre la posibilidad de permitirte hacer otras cosas. Cuando indicamos a Andrea que diga cómo se siente, expresa que se siente mejor. Que cuando ella le dice a mamá que no beba es para que no vuelva a ocurrir nada. Pero hoy ha entendido que no fue su culpa, que ella no puede hacer nada. Andrea finalizó el compartir con un mensaje esperanzador: "A mamá la están ayudando para que no vuelva a pasar".

Para Andrea el tratamiento fue un lugar para reparar lo que le impedía crecer. Desde ese lugar aparecieron las iniciativas propias de una niña, que sigue siendo dependiente de los mayores, con dos diferencias: ahora sí que estaban disponibles, y además habían aprendido a escucharla.

6.2. La autoagresión: Matilde, o dime cómo matarme

Matilde será el caso que ilustre este apartado. Representa un modo de ser de los niños que, desde su sentimiento de no ser queribles, organizan su vida en la desesperanza, en la pena que los aparta de disfrutar y los oculta tras la rabia que los protege de su miedo, el miedo de volver a ser rechazados. Cuando alguien se acerca a ellos surge una pregunta: "¿Cuánto tardará en dejarme de querer y abandonarme?".

6.2.1. Descripción del caso

Matilde es una niña de ocho años que acude a tratamiento de la mano de unos padres asustados, tras encontrar una nota suya (véase la figura 6.5). Se trata de una carta que Matilde escribe a su hermana de once años en la que muestra su intención autolítica.

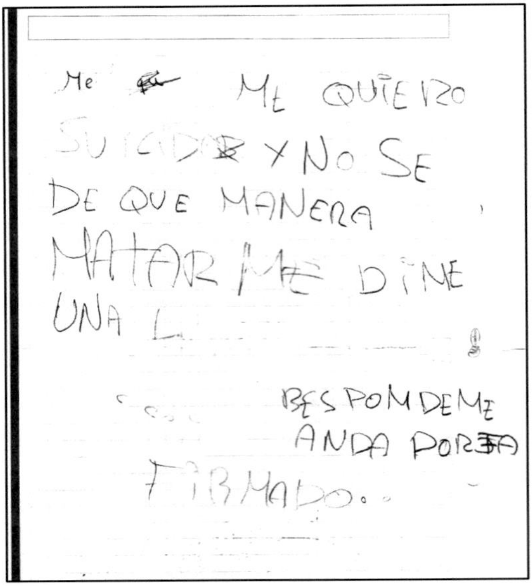
Me ME QUIERO
SUICIDAR Y NO SE
DE QUE MANERA
MATARME DIME
UNA L
RESPONDEME
ANDA PORFA
FIRMADO..

Figura 6.5. Nota de suicidio de Matilde.

Los padres acuden desde la urgencia, derivados por el colegio, para dar acogida a la niña. En este caso, primero fue atendida la niña en una entrevista inicial en la que el objetivo fue que pudiera vivir que tenía un lugar donde poder encontrar soluciones a lo que la pasaba. También un lugar donde los padres pudieran quitarse la angustia que había supuesto esta situación, y donde poder evaluar la situación actual de la menor.

Después de esta primera sesión ya se establece un espacio de evaluación con una entrevista semiestructurada con los padres y un periodo de valoración de la niña.

La estructura familiar de Matilde es la siguiente: sus padres están casados y todos viven juntos (véase la figura 6.6). Hablan de su familia como una familia normal, creen que no tienen grandes problemas o dificultades.

Definen a su hija, como una niña infeliz, sin ganas de hacer nada, apática e instalada en el enfado, un enfado que manifiestan que es muy desproporcionado en relación con las situaciones reales que lo ocasionan, "es una reacción desmesurada".

Cuando se les pide que maticen ese dato, ellos hablan de una niña que es muy intensa, no tanto exagerada. Escuchando a los padres, es como si

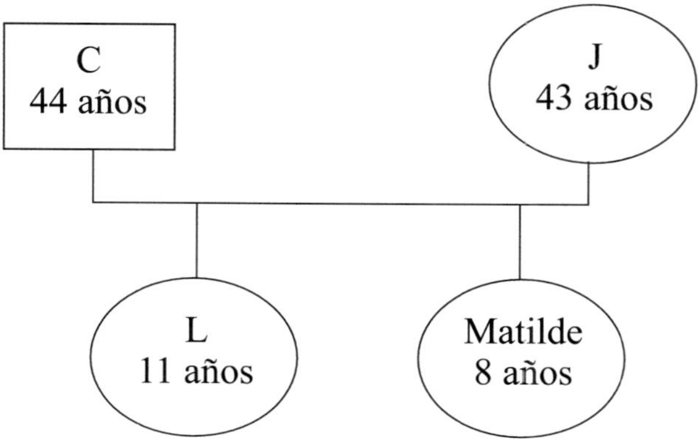

Figura 6.6. Genograma de Matilde.

explicaran que la rabia de su hija no fuese actual. Desde nuestro modo de pensar, interpretamos esa rabia tan intensa como el modo que utiliza Matilde para protegerse de la angustia, que a su vez oculta la tristeza que conduce a sus carencias afectivas.

Los padres explicitan que los problemas se están manifestando especialmente en el colegio. Matilde no está siendo capaz de hacer las amistades que a ella le gustaría; es más, definen su situación actual como una situación de rechazo por gran parte de la clase. Apenas es invitada a cumpleaños, y suele salir siempre sola del colegio.

Hablando de este tema, los padres nos detallan una situación que ilustra muy bien la incapacidad de su hija. Describen que el año pasado, cuando se estaban empezando a manifestar los problemas relacionales de su hija, al llegar la celebración de su cumpleaños les pidió invitar a todos los niños de la clase. Ellos aceptaron, a pesar del esfuerzo que suponía, desde la esperanza de que esa situación sirviera para que su hija disfrutara y se sintiera bien. En cambio, supuso un gran problema, porque Matilde no podía soportar que en su fiesta, sus invitados, jugaran entre ellos y no con ella, y estuvo durante toda la celebración triste, incapaz de tolerar la frustración de no tener la atención que necesitaba, analizando los juegos de sus compañeros, y haciendo una y otra vez peticiones imposibles de cubrir para unos niños de ocho años.

Su vivencia fue que nadie quería estar con ella, ella era el problema. En nuestro lenguaje llegó a la conclusión de que no es que los niños no la quieran, es que ella no es "querible".

Los padres nos hablan de su otra hija, Lucía, la hermana mayor de Matilde: "Es todo lo contrario a ella, es bastante líder, y tiene un grupo de amigas que ha mantenido desde la escuela infantil". Sienten que con ella no han tenido los problemas que les está causando Matilde, ni en su mundo social ni en el familiar.

Cuando vuelven a hablar de la nota amenazante, reiteran que para ellos es una llamada de atención, que no creen que realmente se vaya a suicidar, pero les preocupa sobremanera lo que le está pasando a su hija para que tenga que llamar la atención de ese modo. Además, añaden que ellos tienen la sensación de que lo que pasa no es tan grave, no hay situaciones alarmantes de abuso o *bullying*, sino que más bien es su hija la que no tiene recursos para manejarse con sus iguales.

Por último, otro dato importante es que los padres definen a Matilde como *voraz,* es como si nunca tuviera suficiente de nada, de comida, de afecto, de tiempo.

Después de la entrevista con los padres, se realiza una entrevista semiestructurada a la niña, como parte de su evaluación. En ella, Matilde se muestra muy triste, refiere que sabe que está mal lo que ha hecho, que no hay que pensar en matarse, pero que ella lo ha pensando y lo piensa.

Usa una frase para definir su realidad: "Mi vida es un desastre y no lo puedo cambiar". A pesar del tono triste, Matilde revela una actitud muy colaboradora y cariñosa, define estar aquí como "un lugar donde venir a aprender a hacer amigos". Nos hace llegar su sentimiento inicial desde el que empezar el camino de la terapia, la *tristeza.*

Durante la entrevista, se la pregunta acerca de lo que le gusta de ella misma. Desde nuestra concepción del ser humano, no somos buscadores de déficits, somos buscadores de cualidades y catalizadores de ilusiones. Con esta pregunta pretendemos que empiece a mirarse en lo que es, en sus recursos, en sus capacidades. Matilde se pone muy seria, se levanta del sofá y, poniéndose una mano justo debajo de sus grandes ojos azules, dice: "Nada, de aquí para abajo, nada". No hay otra cosa que ocupe más espacio que la desolación. Ella percibe un mundo hostil y negativo, frente al que no tiene ningún recurso, tiene la sensación de que no puede hacer nada más.

Habla de su vida en el colegio, donde nadie quiere ser su amiga, ni sentarse con ella en clase, ni jugar, ni casi hablar. En casa le dicen muchas veces que lo está haciendo mal y la comparan con su hermana mayor, que no tiene ningún problema. Su vivencia dicotómica de lo bueno y lo malo tiene dos protagonistas, su hermana y ella. Ella se percibe como la fuente de todo lo malo, todo se le da mal, sobre todo aquello que más le gusta: bailar, dibujar, diseñar, etc.

Cuando estamos finalizando la entrevista se le pregunta por sus tres deseos, la niña contesta: "Ser una princesa, tener un castillo y un reino para gobernar, y tener muchos amigos". Rápidamente se intenta explicar acerca de sus tres deseos: "Así sería muy feliz, papá y mamá tendrían que estar y Lucía también".

Con Matilde, la psicoterapia de elección fue *psicoterapia psicodramática bipersonal*, con sesiones periódicas una vez por semana, junto a entrevistas de la niña con sus padres en función de la evolución del tratamiento.

Priorizamos escuchar las necesidades de la niña, "su petición de atención", partimos de un encuadre donde ella se sintiera "atendida en sus necesidades no escuchadas", que se iría adaptando según su evolución.

6.2.2. Proceso terapéutico: sesiones de tratamiento

Para ilustrar el trabajo realizado en este caso, hemos seleccionado unas escenas que sirvan como ejemplo del trabajo realizado con Matilde, y muestren la evolución que fue experimentando. Los títulos con los que nombramos las sesiones son frases proporcionadas por ella en las diferentes situaciones trabajadas. Las sesiones se presentan en orden cronológico, con la excepción de la escena "Los enfados tienen pócima. Matilde y Dory", que se presenta justo antes de la sesión de final de tratamiento. En esta sesión queremos resaltar la "posición de encuentro" tal y como Matilde la vivió y aprendió en el tratamiento.

La última sesión mostrada coincide con el final del proceso terapéutico. Se pretende con ello destacar la importancia de cuidar el "cierre" y la despedida en psicoterapia:

- Listado de problemas.
- Mi *átomo social:* "Yo sería una gran líder".
- Los personajes: Matilde, su mundo y su tristeza.
- Todos pasan de mí.
- La alegría se destruye y solo queda el enfado.
- Los enfados tienen pócima. Matilde y Dory.
- Final del tratamiento.

A) Listado de problemas

Una de las primeras sesiones de trabajo realizado con Matilde consistió en hacer un listado de problemas propuesto por ella. Se trataba de organizar las cosas a las que tenía que enfrentarse. Para nosotros era un modo de conocer sus objetivos en terapia.

Con la petición de poner todos los problemas en el papel y definirlos con sus palabras, pretendíamos dos cosas: que pudiera concretar aquellos contenidos internos que le generaban tristeza y sensación de fracaso, y sobre todo verse inmersa en un proyecto para poder vencerlos.

Sentirse escuchada estaba en el hacer, en que se sintiera acompañada desde la primera consigna.

Nos propusimos acotar su desesperación "con un papel y un lápiz" y el terapeuta como figura de sostén, que convirtieran desde el inicio la terapia en un lugar en el que hacer las cosas de un modo diferente.

Este fue el listado de problemas de Matilde:

- "No tengo amigos".
- "Que soy un poco egocéntrica".
- "Que soy un poco egoísta".
- "Soy amable, pero nadie se cree que lo soy".
- "No leo muy bien".
- "No me aprendo muy bien las lecciones, ni menos las poesías ni las canciones".
- "Odio hacer cuentas".
- "Necesito saber más de mates, lengua y *cono*".
- "No oigo muy bien".
- "Me preocupa que al final del curso no tenga amigos y me quede toda la vida aislada".
- "¿Seré buena de mayor o no?".
- "Que soy gorda".

Si pensamos en cada uno de los problemas que Matilde nos cuenta, apreciamos que se coloca en un lugar muy desfavorable "en su mundo". La imagen que tiene de sí misma es la de una niña que no tiene valor ni para sí misma ni para nadie, que se juzga incompetente, que no sabe hacer bien las cosas del colegio.

A su incompetencia además se le añade la desesperanza: "si al menos fuera buena en el colegio", sentiría que lo que hace tiene valor, pero su queja muestra su decepción consigo misma. El juicio lo endurece cuando habla de su modo de ser, "una niña egocéntrica, egoísta y gorda", adjetivos que su entorno le ha ofrecido y ella ya los ha hecho suyos.

Pero desde nuestra lectura sociométrica, hay un aspecto que consideramos prioritario: "soy amable, pero nadie cree que lo soy" y "me preocupa que al final del curso no tenga amigos y que me quede toda la vida aislada". La soledad es una vivencia que viene de la ausencia de mutualidad, no se trata de estar rodeado de personas, sino de que los demás reciban lo que yo les transmito y a su vez poder ser un buen receptor de sus mensajes. Si soy un mal lector o un mal emisor, la soledad se instala en los vínculos, junto a la vivencia de incapacidad y de temor.

Después de nombrar todos sus problemas, se le indica a Matilde que se centre en uno para empezar por él. Transmitimos a la niña la idea de querer conocer cómo ha llegado a tener esas ideas de sí misma.

Realiza su propia elección sociométrica de los contenidos. Los relacionados con su competencia en el colegio son los que menos le importan. El que más le preocupa es sentirse aislada y no tener amigos durante el resto de su vida.

Adoptamos con ella una postura de apoyo y colaboración que se materializa en la búsqueda de objetivos concretos y posibles "para hacer en la semana", que guíen su conducta, la meta será acercarse a sus compañeras.

En el objetivo clarificamos con Matilde la diferencia entre amiga y compañera, esa diferencia la protege de la decepción. Estamos introduciendo a Matilde en el aprendizaje de los criterios de elección, sus deseos ahora son "masivos" (ser amiga), los que le proponemos no son tan gratificantes, pero son posibles, estar con sus compañeras y ver qué ocurre.

B) Mi átomo social: "Yo sería una gran líder"

Como ya hemos hecho en otros casos, elegimos el *átomo social* como técnica de evaluación para valorar "el lugar de Matilde en su mundo". Al proponerle el dibujo, entiende la consigna como poner a todos los compañeros de su clase lo lejos o cerca que ella los siente, a lo que añade de forma espontánea: "Yo sería una gran líder" (véase la figura 6.7).

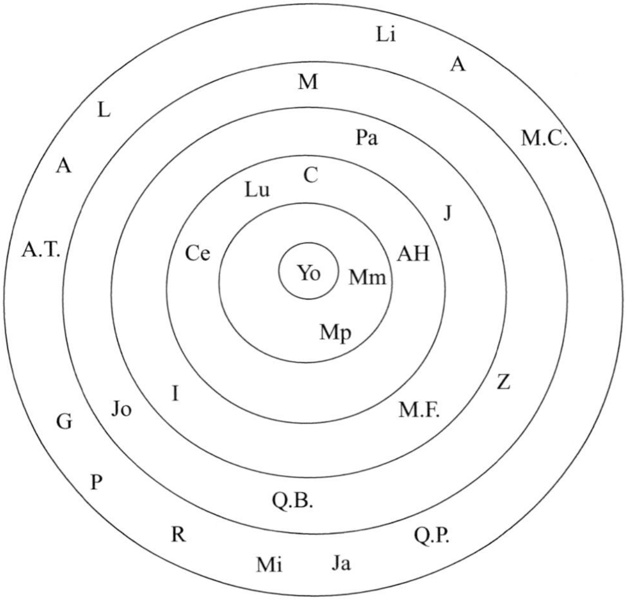

Figura 6.7. Átomo social de Matilde.

La representación que realiza es un átomo donde ella sitúa a toda la gente con la que potencialmente podría tener una relación, ya que pasan mucho tiempo en clase juntos.

En el átomo social, descubrimos que la realidad de Matilde no es tan hostil como ella la vive, ya que hay dos personas que aparecen muy cerca de ella, M. P. y M. M., pero no son personas que ella valore. De cara al tratamiento, es esperanzador comprobar que la realidad objetiva no se corresponde con su vivencia de aislamiento.

La descripción que podemos hacer de esta representación de la clase de Matilde es que ella va colocando a sus compañeros y, aunque no los sienta muy lejos, siente que esas personas no están disponibles para ella, porque forman sus propios grupos en los que ella no es importante.

Matilde percibe a dos personas muy cerca, pero, como ya se ha señalado, son iguales a los que ella no les da valor, y aquellas que para ella son valiosas están lejos y poco disponibles (véase la figura 6.8).

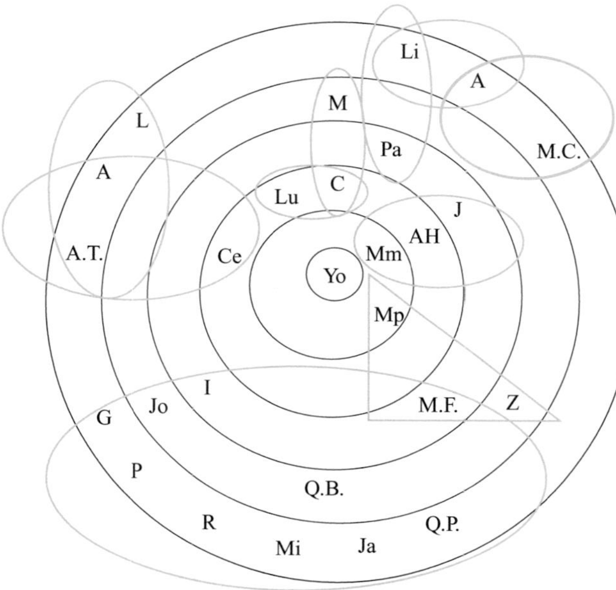

Figura 6.8. Átomo social con grupos.

Después de la representación de la clase, y de reconocer los subgrupos que para ella existen, sugerimos a Matilde que diga qué es lo que ella desearía que sucediera. ¿Cuál sería su átomo social ideal? Con flechas señala los cambios que haría, a quién acercaría y a quién alejaría. En la figura nos centramos en mostrar a las compañeras que Matilde elegiría como amigas (véase la figura 6.9).

Al señalarlo sitúa como importantes para ella a A. T, A., M., J., A. H. y Z. Estas son las personas que ella colocaría más cerca, para ello alejaría un poco a las que están más próximas, y pondría más lejos a todos los chicos varones de su clase, las relaciones con los chicos aún no son atrayentes para ella.

Una vez que el deseo de Matilde ha quedado reflejado en su átomo ideal, expresa de nuevo que sería una gran líder si en clase se dieran cuenta. Ser el centro "de nuestro universo" es una fantasía agradable, que tropezará con una realidad siempre insatisfactoria.

Nuestro camino será ayudar a Matilde, desde la ternura, a recorrer la distancia entre "el ideal imposible" y "una realidad gratificante".

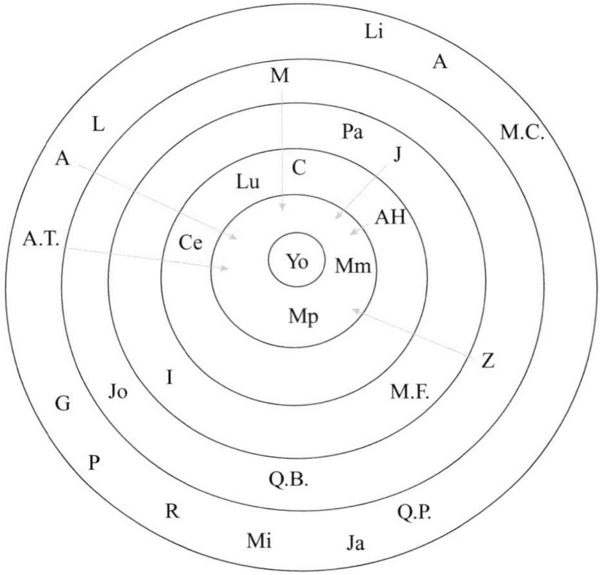

Figura 6.9. Átomo social ideal.

En ese momento, en su lenguaje, le exponemos que su átomo ideal parece estar un poco lejos, pero quizás exista algo posible y, sobre todo, que dependa de ella. Así mantendremos su sueño de ser líder, tener un reino y mandar en el lugar de la fantasía, pero sin ensombrecer las gratificaciones que le puede ofrecer la realidad, que, aunque no tan maravillosa, sí es real.

Así, vamos concretando cómo acercarse a cada una de las niñas de su clase con peticiones específicas, con un criterio que proponga una relación posible. "¿Puedo jugar contigo?", "¿Quieres que te enseñe mi dibujo?"...

C) Los personajes: Matilde, su mundo y su tristeza

En esta sesión trabajamos con Matilde de una manera exploratoria, (diagnóstica). Queríamos conocer mejor su situación vital tal y cómo ella la percibe. Ante la petición de hablar de sus cosas, ella nos sorprende proponiendo dibujar de lo que hablamos.

En la descripción del trabajo con Matilde ya se ha ido explicando la percepción que tiene de sí misma, su mundo, sus sentimientos actuales y hemos podido reconocer que su vida se organiza desde la tristeza. Esta sesión además nos mostrará su representación.

1. *Caldeamiento*. Matilde se ve a ella misma como alguien no querible (véase la figura 6.10).

Figura 6.10. Dibujo de Matilde.

Se dibuja como una niña triste, inestable, su dibujo da la impresión de estar en un equilibrio precario, "la niña dibujada se puede caer", y no se observa ningún apoyo externo al que aferrarse, no hay suelo en el que apoyarse, solo un fondo blanco y vacío en que proyectar su vivencia.

Matilde nos hace llegar que su mundo es un lugar inhabitable, donde siente que nadie la quiere, que nadie la elige, que nadie la ve, y donde se encuentra desesperanzada, porque no lo percibe como algo modificable.

En esta sesión, al hacer el "dibujo de su mundo" (véase la figura 6.11), elige representarlo como un árbol que está sometido a un temporal: "Hace muy mal tiempo y el árbol solo puede aguantar lo que pasa. ¿Qué puede hacer el árbol para que salga el sol?".

Figura 6.11. Dibujo del mundo de Matilde.

Hay un aspecto en la percepción que tiene Matilde de su realidad que se repite, es inmodificable. ¿Cómo llega a esta conclusión? En clase nadie quiere ser su amiga y nunca querrán serlo, además siente que existe la posibilidad de que nunca vaya a cambiar: "¿Seré una aislada siempre?". A esto se une que jamás podrá llegar a ser lo que desearía, ese lugar ya está ocupado por su hermana: "Nunca seré como ella".

Con esta vivencia del mundo, y de su manera de estar en él, solo le queda estar como el árbol de su dibujo, atrapada por sus raíces, que le impiden hacer nada, y soportando el sufrimiento, un sufrimiento frente al que no hay respuesta, solo resignación.

A continuación, su sentimiento de tristeza, a través de una lágrima azul a medio colorear que a su vez llora pequeñas lágrimas (véase la figura 6.12).

Figura 6.12. Dibujo de la tristeza de Matilde.

Representa, según nos dice, su sentimiento de que nadie la va a querer nunca. Sus lágrimas no culpan a los que no la quieren, solo muestran el dolor por lo que desea y no tiene, y cree que no podrá tener.

La depresión es la única compañera que nos elige cuando la indefensión y la desesperanza constituyen nuestro modo de estar en el mundo.

2. *Dramatización.* Después de conocer a todos los personajes y el escenario donde Matilde vive, le sugerimos imaginar una situación propuesta; en técnica, *realidad surplus.*

   Se le indica que imagine que es otra persona, un *cambio de roles imaginario*. Se va a convertir en una niña que llega por primera vez al colegio. Una vez que Matilde ha imaginado ser la otra niña le realizamos una *entrevista al personaje*, donde le aportamos toda la información que la niña nos ha dado durante el caldeamiento. Después se le pregunta: ¿Querrías ser amiga de Matilde? A lo que ella respondió: "No, no creo".

Ante la respuesta negativa se la invita a buscar: "¿Qué tendría que pasar para que eligieras ser su amiga?". "Que cambiara la cara, no es divertido estar con alguien que siempre se queja y que tiene cara de pena".

Queremos hacerle llegar un mensaje ilusionante, sí existen cosas que puedes hacer, aunque no te parezcan importantes. Puedes elegir qué cara quieres poner cuando alguien se acerca a ti, y eso si depende de ti.

3. *Compartir*. Matilde muestra su satisfacción, cuenta que le gusta poner cara a las cosas, que le sirve para conocerse un poco más. Dice que se siente mejor cuanto más sabe de sí misma.

   Desde nuestra lectura del proceso terapéutico, creemos que la satisfacción de Matilde viene de la mano de reconocer que tiene la posibilidad de hacer algo diferente, se ha sentido "capaz".

   A su vez lo consideramos un elemento esencial para aumentar la motivación; sentir que lo imposible se puede modificar, empezando por una expresión diferente en su cara, permite que sienta el deseo de intentarlo.

   Cuando preguntamos cómo se sentía cuando estaba en el rol de elegir, ella responde con cierta sorpresa, al haber detectado el valor que puede tener algo tan pequeño como una sonrisa, "puede cambiar un poco las cosas".

   De esta sesión, Matilde se lleva las ganas de retomar la ilusión. Todavía sería atrevido decir que lo hizo, pero podríamos afirmar que aumentó su deseo de hacerlo frente al peso que le daba a las decepciones acumuladas en sus "apenas ocho años de vida".

D) Todos pasan de mí

En esta sesión, se retoma una situación repetida en muchas ocasiones para la niña. Las relaciones que mantiene con los niños del colegio las resume en una frase: "Nadie se acerca a mí". Considera que no lo hacen porque no quieren, les atribuye la mala intención de "quieren pasar de mí".

En esta sesión continuamos con el proceso interno ya iniciado, donde Matilde pueda ver a los otros, pero también verse con los otros. El lugar de víctima pasiva en el que se ha sentido durante tanto tiempo se empieza a sustituir por el de activa protagonista en los diferentes escenarios de su vida.

1. *Caldeamiento*. Se inicia de manera dialogada hablando de diferentes situaciones. Se invita a Matilde a ceñirse a una situación concreta para poderla jugar en acción, para representarla. Elige una que le ha sucedido recientemente y que parece que recoge el sentimiento común que latía en las otras historias, y de nuevo vuelve a realizar un dibujo para representarlo (véase la figura 6.13).

Figura 6.13. Representación gráfica de la situación.

Como puede verse en el dibujo, ella está llorando y una niña aparece por detrás arrastrando su mochila para irse. Matilde se encuentra en una posición de espera. En la escena aparecen dos personajes, nuestra protagonista triste, escuchando sus propios mensajes que la instalan en el victimismo, "Nadie habla conmigo…", y una niña que se marcha y no repara en ella ni en su tristeza.

2. *Dramatización*. En el escenario colocamos dos cojines que representan a la niña y a Matilde. Los mensajes de su cabeza tam-

bién los vamos a sacar fuera, los vamos a *externalizar,* simbolizándolos en otro almohadón: "todos se olvidan de mí", "nadie habla conmigo, me aburro y estoy triste", "muy triste", "nadie me cuenta algo". Por último, añadimos un cuarto almohadón que simboliza la tristeza de la mano del mensaje de desesperanza "nadie me hablará".

Elegimos iniciar la dramatización desde los sentimientos, pidiéndole que juegue el rol de la tristeza y ponga en voz alta su mensaje "nadie te hablará". Este mensaje habitualmente paraliza a Matilde y la coloca en una posición de espera ansiosa y depresiva que consigue eliminar su iniciativa.

Se la invita a dejar de *jugar el rol* de la tristeza para pasar a *jugar el rol* de la niña que va con prisas arrastrando su mochila con ruedas. Cuando está en ese rol, se le pregunta acerca de sus intenciones de no querer hablar con Matilde. Ante la pregunta, desde el rol, responde: "No lo hago aposta, tampoco ella me ha llamado".

Desde el *cambio de rol,* Matilde puede ver la percepción que tiene la otra persona de su conducta, y darse cuenta de aquello que puede hacer y no hace. No es infrecuente en el mundo infantil que el miedo que limita la conducta de acercamiento de los niños se entienda como desinterés o incluso arrogancia por parte de los otros niños.

Volvemos a *cambiar el rol* a Matilde, vamos a repetir la escena, pero ahora ella va a colocarse en su propio rol. Estando en el rol se le indica: "Mira, aquí y ahora, y haz lo que quieras hacer cuando pasa esa niña". Matilde mira al cojín y dice: "Hola, ¿qué tal? ¿Dónde vas tan rápido? ¿Quieres ser mi amiga?".

Detenemos a Matilde para decirle que cuánto de amiga, "porque parece que la niña lleva prisa y que a lo mejor no puede emplear todo su tiempo". La necesidad interna de Matilde le hace no tener en cuenta al otro y las circunstancias en las que se desarrolla la interacción. Matilde entonces expresa: "Bueno, un ratito, no tiene que ser para toda la vida", y exhibe una gran sonrisa, que leemos como una muestra de complicidad y de satisfacción consigo misma porque está iniciando el aprendizaje de las relaciones de un modo menos absoluto y menos urgente, está empezando a ver a los otros niños.

3. *Compartir*. Cuando se termina la escena nos sentamos, y le pedimos que cuente cómo ha estado y lo que se lleva.

Ella expresa: "Me siento bien, más grande, me siento mejor y si me dice que no..., pues puedo buscar a otro, ¡sin llevarme a la tristeza, claro! No me quiero quedar ahí plantada".

Matilde reconoce la parte que ella pone para que se perpetúen las situaciones de no elección. En esta escena podemos decir que ella se refuerza en la idea de que la elección por criterios tiene más posibilidades de éxito. La consideramos una elección de crecimiento, la "dicotomía" deja paso a otras posibilidades, "ser elegida para algo, en alguna ocasión", se convierte en algo posible.

Del mismo modo, entendemos que su cambio de actitud de la pasividad a la actividad es el reconocimiento de su capacidad para conseguir ser aceptada frente a la pasividad de la espera. Es un escalón evolutivo y relacional que está empezando a subir.

Su rol pasivo hacía que Matilde no participara en la dinámica grupal, ella no elegía y no era elegida y, poco a poco, se estaba haciendo invisible, nadie se acordaba de ella para elegirla, aunque no lo hicieran "aposta".

La salida de la fantasía narcisista transita por la exigencia que imponen las normas de la interacción con los demás.

E) La alegría se destruye y solo queda el enfado

En esta sesión, Matilde pudo trabajar la vivencia de sentirse enfadada, y su explicación de cómo pasan las cosas.

1. *Caldeamiento*. El caldeamiento se inicia con una conversación, en la que cuenta que no le gusta estar enfadada, que ahora que está muchos días mejor es consciente de que su enfado "es un rollo", y de que se siente muy mal con él.

   Pide una hoja y comienza a dibujar su explicación de en qué consiste el enfado y cómo se sitúa con la tristeza y la alegría. Es de nuevo la representación de su vivencia (véase la figura 6.14).

   El dibujo muestra con claridad cómo vive Matilde su sentimiento. El enfado está representado por unas manos grises que agarran su alegría y la destruyen. Y, si se destruye la alegría, no aparece la tristeza, para ella aparece "solo" enfado.

   La rabia que siente la expresa desde la queja, desde la protesta.

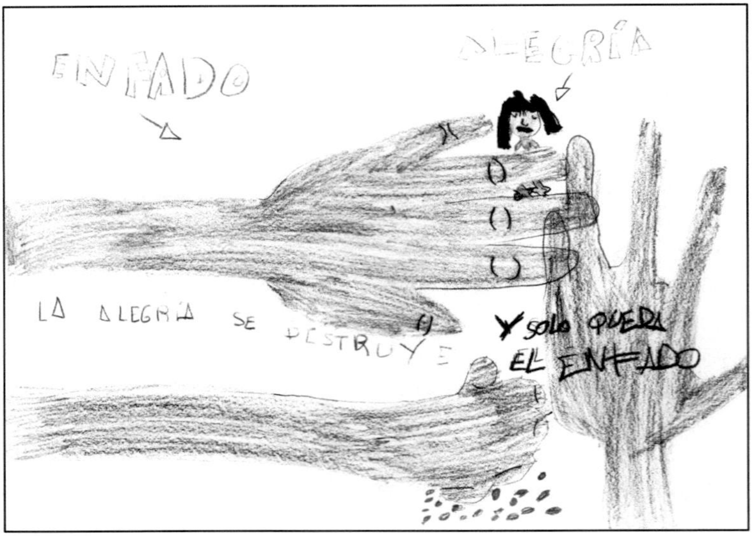

Figura 6.14. Dibujo del enfado de Matilde.

2. *Dramatización.* Es una escena iniciada desde lo que Matilde ya conoce y ahora reconoce. Tan solo con hacer el dibujo ya está emocionada, pero la invitación que le hacemos se dirige a conocer un poco más a los personajes. Construimos el escenario, y distribuimos los cojines que representan los sentimientos en el espacio.

Hemos *concretizado* sus sentimientos. Matilde presenta el enfado como unas manos de las que no te puedes escapar. Cuando está hablando del enfado y notamos su angustia y su desesperación, reconocemos en ella la sensación de impotencia que vive en repetidas ocasiones y diferentes relaciones. Elige como representante de la alegría, las ilusiones, las ganas y el deseo a una niña que está atrapada por esas manos más grandes que ella misma.

A continuación, la invitamos a ser una espectadora de lo construido, queremos que vea la situación con la distancia suficiente para que el sentimiento no la inunde y pueda encontrar respuestas diferentes.

En el rol de observadora, le preguntamos: ¿Qué es lo que quiere esa niña? Matilde empieza a enumerar: “Tener amigos, ir a cumpleaños, pasárselo bien aunque el plan no sea perfecto, seguir jugando al juego de mesa aunque no sea el que ella ha elegido…".

Cuando termina de enumerar, la orientamos a buscar otras maneras de conseguirlo, porque con el enfado no es capaz de hacerlo. Comienza a proponer estrategias o soluciones diferentes: "No acordarte siempre de cómo la gente te ha fallado, intentar negociar, no gritar a la primera, contar hasta diez…".

3. *Compartir*. Cuando se termina la escena y preguntamos a Matilde por lo que hemos hecho, ella manifiesta: "Mi enfado no consigue lo que quiero, solo consigue que me dejen sola, ¡¡voy a intentar no enfadarme!!".

Acto seguido, de la mano de su recuerdo, habla de una situación concreta en la que describe, paso a paso, una secuencia en la que el enfado aparece, y ella no puede "con su enfado" lograr lo que quería. Pero lo cuenta desde una actitud diferente, ya no es la queja, sino la propuesta de intentar algo distinto de lo que hizo en su momento.

Narra que, no hace mucho, sus primas fueron a casa para una comida familiar, y empezaron a jugar. Propusieron diferentes juegos, e hicieron un sorteo para decidir por cual empezaban. Tocó por suerte el que ella quería y jugaron un tiempo, pero pronto su hermana y sus primas se cansaron de jugar; "pronto", según la percepción de Matilde. Ante la insistencia de Matilde de continuar con su juego, todos se empezaron a enfadar, y ella se fue con el juego a su habitación.

Al poco tiempo escuchó como su hermana, junto con sus primas, comenzaron a jugar a algo diferente. Le pidieron que jugara con ellas, pero ella no pudo "desenfadarse" a tiempo para jugar. Permaneció sola en la habitación, llena de rabia, realimentando su pensamiento de que todos estaban mejor sin ella.

Después de contarlo, se le señala que ha elegido un ejemplo excelente, en el que cuando ella no quiere lo mismo que los demás y no sabe resolverlo elige enfadarse y algo todavía peor: la única que no puede "desenfadarse" es ella, que se queda con su enfado y su tristeza, "aunque tu tristeza tenga apariencia de enfado", y al final "la única que no juegas eres tú".

Matilde asiente y dice que si no se hubiera enfadado hubiera tenido la capacidad para ir al salón a jugar, habría sido fácil:

"Cuando fueron a preguntarme solo tenía que haberles dicho que sí, y hubiera sido diferente".

A partir de este día, Matilde fue teniendo más capacidad para mirar hacia fuera, alejarse de su egocentrismo y no recurrir al enfado como modo de relacionarse. Se pudo dar cuenta de que era ella quien se excluía, quien se privaba de la posibilidad de ser feliz y pasárselo bien con otros, pero para eso tenía que aprender a enfrentarse a la vida de otra manera.

El nuevo modo de hacer las cosas era hacerlas con "los otros". Matilde estaba aprendiendo a establecer relaciones de reciprocidad, ahora que la pena no la invadía, pues algo tienes que hacer con los demás si quieres que los demás te consideren uno de ellos.

F) Los enfados tienen pócima. Matilde y Dory

Esta sesión no respeta el orden cronológico del proceso mostrado. La hemos querido colocar al final para poner el énfasis en cómo ha vivido Matilde el proceso de intervención, y cómo su experiencia nos puede servir como ejemplo y regla de lo que creemos que es un elemento esencial para el cambio terapéutico.

Matilde llevaba en tratamiento unos tres meses, cuando en esta sesión nos transmite su satisfacción porque ha descubierto una pócima para vencer los enfados. Compartiendo su sentimiento de alegría por lo descubierto, realizó el siguiente comentario hacía su terapeuta: "Eres igualita que Dory, es que te pareces un montón". Matilde se refería al personaje de la conocida película de animación de Walt Disney *Buscando a Nemo,* del año 2003.

Las características de este personaje en la película podrían definirlo como "alegre y divertido", pero a su vez presenta problemas de memoria, pérdidas de memoria a corto plazo. Le diagnosticaríamos de amnesia anterógrada. Además, Dory "nunca tiene la solución correcta", pero hay una frase que repite con mucha frecuencia: "Sigue nadando, sigue nadando, sigue, sigue y sigue nadando".

En psicodrama no somos muy dados a interpretar la transferencia y menos cuando nos comparan con un pez, preferimos hacer lo que Moreno decía: "Cuando no sepas, pregunta". Y así lo hicimos, preguntándole a Matilde: "¿Por qué me parezco yo a Dory?", añadiendo de una manera lúdica: "Por el color azul y amarillo, por la amnesia…, ¿por qué?". Matilde contestó: "Dory fue la primera que encontró Nemo cuando tuvo un problema, lo acompañó todo el rato hasta que pudo solucionarlo y porque Dory siempre le transmitió a Nemo que podía lograrlo (y sigue nadando y sigue nadando y sigue y sigue y sigue nadando), y es lo mismo que tú haces conmigo".

Este día Matilde, con sus ocho años, nos había explicado las condiciones que le habían permitido cambiar. Las condiciones por las que nuestra intervención le había resultado eficaz. Un lugar donde tú te sientes importante para el otro, apoyado incondicionalmente para afrontar los problemas que solo no has podido resolver, donde disfrutas de la dependencia que te ayuda a crecer.

G) Final de tratamiento

Matilde llegó a terapia con la urgencia escrita en una carta de suicidio. Después de su tratamiento y de un período de seguimiento mensual, que duró medio año, acudió a su último día de tratamiento, la despedida.

Después de hacer memoria de todo lo que había ocurrido en esas cuatro paredes, la pedimos que escribiera una nota de despedida, para tener una carta diferente a la que le había abierto las puertas de la intervención, y entonces ella prefirió hacer primero un dibujo. El dibujo había sido nuestro objeto intermediario, el modo en que nosotros pudimos acercarnos y ella pudo acercarse a su mundo interno (véase la figura 6.15).

En el dibujo quiso mostrar una foto de nuestro último momento, se dibujó dibujando y nosotros a su lado. Incluyó nuestro escenario, los sillones morados donde tantos ratos habíamos estado, los cojines, que tantos personajes habían albergado y el regalo que ella quería hacer de despedida. Mientras estaba dibujando preguntamos aquello que quedó escrito en los bocadillos, y que decían nuestras figuras: "¿Me estás dibujando ahora?". Respondió: "Sí, porque este es el momento más importante".

Moreno nos enseñó la importancia del *momento,* nos dejó un legado, no es importante la historia, en el momento se recoge la historia. Matilde atrapó nuestra historia compartida en una foto imaginaria del aquí y el ahora.

Después de esto, Matilde escribió la carta de despedida (véase la figura 6.16) y, regalándonos un reloj por el tiempo que le habíamos dedicado a ayudarla, se despidió, con otro modo de estar y de vivir en el mundo; su mundo no había cambiado tanto, pero ella sí.

Figura 6.15. Dibujo del final del tratamiento.

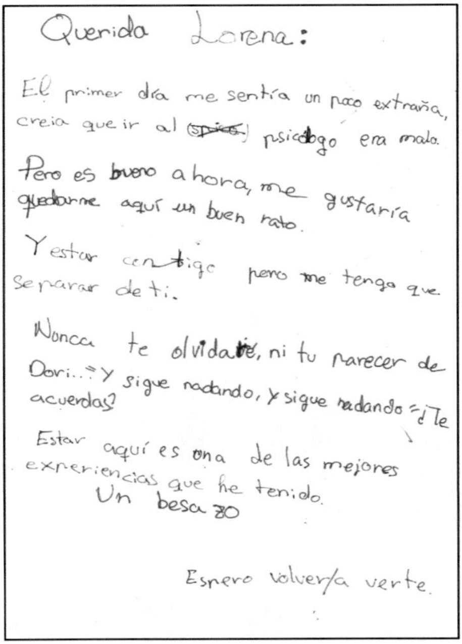

Querida Lorena:

El primer día me sentía un poco extraña, creía que ir al ~~spico~~ psicologo era malo.

Pero es bueno ahora, me gustaría quedarme aquí un buen rato.

Y estar contigo pero me tenga que separar de ti.

Nonca te olvidaré, ni tu parecer de Dori...? Y sigue nadando, y sigue nadando ¿Te acuerdas?

Estar aquí es una de las mejores experiencias que he tenido.

Un besazo

Espero volver/a verte.

Figura 6.16. Carta del final de tratamiento.

7

El poder de la arrogancia: no voy a ser vuestro deseo

Javier será el caso que ilustre este apartado. Representa la organización de los niños donde el sufrimiento, desde la falta de valoración, construye una coraza llena de rabia y arrogancia, protectora frente a su sentimiento de desvalorización y humillación.

Javier percibe un mundo donde siente que no tiene ningún valor si no logra ser lo que los demás esperan de él, siente que sus padres no lo verán en la medida en que no sea el hijo que ellos desearían que fuera.

Este mensaje subyace a una conducta de enfado, que externaliza con el sentimiento de que para él sus padres tampoco tienen ningún valor: "Me han decepcionado una y otra vez".

7.1. Descripción del caso

Los padres de Javier, en la entrevista inicial, se muestran preocupados por las continuas faltas de respeto que tiene su hijo frente a la autoridad y frente a las responsabilidades. Refieren problemas académicos en los dos últimos años, y un cambio de colegio hace uno que ha motivado una exacerbación de la sintomatología conductual.

Javier tiene once años y es seis años mayor que su hermano (véase la figura 7.1).

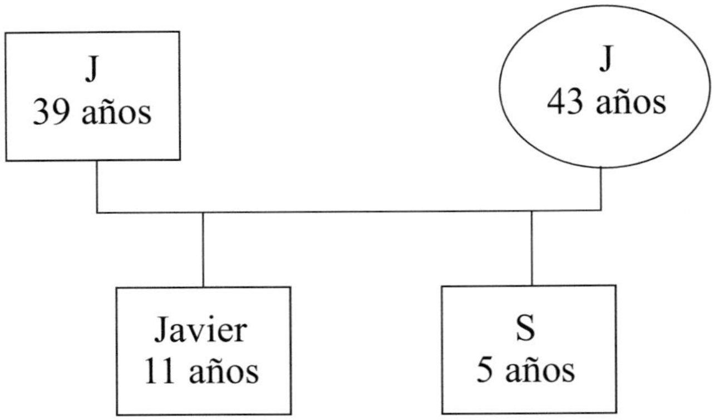

Figura 7.1. Genograma de Javier.

La actitud de los padres es colaboradora, con gran acuerdo en las razones que les llevan a pedir ayuda, así como en las posibles causas que motivan el comportamiento de su hijo. El desencadenante de venir ha sido la carta que Javier ha escrito a los Reyes Magos para pedir sus regalos: "Queridos Reyes… Soy Javier, un niño de once años, me porto bien a ratos…, y me pido: una mierda para mí mismo".

El año pasado ya descubrió el misterio de los Reyes Magos, y su reacción fue exagerada, sintiéndose traicionado por engañarle. En este aspecto, amenaza de manera reiterada con contárselo a su hermano, que solo tiene cinco años.

Los problemas escolares que definen no parecen graves. Expresan que tiene un rendimiento por debajo de lo esperado, con una mala organización de su tiempo y que todo este asunto se está empezando a convertir en una guerra. Basan su exigencia en la evaluación psicopedagógica que le han realizado en el colegio, que señala que todo es normal, e incluso concluye que Javier podría sobresalir en algunos aspectos académicos.

Al indagar sobre las razones que motivaron cambiarlo de centro, explican que surgió al empezar su hijo pequeño la escolaridad. Aunque estaban contentos con el colegio de Javier, pensaban que este nuevo sería mejor para ambos. Javier estaba muy adaptado en el colegio anterior, aunque allí aparecieran los primeros problemas académicos, definidos por los padres como "no obtuvo los resultados que él podía obtener", sin hablar en ningún momento de suspensos. Parece, por tanto, que no existe por su parte el reconocimiento del dolor y la pérdida que esa decisión tuvo para su hijo.

Señalan, como llamativo, la forma que Javier tiene de enfadarse: "Las rabietas son malas, pero las entendemos mejor; lo que más nos preocupa son las conductas que tiene cuando se enfada mucho; se va a su habitación, recoge todas las cosas que le hemos regalado y da la vuelta a las fotos de la familia, es como si quisiera despreciarnos, hacernos daño de esa manera". Este comportamiento ha empezado a aparecer este último año y lo viven como la manera de retirada de afectos por parte de su hijo, "es la representación de su desprecio".

Expresan que Javier también muestra la rabia con su hermano, al que sobreprotegen por miedo al daño real que puede hacerle, lo que despierta en Javier mucha más hostilidad. Entonces adopta un rol amenazante contra ellos: "Ya se dará cuenta de cómo sois, solo tiene que crecer"; y lanza mensajes hirientes hacia su hermano: "Yo también era feliz cuando era pequeño, pero según creces todo empeora".

Otro aspecto que les alarma es la obesidad de Javier, quien, a pesar de tener control médico, no es capaz de hacerse cargo de la gravedad del problema; es como si con la comida se hiciera daño también (aportan informes médicos en los que Javier es diagnosticado de obesidad exógena).

Por último, en la entrevista, comentan el humor cambiante del niño, que se muestra muy vulnerable frente a las situaciones de su entorno: "Es como si, por un lado, se diera por vencido en todo el tema académico sin luchar por lo que puede conseguir y, por otro lado, tuviera una rabia muy fuerte generada por esa situación frustrante, y por cómo la manejamos nosotros". Al finalizar la entrevista, añaden que la situación está generando muchos problemas y recuerdan una frase que Javier les repite: "Yo no os importo, solo os importan mis notas".

En este contexto de desolación, cuando indagamos sobre lo bueno que tiene su hijo, solo son capaces de señalar aspectos previos a que se iniciara toda esta situación.

Al entrevistar a Javier, se muestra poco colaborador, enfadado, sin ser muy consciente de lo que ocurre, y con mucha resistencia a recibir ayuda: "Venir al psicólogo no sirve para nada", es su manera de entablar una relación con su figura de ayuda.

A pesar de esta actitud, habla y refiere las situaciones comentadas por sus padres, aunque algunos temas quedan pospuestos porque la entrevista tiene lugar durante las navidades y prefiere compartir otros contenidos distintos a los que preocupan a sus padres. Para él, el problema son sus padres: "Quieren que sea quien no soy, para ellos todo está mal".

El discurso de Javier está lleno de rabia. Le preguntamos si a él no le duelen los motivos que molestan a sus padres, pero Javier no contesta. No quiere hablar de los problemas, ni de las cosas negativas que cuentan de él. No comenta nada por iniciativa propia, así que hablamos de los temas tratados por los padres, pues es importante que comprenda que vamos a entablar una relación de confianza, evitando que nos ponga en el papel de detectives o jueces, y nos coloque en un lugar de ayuda. Queremos transmitirle la información que tenemos para que se sienta más tranquilo y disminuya el rechazo. Tras contarle la información dada por sus padres le invitamos a aportar su versión, él se niega: "No es así, pero, total, da igual".

En esta entrevista, se le explica en qué van a consistir las primeras sesiones, la duración y el desarrollo de las mismas, con el objetivo de disminuir la resistencia que muestra hacia el tratamiento. Javier, antes de empezar, trae un montón de ideas negativas sobre él mismo, y una gran oposición a venir.

Para finalizar, preguntamos si le gusta vivir de ese modo en casa con sus padres, a lo que responde: "No, no me gusta". En este momento se le hace saber que en eso está de acuerdo con sus padres y que la pretensión de venir aquí es encontrar otro modo de estar. Véase la figura 7.2, que muestra el dibujo que hace Javier de su familia.

Acudir a tratamiento supone, para Javier, hacer lo que sus padres quieren que haga. Desde ahí, el tratamiento se convierte en rechazable. Hacerle un planteamiento con el que pueda encontrar en la psicoterapia un espacio de ayuda y no un espacio de coacción, cambiando su "vengo porque me obligan a venir" por un "busca para qué puede ser bueno para ti venir, no para tus padres", es la manera de definirlo para que la ayuda le sirva.

Con Javier, la propuesta de tratamiento fue *psicoterapia psicodramática bipersonal* con sesiones semanales, y sesiones de seguimiento con los padres, según la evolución de la intervención. Además se brindó un espacio de ayuda para los padres, donde manejar las situaciones en que se sentían desbordados en sus funciones parentales, ya que las sesiones familiares resultaron insuficientes para manejar sus demandas.

Durante la intervención se realizó la derivación de Javier a psiquiatría, donde le fue prescrita medicación para el descontrol de la conducta, ya que en alguna ocasión hubo riesgo real de hacer daño, o hacerse daño.

Figura 7.2. Dibujo de la familia de Javier.

7.2. Proceso terapéutico: sesiones de tratamiento

Para ilustrar el proceso llevado a cabo se muestran algunas sesiones trabajadas. El orden en que se presentan es cronológico, según avanzó el tratamiento. Con Javier elaboramos primero el reconocimiento de sus enfados, que sentía como dolorosos para todos, no solo para sus padres, para a continuación abordar sus dificultades en la toma de conciencia del daño que hacía. La última parte se centró en el reconocimiento e integración por el niño de las partes que, aun siendo valoradas por sus padres, también él podía querer para sí mismo, sin llegar a ser el "hijo perfecto", pero sí querido y valioso.

- Mis enfados.
- Lo que les duele a ellos me hace daño a mí también.
- Pedir perdón es humillante.
- No voy a ser vuestro deseo.
- La vida tiene grises.

7.2.1. Mis enfados

Tal y como se ha señalado, las primeras sesiones con Javier tenían el objetivo de generar confianza e implicación por parte del niño para encontrar, junto a sus padres, un nuevo modo de estar con su familia.

Uno de los primeros días analizamos sus enfados, intentando que pudiera hacerse cargo de lo que conseguía con ellos, mostrándole el modo en que lo hacía. Javier calificaba sus enfados como algo necesario: "tú no sabes cómo son", "es que es la única forma que tengo...". Así, paulatinamente, va expresando cómo se enfada para hacer sentir mal a sus padres.

Hace referencia a la carta de los Reyes Magos como anticipo de otras situaciones de violencia. En su discurso, Javier perfila dos maneras de enfadarse: mostrando su desprecio, o haciendo ver su capacidad con una agresividad desmesurada ("mira lo fuerte que soy", "mira el poco valor que tenéis para mí").

Después de los ejemplos se invita a Javier a explicar las formas que ha encontrado para mostrar su enfado: "Una que uso y sé que les duele mucho es dar la vuelta a las fotografías donde salimos juntos, o recoger de mi habitación todas las cosas que me han regalado, y devolvérselas...; pero esa puedo hacerla solo a veces. Cuando estoy muy enfadado tengo que gritar y chillar, y pelearme con ellos, soy muy grande, es lo bueno de estar gordo, aunque para ellos también sea un problema".

Javier, así, va narrando sus enfados como las armas que tiene para defenderse del daño. Se le señala el gran esfuerzo que implica comportarse así: "Supongo que es cansado enfadarse de ese modo tan grande, tan elaborado". Le hacemos cargo de la energía que usa para mostrar a los demás su dolor, intentándoles hacer daño.

Javier mira, como encontrando algo para él desconocido, y dice: "Es que a mí me importa que ellos se enteren del daño que me hacen". Le indicamos que tal vez podamos pensar de mejores maneras de hacerlo, iniciando así el camino de encontrar nuevas formas de mostrar lo que siente.

7.2.2. Lo que les duele a ellos me hace daño también a mí

Esta sesión muestra la continuación del trabajo de los enfados de Javier. Los padres comparten, junto a su hijo, la situación que han sufrido ese fin de semana. Javier ha agredido a su hermano intentando asfixiarlo con el cable del teléfono. Este incidente ha motivado la derivación a psiquiatría.

La actitud de descontrol de Javier había sido extrema. Sus padres se centran sobre todo en la gravedad del hecho. Además de recoger su malestar, les señalamos la importancia de reconocer también el sentimiento que ha llevado a su hijo a realizar una conducta tan grave, ya que solo así tendremos la capacidad de ayudarle. Se les pide que vayan más allá de lo evidente, para encontrar qué empuja a su hijo de doce años a actuar de ese modo.

Javier, en todo momento, mantuvo una actitud silenciosa, y no levantó la mirada, solo les dijo: "Ya le he pedido perdón". No desmiente lo que cuentan sus padres, todo lo contrario, asiente cuando se le invita a que él aporte información.

Cuando los padres abandonan el despacho, se le pregunta a Javier cómo se siente, a lo que él contesta: "Horrible, le podía haber hecho mucho daño". Ante su respuesta, se lo invita a abordar este tema para intentar visibilizar su sentimiento, no solo el daño que ha hecho a los demás.

1. *Caldeamiento.* El caldeamiento a nivel emocional de esta sesión ya estaba conseguido por la intensidad que tenía la situación que habían compartido durante la entrevista. Solo se le sugiere que traiga la imagen de ese niño que iba a agredir a su hermano, justo antes de que tuviera lugar el incidente: "Me gustaría que te centraras en Javier justo antes de pegar a su hermano. Vamos a rebobinar lo que ha pasado, y nos quedamos en el momento previo". Se le pide que se describa a sí mismo en esa situación, colocándolo en un cojín.
2. *Dramatización.* La escena se trabaja con Javier en el rol de observador, situándolo como *doble* de sí mismo. Cuando ya está preparado se le pregunta: "¿Para qué quiere Javier hacer daño a su hermano pequeño?". Responde: "Quiere hacer daño a sus padres, solo así se darán cuenta del daño que hacen ellos".

   Tras su respuesta le pedimos que centre la atención en él como agresor: "¿A él hacer esto también le duele?". Asiente, y añade: "Además, su hermano no tiene la culpa, y ahora todos hablan de él como de un asesino".

   En ese momento, existe por su parte el reconocimiento de la dinámica que usa con sus padres. Elegir esa forma de dañar le genera el sufrimiento de convertirse en alguien que agrede y oculta su dolor. Desde tu agresión solo muestras el daño que haces, no el que sientes.

Desde ese conocimiento, le invitamos a decirle algo a ese niño que está frente a su hermano. Se acerca al cojín que le representa a él en la situación justo antes de la agresión: "No lo hagas, cuando todo termine no vas a conseguir lo que quieres. Pegar a tu hermano solo sirve para hacer más daño a todos, también a ti".

3. *Compartir.* La sesión se cierra con el análisis de cómo se ha sentido. Muestra que le encantaría que no hubiera pasado nada, que ahora su hermano le tiene miedo y con razón, pero ciertamente siente mucha rabia, y un gran dolor.

   Al ordenar lo que ha podido hacer en sesión, le apuntamos la idea de poder encontrar palabras para verbalizar lo que siente, no es bueno elegir las opciones que te alejan de lo que quieres. Ante eso, dice que le gustaría tener la capacidad de haberse parado, como aquí, y poder escucharse.

   Javier se fue con una vivencia diferente del sentimiento de dolor que tenía acumulado; pudo reconocer y verbalizar la rabia que lo destruía, y que lo convertía en alguien que él no quería ser, para, desde ahí, tener una propuesta diferente hacia su familia.

7.2.3. Pedir perdón es humillarte

Esta sesión muestra la resistencia que tenía el niño a pedir perdón, al considerarlo un acto humillante. Trabajando con *escultura*, se encontró con un Javier que podía pedir perdón sin el dolor de la humillación.

Comparte que la situación en casa está un poco mejor, no hay tanta tensión y las cosas que pasan son menos graves. Actualmente lo que le genera mucho malestar es cuando quieren que reconozca lo que ha hecho y pida perdón. Javier expresa: "Yo no sé pedir perdón". Se le propone trabajarlo y él acepta.

1. *Caldeamiento.* El caldeamiento de esta sesión consiste en reconstruir una situación en la que Javier quiera probar aquí cómo pedir perdón. Decide traer a su padre para entrenar el rol. En el trabajo con niños, cuando la figura que traen es la de los padres, nunca se realiza un *cambio de rol* con ellos, solo se les pide que los describan, e imaginen lo que podrían decir. Así otorgamos la distancia protectora de no poder ocupar ese papel.

Javier describe a su padre, y una conducta para pedir perdón. Es llamativo cómo lo define: "Él está deseando perdonarme, está deseando que me acerque". Vamos a ir despacio, para ello le situamos alejado de la situación, para buscar qué le paraliza y le impide pedir perdón.

2. *Dramatización.* La escena se trabaja con una línea imaginaria que separa a Javier de su padre. Representa el espacio que ha de recorrer para pedir perdón, la propuesta es encontrar dónde radica su dificultad.

Le preguntamos si tiene claro el mensaje que le diría, para evitar la excusa paralizante que surge a veces cuando decimos que no sabemos qué decir. Tras pensarlo, responde: "Perdona por lo de antes, intentaré no volver a hacerlo".

Con el mensaje, se le propone iniciar el camino. Muy pronto se para, dice que no puede seguir porque le genera gran malestar tener que acercarse. Ante esa dificultad, se le señala que parece algo suyo, ya que, según ha expresado, su padre está esperando para perdonarlo. Reconoce que, efectivamente, el malestar es suyo. Le proponemos realizar una *escultura*, representando con su cuerpo lo que está sucediendo.

Javier se arrodilla, adoptando una postura muy incómoda, recogiendo su cuerpo con los brazos. Desde esa posición se le pregunta qué es pedir perdón y contesta: "Pedir perdón es humillarte".

Cuando lo pone en palabras le señalamos que así no es de extrañar que le cueste pedir perdón, ya que lo vive como algo negativo. Todavía desde la escultura expresa: "Pedir perdón es reconocer que eres una mierda". Le proponemos salir de esa posición y mirar si cuando a él le han pedido perdón (*cambio de rol*) ha sentido que el otro le estaba diciendo que era una mierda.

Admite que su vivencia desde el contrarrol no ha sido esa, y desde ahí lo invitamos a buscar un lugar desde el que pedir perdón sea mostrar al otro lo que has hecho mal, no que seas malo. Javier, en ese momento, se emociona, y dice: "Voy a buscarlo".

Se le sugiere que adopte de nuevo la posición humillante de la escultura, y que desde ahí vaya modificándola. Al mismo tiempo que cambia con el cuerpo, incorporándose, se le indica que vaya poniendo palabras a lo que hace: "pedir perdón no tiene que ser algo que humille", "pedir perdón te ayuda a acercarte", "pedir perdón te ayuda a reconocer que estás haciendo algo mal", "hacer algo malo no es ser malo".

Al final se pone en pie frente a la silla donde está colocado el cojín que representa a su padre, que, como él mismo había señalado, "está esperando para poder perdonarme". Su postura ahora es erguida, pero se mantiene cabizbajo.

Cuando se detiene, se le pregunta si es desde ahí desde donde quiere pedir perdón, asiente y pone en voz alta la frase que había dicho al principio, pero ahora imaginando que se la puede decir a su padre: "Siento lo de antes, intentaré no volver a hacerlo".

3. *Compartir.* Define su sorpresa al manifestar que su padre no había cambiado en todo el tiempo: "Me he dado cuenta de que yo lo puedo hacer más fácil o más difícil". Para Javier esa observación le ayuda a poder escuchar lo que los demás le dicen, y a encontrar una posición menos extrema que facilite el encuentro.

   Además, pudo reconstruir en el aquí y el ahora su posicionamiento del rol de pedir perdón y ser perdonado, como algo más posible y menos doloroso. Javier había aprendido que para pedir perdón era necesario el arrepentimiento, no la humillación.

7.2.4. No voy a ser vuestro deseo

En esta sesión, Javier pudo encontrar un sentido a lo que le ocurría, aprender que era posible vivir sin tanta rabia, y generar una nueva propuesta de estar con su familia.

Comparte cómo es capaz de reconocer su forma de actuar, porque ya no está enfadado siempre: "Ahora ya no estoy todo el día enfadado, por eso cuando me enfado me doy más cuenta de lo que me ocurre".

Ahora tiene la capacidad de hablar de lo que le ocurre, y focalizar sus esfuerzos en cambiar la relación que mantiene con sus padres, que es donde perduran los problemas.

A nivel escolar, con los apoyos adecuados, había conseguido mejorar notablemente, también se había producido un cambio significativo en la relación con su hermano y en su autocuidado.

1. *Caldeamiento.* Iniciamos el trabajo con el dibujo que hace Javier de su rabia, al pedirle que *concretizara* su enfado (véase la figura 7.3).

Figura 7.3. Dibujo de su rabia.

El dibujo muestra la rabia, y la necesidad de ser escuchado, como si tuviera algo muy importante que decir a los demás, pero de un modo que le imposibilita ser escuchado.

2. *Dramatización.* Se le plantea conocer para qué aparece ese enfado. Él contesta que para mostrar cómo está, pues sigue habiendo cosas "que me enfadan mucho, no es como antes, pero a veces sigo sintiéndolo".

   Se le propone buscar cómo se ha ido generando ese sentimiento más profundo que él manifiesta. Para ello, se le pide que *cambie el rol,* y se sitúe en el lugar de la rabia. Desde ese rol investigamos desde cuándo acompaña a Javier.

   La propuesta persigue poder realizar una línea de la vida de su rabia a través de ese personaje. Se le pide a Javier desde el personaje que hable de sus primeros recuerdos como rabia: "Me acuerdo de cuando Javier tenía diez años y lo cambiaron de colegio... Aparecí ahí, bueno, no sé, pero de eso me acuerdo muy bien, no les importó a sus padres lo que le pasaba, no tenía para ellos ninguna importancia, quitarle todo lo que tenía".

En ese momento, se le pide al niño que se detenga para preguntarle. Queremos que lo aclare más, y desde ese rol lo invitamos a seguir hablando: "No les importó lo que Javier perdía, solo lo que conseguiría si iba al otro colegio, era el mejor colegio, el otro era peor colegio…, pero Javier perdía todos sus amigos".

Indagamos más para conocer si esa rabia existía ya antes; y nos encontramos con un hito anterior, el nacimiento de su hermano. "Sí, cuando nació su hermano también lo recuerdo, así que debía de existir". Y para qué estaba ahí, le preguntamos: "Pues para mostrarle que ahora él ya no era el niño al que había que cuidar, habían puesto a otro".

Así recorre las situaciones donde su sentimiento de rabia estaba asociado a no sentirse suficientemente importante para sus padres. Se le *cambia el rol*, planteándole encontrar qué quiere hacer con todo esto.

Javier dice: "No quiero ser lo que quieren que sea, no voy a ser su deseo". Ante esa frase se lo invita a hacer una propuesta: "¿En qué consiste no ser el deseo de tus padres?". Porque, de la mano de la rabia, Javier no era el deseo de sus padres, pero tampoco era quien quería ser.

Mostramos al niño que su rabia lo ha ido convirtiendo en alguien que no quiere ser, su sentimiento de no ser valioso lo ha llevado a confirmar con actos que no tenía ningún valor, con el precio añadido de quedarse solo y alejado de las personas que podían mirarlo de nuevo con ojos de orgullo y valoración.

El siguiente paso es que traiga a los padres del niño que ha sentido todas esas cosas, para decirles que ese niño no será su deseo, pero que a lo mejor puede ser muchas más cosas. Se le pide que pueda desprenderse de esa imagen idealizada e imposible de alcanzar, presentando lo posible que él siente que puede llegar a ser, y así reparar su sentimiento de valor.

Javier acepta, e inicia una conversación donde expresa lo que sí es Javier, en el recorrido de su vida, mostrándose como un niño valorable, que tiene muchas virtudes y potencialidades.

3. *Compartir*. El compartir fue muy positivo para el niño, porque le ayudó a entenderse, generando desde ahí una nueva forma de estar: "Me siento bien al conocerme más, pero sobre todo al poder hacerlo de otra manera".

El sentirte no valioso te atrapa en un lugar donde hagas lo que hagas no vas a obtenerlo. Javier, este día, se pudo llevar la propuesta para mostrar a sus padres que había muchas partes valorables de él que eran compartidas por ambas partes, y eso era posible ahora que la rabia no le impedía mirarlo con los ojos de la admiración.

7.2.5. La vida tiene grises

"La vida tiene grises" sería el resumen de la intervención con Javier, recogiendo una de sus frases finales de la intervención. La nueva foto sería la de un adolescente de secundaria que aprueba todo, con notas suficientemente buenas, y que tiene dudas acerca de qué itinerario elegir para su formación.

A nivel físico, ha encontrado una manera de cuidarse y ha dejado de ser un niño con obesidad para pasar a ser un adolescente fuerte; alto y corpulento, pero sin sobrepeso. Acepta las normas de casa, sin que exista ningún incumplimiento grave en horarios, y a nivel relacional la distancia que les pide a sus padres puede ser entendida como la adecuada cuando uno está en el periodo de transición en el que se tiene que lograr la independencia.

Javier resume su estancia en el tratamiento como un lugar donde ha aprendido en nuestra compañía que la vida tiene grises. "Para mí antes todo era blanco o negro, y ahora existe el gris, y no solo un gris, sino millones de grises; existe el gris marengo, el gris perla, el gris ceniza, el gris plata…".

El todo o nada, su dicotomía, le generaba el sufrimiento de no conseguir nunca llegar a serlo todo; si no eres todo, te conviertes en nada. Los grises, en cambio, le aportaron la opción de irse reconociendo y construyendo un yo para estar junto a los otros, sintiéndose de ese modo valorado por ser quien era y cómo era, a pesar de ser imperfecto. Javier había reparado su narcisismo dañado desde la vivencia reparadora de sentir el valor que tenía.

Mucho tiempo después de finalizar el tratamiento, Javier volvió a contactar con nosotros, y desde su sentimiento de gratitud compartió que había decidió estudiar psicología: "¿Quién te lo iba a decir?".

Explicó que, después de pensarlo, tenía el sentimiento de querer estar al otro lado, al lado de los que ayudan: "Sé que el tratamiento me ayudó a sentir que valía la pena, me ayudó a hacer las cosas de otra manera". Desde su alegría, además, señala: "Mis padres no se lo esperaban, pero es algo que nos alegra a todos, a mí el primero, pero también a ellos".

Entendemos su compartir como una muestra del valor que tuvo la intervención realizada y el reconocimiento de lo que había recibido y encontrado al permitirse ser ayudado.

8

Cuando la obsesión me invade: tengo que ser perfecta

Martina es el caso que ilustra este apartado, una niña en la que la perfección, la anticipación y los "y si" se hicieron demasiado grandes, tanto que lograron invadir su vida familiar, escolar y social, generándola la rigidez de que todo debía tener una forma determinada de hacerse y además comprobarlo obteniendo así el alivio a corto plazo de no haberse equivocado.

8.1. Descripción del caso

Martina es una niña de diez años que acude a tratamiento de la mano de unos padres que han sido asesorados por el colegio para que la niña reciba ayuda, ya que están percibiendo que la ansiedad por hacer bien sus obligaciones la está incapacitando, y se aprecia un notable descenso en el rendimiento escolar.

Los padres, en la entrevista inicial, presentan a una niña que siempre ha sido "preocupona", pero desde hace un tiempo esta preocupación se ha desbordado. No encuentran un origen concreto al problema; sin embargo, observan claramente sus manifestaciones: descenso en el rendimiento académico, ansiedad y miedo, dificultad para conciliar el sueño (insomnio de conciliación) y un gran sufrimiento emocional. Inciden en señalar que Martina tiene un carácter horrible, que siempre está irritable, se enfada con mucha frecuencia, y llegan a definirla como una "enfadica", una persona que se enfada por todo. Tiene una hermana gemela y, aunque ella es la pequeña, es un poco más alta y pesa más que su hermana. Además, tiene otra hermana mayor, de catorce años (véase la figura 8.1).

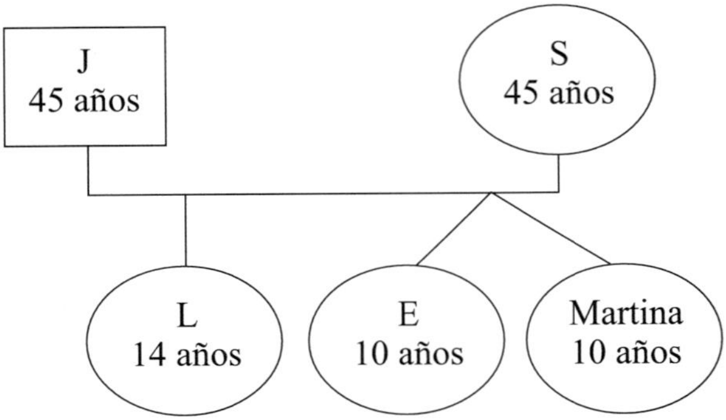

Figura 8.1. Genograma de Martina.

Los padres se definen a sí mismos como exigentes, quieren que sus hijas sean brillantes, y por las capacidades que tienen pueden serlo. Todas obtienen unos resultados muy buenos, con calificaciones de notables y sobresalientes, pero ahora Martina lo hace con mucho sufrimiento, y el resultado queda ensombrecido por la angustia.

Para ellos el desencadenante para pedir ayuda ha sido que la niña por las noches tiene una reacción exagerada cuando se acuerda de los deberes que tiene que llevar al día siguiente al colegio. Explican esta situación de la siguiente forma: "Martina, por las tardes, igual que sus hermanas, se pone a hacer los deberes. Nosotros las ayudamos en lo que no entienden, o cuando tienen dudas. Por la noche, antes de acostarse, les pedimos que preparen la mochila. Cuando ya están en la cama, Martina de repente se pone a gritar, porque no recuerda si ha hecho algo de lo que tenía que hacer, si ha coloreado un mapa, o si ha puesto todas las ciudades..., le entran dudas de lo que ha estado haciendo, y entonces nos pide que si se puede levantar para abrir su mochila y comprobarlo. Después de verificar que está hecho, se queda más tranquila, pero de nuevo puede aparecer otra duda, y otra comprobación, así hasta tres y cuatro veces o hasta que nos enfadamos mucho con ella y no se lo permitimos".

Narran que las preocupaciones eran normales en su hija, menos intensas y más focalizas; por ejemplo, siempre que viajan, Martina, por su cuenta, lleva una braguita guardada en su bolso de mano o en su mochila por si se pierde su maleta; pero lo que le sucede ahora ya no les parece de previsora, les parece alarmante.

Creen que su hija tiene menor capacidad de frustración que sus hermanas y es más controladora, con mal manejo de la incertidumbre. Consideran que el aumento de la exigencia en las tareas escolares y en los exámenes está suponiendo para Martina un reto que no puede resolver en el momento actual.

Todos estos problemas repercuten en su vida social. Martina es una niña con amigas y sobre todo amigos, porque en los recreos le gusta especialmente jugar al fútbol, y en su colegio la mayoría de los que juegan son chicos. Además juega al pimpón y a veces al baloncesto.

Pero ahora muchos días se queda sin jugar en el recreo, para seguir trabajando, y está empezando a tener conflictos con las compañeras de clase, aunque, como Martina es una niña muy correcta, estos problemas nunca han pasado de una discusión, que es capaz de perdonar pero no de olvidar.

Este mismo patrón lo repite con sus hermanas: perdona, pero no olvida, es "como si tuviera un bloc de notas, se acuerda de todo lo que ha pasado, aunque haya pasado mucho tiempo… Un día a mi hermana sí se lo permitiste y ahora a mí no…".

Después de la entrevista inicial con los padres, se realiza una entrevista semiestructurada con la niña. Martina acude muy motivada, tanto por sus padres como por su profesora. Relata que su profesora le ha contado que también ha ido al psicólogo y que le ayudaron a resolver las cosas que ella no podía sola.

Descubrimos a una niña cariñosa y cercana que explica lo que le pasa diciendo que tiene agobios, que se preocupa mucho por las cosas, como si nunca pudiera estar tranquila. En el colegio le han dicho que tiene baja tolerancia a la frustración, y cuando le pedimos que nos lo defina, dice que no lo sabe muy bien, pero que cree que tiene que ver con saber lo que va a pasar, y con pensarlo para que pase. Para aclararlo, le preguntamos si a ella le gusta saberlo todo, y ella contesta "a mí me gusta saber lo que va a pasar *sí* o *sí*". Manifiesta que a sus padres siempre les ha gustado que saquen buenas notas, y que como son listas, es lo que tienen que hacer.

Define la relación con sus hermanas como buena, aunque "es un poco rollo tener una hermana igual que tú, aunque vaya a otra clase, pero, bueno, eso no puede cambiarse". Además, verbaliza que no son tan iguales, porque les gustan cosas diferentes: a ella le gusta mucho jugar al fútbol y "hacer cosas de chicos". Así Martina reivindica su necesidad de sentir que tiene su identidad, diferente a la de su hermana, una fuente cercana de comparación (véase la figura 8.2).

Figura 8.2. Dibujo de la persona de Martina.

Martina espera del tratamiento no tener agobios, y estar menos enfadada, aunque hay cosas de su preocupación de las que no quiere desprenderse porque las considera normales.

La intervención realizada con la niña fueron sesiones semanales con la estructura de *psicoterapia psicodramática bipersonal,* y sesiones familiares (padres-hija) según la evolución. En este caso no se marcaron mensuales al inicio del tratamiento porque se valoró principalmente la importancia de trabajar con la niña.

8.2. Proceso terapéutico: sesiones de tratamiento

Para ilustrar el proceso llevado a cabo en este caso compartimos unas escenas que sirven como ejemplo del trabajo realizado. Como en otros casos, los títulos que ponemos a las escenas surgen de la propia interacción con los niños, son sus frases y sus definiciones. El orden en que se presentan es cronológico y muestran su progreso, que fue desde conocer su "agobio" hasta poder irse de viaje a Irlanda sin una maleta llena de "por si acaso…".

- Mi agobio: "Un día en la vida de Gustan".
- Haciendo otras cosas.
- Mi método contra las obsesiones: "Un pie en la ducha, ya no se puede comprobar más".
- Este enfado es mío.
- Puedo equivocarme y no pasa nada.
- "Echar a volar".

8.2.1. Mi agobio: "Un día en la vida de Gustan"

Después de la evaluación realizada a Martina y de las primeras sesiones dedicadas a conocer situaciones concretas, esta es la primera ocasión en la que la propuesta era dramatizar.

En esta sesión Martina pudo mirar a su agobio de otra manera, *concretizarlo* y tener mucha más información mediante la técnica de *entrevista al síntoma*.

Los agobios para Martina, a partir de este día, ya tenían forma definida, nombre propio y, sobre todo, otra respuesta disponible.

1. *Caldeamiento.* Se inicia hablando de las situaciones cotidianas de la semana, donde Martina cuenta que ha tenido agobio. En ese momento la invitamos a conocer más a "agobio", y ella acepta. A Martina le encanta dibujar, disfruta mucho, así que la propuesta de hacer el dibujo le ayuda a sentirse mejor y a concretar más fácilmente en un personaje su sensación.

   La consigna dada fue la siguiente: "Dibuja un personaje que pueda representar a tus agobios". Ella, además de dibujar el agobio, empieza a dibujar otros personajes, con calaveras y con otros muñecos que tienen la intención de matar a Gustan o dejarlo solo. Centramos a Martina en el personaje principal, en Gustan; ella es quien le ha puesto ese nombre al preguntarle cómo se llamaba.

Finalmente, los agobios quedan representados como un ogro verde de dos metros y medio de altura, con cuernos rojos, que va vestido de azul y morado, y que lleva grandes zapatos rojos (véase la figura 8.3).

Figura 8.3. Dibujo de su síntoma, Gustan.

2. *Dramatización.* La escena, en este caso, la podríamos definir como una escena exploratoria, donde sugerimos a Martina que imagine que Gustan está en un cojín que ponemos frente a ella. En ese momento hacemos un *cambio de rol* para poder interrogar a Gustan.

Martina se muestra muy colaboradora al jugar el papel de Gustan. La invitamos a cerrar los ojos y abrirlos cuando se haya convertido en Gustan. Al mismo tiempo, se le devuelve en voz alta la descripción dada del síntoma para que le sea más fácil tomar el papel.

Cuando abre los ojos, comienza la entrevista, ya desde el rol de Gustan. A continuación detallamos la conversación literal de la entrevista, para mostrar el desarrollo de la misma. El uso de esta técnica con niños tiene dos peculiaridades importantes: se usa el "usted" para hablar con los síntomas, pues les ayuda a asumir el nuevo rol; y no se muestra actitud de acompañamiento mediante contacto físico cuando adoptan estos papeles.

Presentándonos como la psicóloga de Martina, le pediremos su tiempo y amabilidad para contestar algunas preguntas. La entrevista al síntoma tuvo el siguiente guión:

T: ¡Buenas tardes! Me presento, soy la psicóloga de Martina, y quería hablar con usted para hacerle unas preguntas.

M: Buenas tardes, ningún problema.

T: ¿Qué tal le cae Martina?

M: Bien, es una buena niña, es maja, aunque a veces es un poco desastre y no hace bien las cosas.

T: ¡No me diga! Y ¿hace mucho que la conoce usted?

M: La verdad es que sí, llevo mucho tiempo con ella.

T: ¿Me podría decir cuánto?

M: Exactamente no me acuerdo, pero desde que está en el colegio seguro.

T: ¿Se dedica a estar con otros niños?

M: ¡No! Yo estoy solo con Martina.

T: ¿Tiene familia?

M: No, no tengo. Hay más como yo, pero no somos familia.

T: Y usted, exactamente, ¿qué hace? ¿Me podría explicar un poco para qué viene?

M: Pues vengo para que Martina haga bien las cosas; si no estoy no lo hace bien, dejaría cosas sin hacer. Sin mí lo haría peor.

T: Pero a usted ¿quién lo ha creado?

M: ¡¡Martina!! Para que le recuerde cómo se hacen bien las cosas.

T: Ah, entonces fue Martina quien lo creó, me va quedando claro. ¿Y usted viene solo, o alguien lo llama?

M: Yo aparezco cuando Martina se pone a hacer deberes, o cuando tiene que hacer cosas, para que las haga bien.

T: Pero, entonces, ¿lo avisa Martina?

M: Sí, para hacer bien las cosas.

T: Lo que me está diciendo es que si usted no apareciera Martina tendría peores notas.

M: Yo creo que sí, muchos 10 y 9 los saca gracias a mí.

T: Muy bien, ya solo me queda una pregunta. Si no fuera agobio, ¿a qué se dedicaría?

M: Pues no lo sé, yo no sé hacer más cosas.

Después de las preguntas, nos despedimos del síntoma dándole la mano, agradeciéndole la colaboración y dejándole la puerta abierta para otra entrevista si fuera necesario. Martina, desde el papel de Gustan, acepta.

Cambiamos a Martina de lugar, para que adopte de nuevo su rol, verbalizando: "Martina, ¿has escuchado lo que ha dicho Gustan? ¿Qué te parece?". La pregunta por supuesto es retórica, porque la niña es quien desde el rol del síntoma nos ha dado toda esa información.

En ese momento, Martina, mostrando su enfado, lanza una patada al cojín que representa a Gustan, diciendo que las buenas notas las obtiene ella. Martina conecta con el sufrimiento que le genera hacer las cosas de ese modo y lo manifiesta con esa reacción.

Ante su respuesta, se le señala que tenemos que ir más despacio, y, colocando la almohada de nuevo frente a ella, le indicamos que es ella quien tiene que decidir lo que quiere hacer con Gustan, con su agobio. Expresa: "Quiero que se vaya". Su fantasía sería que todo cambiara sin esfuerzo, pero le señalamos que Gustan no se va a ir solo, que es ella quien tiene que pensar cómo echarlo.

Martina reflexiona y dice: "Yo no lo necesito, puedo hacer las cosas bien sin él". Ante su respuesta, la dirigimos hacia el síntoma. Martina se pone frente a la almohada y verbaliza: "No te necesito, puedo hacer las cosas bien sin ti".

Después de la frase invitamos a Martina a que haga algo con Gustan, ella coge el cojín y hace como si lo metiera en una caja y comienza a pegarle sellos imaginarios. Anuncia que va a enviar a Gustan a dar la vuelta al mundo, que así tiene tiempo de ir pensando algo mejor, y que, con un poco de suerte, en Correos lo pierden, y se echa a reír.

3. *Compartir.* Cuando se termina la escena nos sentamos y pedimos a Martina que exprese cómo se siente. Esta es la primera vez que realiza una dramatización. Refiere su enfado al escuchar(se) diciendo que las buenas notas eran en parte por su agobio; es como si le quitara mérito a ella. No le había gustado reconocer que parecía que solo así sabía hacer bien las cosas.

   Por último, señala: "¡Voy a intentar no llamarlo!, pero no sé si me hará caso". Ante su creencia, le señalamos que ahora tal vez puede darse más cuenta de cómo hace las cosas. Ella se echa a reír de nuevo y dice: "Con Gustan o sola".

   Martina, a partir de este día, ya no volvió a hablar nunca más de ansiedad, o de agobios, sino de Gustan. Su vivencia de malestar ligada a las cosas se había transformado. Su primer cambio se había producido de la mano del sentimiento de que puedes hacer algo más que soportar lo que pasa, aumentado no solo su conocimiento, sino también su sensación subjetiva de control y su capacidad para resolverlo.

8.2.2. *Haciendo otras cosas*

En esta sesión, Martina propone hablar sobre sus otras cosas. Comenta que en su vida muchas veces todo está en horarios, horarios de todo lo que tienes que hacer: el horario del colegio, el horario de las actividades extraescolares...; y los horarios hay que cumplirlos. Martina busca maneras diferentes de realizar las actividades, y expresa su sufrimiento cuando no cumple todo lo que ha planificado. Ante su preocupación, le planteamos darse permiso para hacer las mismas cosas, pero de otra manera. Ella propone hacer un horario de las "otras cosas".

Lo realiza dividiendo la hoja en columnas, y comienza a rellenarlo de las "otras cosas", escribiendo "Me he divertido", "He jugado", "Me he reído"... Lo dejamos ahí, y se lleva la propuesta de rellenarlo durante toda la semana, buscando qué otras actividades quiere poner en este nuevo horario (véase la figura 8.4).

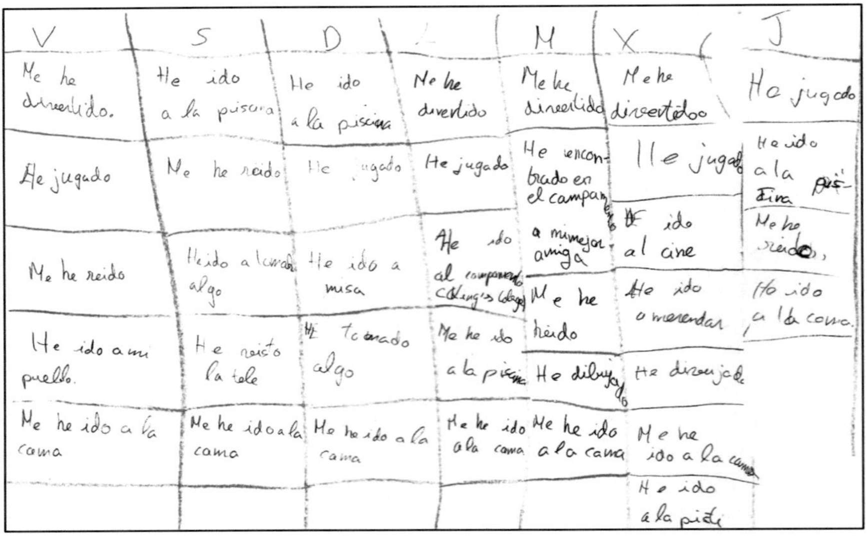

V	S	D	?	M	X	J
Me he divertido.	He ido a la pisuna	He ido a la piscina	Me he divertido	Me he divertido	Me he divertidoo	He jugado
He jugado	Me he reido	He jugado	He jugado	He encontrado en el campamento a mi mejor amiga	He jugado	He ido a la pis-cina
Me he reido	He ido a comprar algo	He ido a misa	He ido al campamento colegio	Me he reido	He ido al cine	Me he reido,
He ido a mi pueblo.	He visto la tele	He tomado algo	Me he ido a la piscina	He dibujado	He ido a merendar	He ido a la cama.
Me he ido a la cama	Me he ido a la cama	Me he ido a la cama	Me he ido a la cama	Me he ido a la cama	He dibujado	
					Me he ido a la cama	
					He ido a la pisci	

Figura 8.4. Horario de las otras cosas de Martina.

En la siguiente sesión Martina trae el horario lleno de sus otras cosas, y cuenta que este horario le gusta más. Muestra su satisfacción por poder fijarse en otros aspectos más lúdicos de su vida.

La vivencia que transmitía a sus diez años era de una vida llena de obligaciones. Con este nuevo horario, sin horas de cumplimiento, pudo reflejar una lista de actividades variadas: ir al pueblo, ver la tele, reírse, ir a misa, ir a la cama, encontrar a su mejor amiga en un campamento, dibujar… El horario, por tanto, no era el problema, sino el cómo ella se imponía su cumplimiento.

Además, en esta sesión, Martina fue mostrando cómo disfrutaba de todas estas cosas; al psicólogo no hay que contarle solo "las cosas malas".

En su explicación hubo un comentario muy positivo: "El horario sigue por detrás porque lo he hecho más grande y no me entraba en la hoja, pero no pasa nada, no tiene que ser como el del colegio". Esta aclaración la entendemos desde su sensación de mayor flexibilidad. Otro ejemplo de ello es que en el miércoles pudo poner "He ido a la pisci" después de haber puesto "He ido a la cama", sin que por eso estuviera mal.

Para Martina el cambio viene de la mano de poder vivir los horarios de una manera positiva. Un horario ayuda para hacer muchas actividades, es una herramienta que te organiza, no una ley que haya que cumplir por encima de mi bienestar.

8.2.3. Mi método contra las obsesiones: "Un pie en la ducha, ya no puede comprobar más"

Los padres de Martina, en la entrevista inicial, ya habían descrito la conducta de comprobación que tenía la niña por las noches. En la sesión familiar, previa a esta sesión, hablan de la clara mejoría su hija, está mucho más tranquila y feliz en general, pero sigue sufriendo mucho cuando por las noches aparece su preocupación por no saber si ha hecho todo bien. Eran menos frecuentes e incluso en ocasiones Martina podía "aguantarse sin comprobar", pero no había desaparecido.

1. *Caldeamiento.* El contenido de la sesión viene propuesto por los padres, pero la niña tiene que aceptar hablar de ello. Sus padres la invitaron a trabajarlo en sesión. Martina acepta el ofrecimiento, pero dice: "No sé muy bien qué contar".

   Invitamos a la niña a hablar de un día concreto en el que ocurriera para organizar una dramatización. Para esto es necesario que sea un día específico, hablar de la generalidad pone una distancia emocional que no nos ayuda a revivirlo. A pesar de que se repita el sentimiento y la situación, el objetivo es conectar con la vivencia. Martina elige una noche en la que le costó mucho quedarse dormida, y la aborda por encima.

   Describe su habitación, es una habitación compartida con su hermana gemela, con dos camas, dos escritorios y una pequeña alfombra. Martina explica los destalles, lo que tiene en la estanterías, los peluches..., e incluso nos centramos en su pijama. Los aspectos relevantes los vamos organizando en el despacho representándolos con cojines.
2. *Dramatización.* La escena queda construida por un cojín que representa la cama, y sobre ese cojín otro más pequeño que la representa a ella. Esta escena se trabajó con Martina como observadora, con el objetivo de poner la distancia emocional necesaria para ayudarla a darse cuenta, sin que la emoción pudiera inundar la representación.

Cuando todo está organizado, la invitamos a explicar lo que le pasa a esa niña, que está en su habitación y que se quiere dormir pero no puede. Martina expresa que, cuando la niña casi está dormida, "le entran las dudas de si tendrá todo bien"; define con sus palabras un insomnio de conciliación, que asociamos a la ansiedad. Narra cómo en la cama empieza a repasar todo lo que ha hecho, el cómo lo ha hecho y el problema aparece cuando ella no está segura de haberlo hecho perfecto.

Cuando lo describe, se le sugiere encontrar qué necesita saber esa niña para poder dormirse. Parece sencillo: "Saber que lo ha hecho bien y no repasar las cosas antes de dormirse".

Ante esa propuesta, le solicitamos que encuentre lo que puede hacer ella para que Martina, la que está en la cama a punto de gritar a sus padres que le dejen comprobar las cosas, no lo haga. Contesta que lo que puede hacer es decirle que todo está bien y darle un truco: "No puedes comprobar las cosas después de ducharte".

Valoramos su propuesta indicándole que está muy bien para otro momento, pero ahora ella ya está preocupada, y está en la cama. Martina verbaliza: "Si en el fondo sabe que está bien". Le animamos a decírselo a la niña. "Las cosas están hechas, no hace falta que lo revises, ni lo repases, lo has hecho bien. Duérmete tranquila".

3. *Compartir.* Cuando se termina la escena nos sentamos y Martina señala que "desde fuera todo se ve de otra manera, las cosas ya están bien hechas antes de comprobarlo". Le indicamos que parece haberse dado cuenta de que comprobar es creer que lo has hecho mal, ella asiente. Entonces le preguntamos que si mientras está trabajando ella siente eso. Martina cuenta que cuando hace los deberes y estudia se siente bien, le gusta hacerlo, y cuando lo acaba siente la seguridad de haberlo hecho todo bien.

   Le pedimos que explique un poco por qué decía que después de la ducha no se podía comprobar. Martina contesta: "Con sueño se piensa peor, te puedes hacer un lío y creer que no lo has hecho. La ducha es el final del tiempo para los deberes".

   Mostramos nuestro interés en conocer si Martina se siente capaz de hacerlo en casa. Si vuelven a aparecer las dudas en la cama, ella se puede dar los mensajes que aquí ha descubierto: "Las cosas están bien hechas, no hace falta que las revises ni las compruebes". Martina comenta que sí, que además, a partir de ahora, "un pie en la ducha, ya no puedo comprobar más".

Este día Martina exploró una nueva manera de entender sus dudas. Las dudas vienen de la mano de la inseguridad y de la falta de confianza. En esta sesión se pudo dar un mensaje tranquilizador disponible para interiorizar, desbancando las dudas que ya formaban parte de ella.

El sentirse capaz de tranquilizarse y de verbalizar que las cosas, los deberes en este caso, pueden estar bien, sin necesidad de comprobarlo, abre para ella la posibilidad de tener iniciativas de un modo más tranquilo.

8.2.4. Este enfado es mío

En esta sesión, Martina presenta a su enfado y trabajamos el cómo poder decir que no o poner límites sin "alterarse". Cuando llega a la sesión tenía muy claro de qué quería hablar y trabajar, así como los guiones o escenas en las que se había enfadado. Los niños aprenden muy rápido a hacer psicodrama, a usar las técnicas activas como recurso para resolver lo que, dando vueltas desde la palabra, muchas veces solo se enreda.

1. *Caldeamiento.* En el caldeamiento de esta sesión usamos el dibujo como herramienta para que Martina *concretice* el personaje de su enfado y defina las diferentes situaciones donde a lo largo de la semana había aparecido (véase la figura 8.5).

   El enfado de Martina tiene forma de persona, con fuego en la cabeza, con los brazos cruzados y con una boca que tiene unos dientes afilados. Además, como muestra el dibujo, Martina señala las diferentes situaciones en las que ha aparecido el enfado. Al leer los guiones de las escenas, se podría pensar que no son situaciones mal resueltas, pero su vivencia es de mucho enojo; tiene que enfadarse mucho para poder hablar y defenderse en los conflictos.

   Además el número de sucesos es indicativo de la relevancia y la importancia que para Martina tiene. En los guiones, como ella misma los llama, hay enfados con su madre, con su padre y con una compañera del colegio.

Figura 8.5. Dibujo de los guiones del enfado.

Los dos primeros son con su madre: le piden que haga algo y ella se enfada por la insistencia, o porque no puede imponer su razón. El tercer guión es un enfado con su padre que, aunque no fue el elegido por la niña para dramatizar, nos sirve para conocer la dinámica exigente que vive en casa y consigue incapacitarla.

En ese guión, Martina define cómo le pide ayuda a su padre en algo que ella no entiende; en nuestro lenguaje, pide ayuda en algo que no puede hacer sola. “Papá, corrígeme esto”, a lo que el padre le dice: “Te digo lo mismo que a tu hermana, esto para que lo entiendas está mejor con…”. Ella le propone otra manera de hacerlo, basándose en lo que conoce: “A mí no me han dicho eso”, a lo que el padre responde con la rigidez del cómo se tienen que hacer las cosas: “A ti no te habrán dicho eso, pero con todo lo que he estudiado, de otras cosas nada, pero de mates mucho”.

Ante esa respuesta, Martina se llena de enfado, porque su propuesta no es escuchada, no es bueno hacer las cosas de otra manera, lo importante es hacerlo como dice papá. Desde ese sentimiento cualquier iniciativa será vivida con agobio, en palabras de

Martina, al no tener la certeza de si lo estás haciendo de la forma correcta y perfecta.

Los otros dos guiones que Martina plantea ocurren con sus iguales. Define acontecimientos en los que su compañera no la deja hacer tranquila lo que ella quiere hacer, no la deja jugar a lo que quiere o con quien quiere.

Martina opta por dramatizar la primera escena. Comienza Paula:

– Martina, te espero fuera.
– Paula, voy a jugar con ellos.
– Muy bien Martina, me lo has dicho a mí antes.
– Ya, pero quiero jugar con ellos.
– Adiós.

El enfado de Martina aparece al no aceptar que a Paula le pueda molestar su cambio de opinión y por no asumir que hacer una elección conlleva una renuncia además de responsabilizarse de las consecuencias que tu decisión tiene, como que otros puedan enfadarse contigo.

Los personajes que aparecen son Martina, Paula y el enfado. El escenario, la puerta de la clase, cuando van a salir al recreo.

2. *Dramatización.* El objetivo de la dramatización es que Martina pueda reconocer si puede dar ella el mensaje sin que hable el enfado, un enfado que se extiende y perdura más allá de la situación específica.

En la escena Paula impondrá lo que quiere, y Martina tendrá que elegir si habla ella o el enfado, es decir, cuánto necesita enfadarse para poder expresar sus decisiones. Le proponemos buscar respuestas diferentes que dar a Paula cuando le dice que la espera fuera.

En ese momento, Martina señala que le desagrada que Paula sea quien le manda, y que le fastidia tener que hacer lo que otros digan, en este caso Paula, definida por Martina como una mandona. Acaba de señalar su malestar al sentirse sometida por un igual que ordena lo que tiene que hacer, y su dificultad para expresárselo.

Le pedimos que piense qué le quiere decir a Paula cuando le manda que haga cosas que a ella no le apetecen, cómo puede mostrar su opinión sin necesidad de gritar o ser borde, centrándola en detectar cómo cambia su enfado cuando ella empieza a afrontarlo de un modo diferente.

Al principio permanece bloqueada, reiterando que diría lo mismo. Animamos a Martina a hacerlo, pero, probando otra entonación, otro volumen… La propuesta dada es que aquí y ahora intente otras formas de resolver los problemas. Prueba diferentes maneras: "No voy a jugar contigo, porque hoy quiero jugar con ellos…", "Me apetecen más otros planes...", etc.

Después de ensayar diferentes mensajes, le sugerimos un *soliloquio:* "Estoy más tranquila y sin dar explicaciones", "Me siento más mayor".

Al finalizar recogemos lo que piensa invitándola a observar el enfado y decir si ahora lo necesita. Responde: "No, puedo decir que no a Paula sin enfado". Si no lo necesita, puede darse permiso para quitar al enfado de la escena, ella misma puede expresarse.

Por último, solicitamos a Martina elegir aquí y ahora lo que quiere decir a Paula, ya sin enfado: "Paula, hoy no voy a jugar contigo, voy a jugar con ellos, si quieres puedes venirte". Genera así una nueva propuesta de relación más allá de la queja.

3. *Compartir.* Tras la escena, Martina dice haberse dado cuenta de que no es cuestión de todo o nada. Al principio no se le habría ocurrido poder dar una respuesta diferente a sí o no, o quieres o no quieres, pero ella también puede proponer, no solo aceptar o rechazar lo que viene de los demás.

   Le mostramos el nuevo lugar en que ha colocado al enfado: "En la escena has podido solventar una situación sin él". Ella cuenta que enfadarse es muy rápido, pero que luego permanece, por lo que es mejor que no aparezca. "Lo malo no es el enfado que saco, sino el que me quedo", evidenciando su malestar cuando se siente invadida por esa emoción negativa.

   Finalizamos centrando a Martina en su sensación al haberlo podido hacer diferente. Dice que es mejor, así no se queda con malestar, y el enfado sí le genera malestar. Ante su respuesta, le explicamos que existen dos razones para intentar no llamar al enfado: que le gusta más cómo lo hace y que ella se queda mejor cuando termina la situación.

   Martina, en este día, asumió que la repercusión del enfado también es negativa para ella, porque se enfada con ella misma, no solo con los de fuera. Gestionando los sucesos de una manera distinta, podrá sentir el enfado más pequeño y manejarlo como herramienta, no como arma, abandonando poco a poco su rol de niña "enfadica".

8.2.5. Puedo equivocarme y no pasa nada

En esta sesión Martina comparte una situación del colegio, donde cuenta cómo ha resuelto el olvido que ha tenido en los deberes. Llegando al colegio cae en la cuenta de que había olvidado hacer unos deberes, para Martina su escena temida.

Su manera de contarlo y su actitud eran muy diferentes a cuando inició el tratamiento. No había nada de trágico en sus palabras, era una situación simplemente desagradable. "Cuando vamos en el coche me doy cuenta, hablando con mi hermana, de que no lo llevo todo. En otro momento hubiera gritado a papá para que diera la vuelta, aunque llegáramos tarde, suplicándole para que me hiciera caso, habría llorado mucho. Pero pensé un poco y dije que era mejor ir, porque la mayoría estaba bien, llevas casi todo [...]. Llegamos al colegio, y un poco nerviosa sí estaba, no te voy a engañar".

Martina continúa el relato mostrando cómo estuvo pensado diferentes opciones para evitar la situación; decir que no se encontraba bien e ir a la enfermería era la mejor que se le había ocurrido, pero decidió enfrentarse a las consecuencias de su olvido. "Llegó la hora de matemáticas y la profesora dijo que sacáramos los ejercicios. Yo no los tenía. Todos se los iban dando y cuando llegó a mi sitio y le dije que no los tenía, la profe me dijo que no pasaba nada, que todos podíamos equivocarnos, y me dio otra oportunidad, y yo pensé: es verdad yo también puedo equivocarme, aunque no me guste".

Martina se enfrentó a su olvido, a la evidencia de no ser perfecta, y en la demostración no se generó ningún desastre; es más, fue una vivencia reparadora ver que para su profesora era comprensible y no era importante. Pero lo más relevante es que ella misma se pudo mostrar con sus imperfecciones, sin evitar la situación y sin generar por su olvido un conflicto mayor, como llegar tarde al colegio, o mentir, inventándose que estaba enferma.

8.2.6. "Echar a volar"

La última vez que acudió Martina a sesión fue tras regresar del colegio de Irlanda donde cursó el primer trimestre de sexto de primaria. Martina había podido irse durante cuatro meses, con una maleta vacía de "por si acaso" y llena de ilusiones. Se adaptó sin grandes problemas, solo con un poco de morriña, la normal que uno siente cuando se separa de su familia.

Viajó a un país que no conocía, y que no tuvo que estudiarse antes de llegar, a una ciudad donde la gente hablaba en inglés, un idioma que estudiaba, pero no dominaba, con la seguridad de que iba a poder hacerlo.

Se fue sin agobios, sin enfados, con sus errores y sus virtudes y con las ganas de vivir una experiencia que era buena para ella. Martina se fue porque quería hacerlo, no porque tuviera que hacerlo.

Un mes antes de este viaje, justo cuando acabó quinto de primaria, Martina en sesión hizo su dibujo de despedida.

Un dibujo donde Lorena y Martina están representadas como princesas, donde serán "Amigas *for ever*", pero, sobre todo, donde el mundo puede ser fantástico e imperfecto (*Fantastic Woold*, en lugar de *Fantastic World*) (véase la figura 8.6).

Figura 8.6. Dibujo del nuevo mundo de Martina.

9

La incapacidad: aunque crezca, soy pequeño

El caso que ilustra este apartado es el caso de Adrián, un niño que era muy grande solo por fuera. Sus padres lo presentan como el más pequeño de la familia, aunque ya tenga diez años. Es el niño pequeño que vive en el mundo del miedo donde cosas terribles pueden pasar mientras tú no puedes hacer nada.

9.1. Descripción del caso

A Adrián lo definen como un niño prudente, demasiado para ser un niño. El motivo de consulta para venir es que desde la muerte de su abuela paterna Adrián está mal. Refieren que tal vez se equivocaron en cómo lo gestionaron: "Como era pequeño, no le dijimos nada para protegerlo del miedo, del sufrimiento. No supo que su abuela estaba enferma hasta que se murió".

La sobreprotección genera que las incapacidades de los niños sean más grandes. Desde el miedo a su reacción, le ocultaron los datos que Adrián necesitaba para ir elaborando su proceso de pérdida antes de que esta se produjera.

Adrián es el menor de toda la familia, tanto de la familia de origen como de la familia extensa, paterna y materna, con una gran diferencia de edad (véase la figura 9.1).

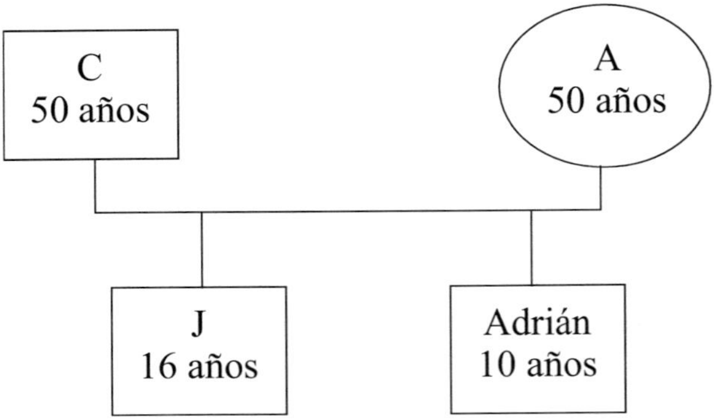

Figura 9.1. Genograma de Adrián.

Los padres consideran que Adrián no ha resuelto el duelo, después de un año y medio. Aunque con la información que aportan parece también la reactivación de una sintomatología previa.

El padre verbaliza su incapacidad ante el suceso: "Era tan doloroso para mí que no supe cómo gestionarlo con Adrián; con el mayor fue diferente, ya es casi un adulto". En la entrevista, cuentan que, desde su dificultad para hablar de sentimientos y de pérdidas, solo dijeron al niño que la abuela estaba enferma la noche previa a la muerte. La madre narra cómo comunicó la noticia a sus hijos: "Adrián no reaccionó, es como si no se lo pudiera creer, me obligó a llamar por teléfono al abuelo para que se lo confirmara: 'Es verdad, la abuela se ha ido al cielo'". Después de la noticia, le dieron la opción de elegir si quería o no ir al colegio. Él decidió ir, según su hipótesis, para hacer como si no pasara nada.

De la muerte de la abuela no se ha hablado en la casa, solo cuando van a visitar al abuelo, y cuando pasan por un parque donde solían ir a jugar.

A raíz de este suceso, el niño ha empezado a manifestar un miedo generalizado: "Tiene miedo a un montón de cosas; no quiere ir a Karate por si no vamos a recogerlo, está empezando a decir que no quiere ir a las competiciones, y cuando va está todo el rato controlando dónde estamos sin perdernos de vista. Además, tiene gastroenteritis desde hace tres o cuatro meses sin que encuentren ninguna causa orgánica, y ahora tiene una fobia nueva; no puede comer ni cenar en ningún restaurante, solo en casa y en casa de la abuela", hecho decisivo para buscar ayuda.

Les solicitamos ejemplos del miedo de su hijo. Refieren que cuando ellos salen los llama cada diez minutos para comprobar que están bien. Además, refieren que "se ha vuelto muy conservador, le da miedo la ciudad, las bicis, le da miedo todo". Explican que Adrián tuvo problemas al dormir, que desaparecieron y ahora se han reactivado; duerme con la luz de la habitación y del pasillo encendidas. También aprecian que está más irritable, contestón y borde, más desobediente, mucho más demandante y con menos tolerancia a la frustración.

Actualmente presenta un desarrollo precoz de algunos rasgos de la pubertad, cambios físicos: vello púbico y variación en el tono de voz, pero sin embargo lo definen como muy inmaduro emocionalmente, así como en los juegos y gustos: "Sigue viendo los dibujos animados y le encantan los videojuegos y los cromos".

La relación con su hermano, según expresan, es buena pero distante. Lo atribuyen a la diferencia de edad, y señalan que cuando no es distante es un "padrazo con él". Ellos presentan su relación con él del siguiente modo: la madre es más exigente y el padre sobreprotector, "me cuesta decirle que no, ya habrá tiempo de negarle cosas".

Los recursos que resaltan de su hijo es que es un niño muy noble, amigo de sus amigos y con facilidad para compartir su día a día y sus preocupaciones.

Tras la entrevista con los padres, se realiza una entrevista semiestructurada con el niño. Adrián se muestra callado y poco convencido de venir a tratamiento. Habla de una manera muy superficial de todos sus problemas, siendo muy evitativo. La mayoría de las respuestas que da son "no sé". Habla del colegio, de sus notas, de su familia, y de manera espontánea cuenta que murió su abuela hace mucho tiempo.

Manifiesta que tiene miedo, y que lo que más le molesta de tener miedo es perderse las comidas de los sitios a los que antes le gustaba ir. Explica que no tiene ni idea de por qué le ocurre lo que le ocurre, pero, sobre todo, que no tiene ni idea de qué es lo que podría hacer para estar mejor.

Adrián se muestra muy orgulloso de su grupo de amigos. Cuenta de ellos que son "geniales", que todos se ayudan y que se apoyan: "El problema de uno es de todos". Pero él no les ha contando lo que le pasa en relación con el miedo, aunque sabe que están ahí si los necesita. Terminada la entrevista, le formulamos la pregunta de los deseos, y pide: "No tener miedo, no ponerme nervioso y tener confianza en mí mismo".

El miedo para Adrián viene de la mano de la incapacidad que lo deja imposibilitado (sin manos) ante cualquier suceso que pueda ocurrir. Lo deja sin recursos para poder actuar, ya que durante mucho tiempo otros han estado haciéndolo por ti, lo que genera la sensación de malestar hacia la vida, sin capacidad para solucionar lo que en ella ocurre (véase la figura 9.2).

Figura 9.2. Dibujo de Adrián.

La intervención realizada con Adrián siguió la estructura de *psicodrama bipersonal*, con sesiones semanales, y mensuales a nivel familiar, con Adrián y sus padres.

Al inicio del tratamiento Adrián mostró una actitud de mucha desconfianza, tanto hacia nosotros como hacia la intervención. Revelaba el deseo de cambiar, pero sin ninguna iniciativa para hacerlo.

9.2. Proceso terapéutico: sesiones de tratamiento

Para ilustrar el proceso de este caso, compartimos unas escenas que sirven como ejemplo del trabajo realizado. Los títulos de las escenas surgen de la propia situación del niño, sus frases y sus definiciones de lo que hacemos. El orden en que se presentan es cronológico, mostrando el proceso que ayudó a Adrián a hacerse mayor, no solo por fuera, sino también por dentro.

- Confianza *versus* detector de baños.
- La muerte de mi abuela: "Papá no lloró, ¿cómo iba a llorar yo?".
- Por dentro y por fuera: "Soy el más pequeño de toda la familia".
- Crecer es hacerse mayor y resolver tus problemas.

9.2.1. Confianza versus detector de baños

Una de las conductas más definitorias de Adrián era su necesidad de buscar y localizar dónde estaba el baño de cualquier sitio a donde iba. Los padres habían definido su conducta de este modo: "Cuando llega a un sitio nuevo, sobre todo si es un restaurante o vamos a estar un rato largo, se levanta a comprobar donde está el baño, tiene que tenerlo localizado".

Adrián en esta sesión aprendió que buscar el baño le hacía tener menos confianza en sí mismo, privándolo de conseguir uno de los deseos que se había permitido pedir.

1. *Caldeamiento.* Se inicia con el discurso de Adrián acerca de la vivencia que tiene al salir a comer a restaurantes o estar fuera de casa: "si pasa algo, no estás en un lugar seguro"; "en casa, si me sienta algo mal, sé dónde está el baño y no tengo que buscarlo".

   Adrián vive las propuestas de ocio de su familia como situaciones temidas en las que si él tiene la necesidad de ir al baño no va a poder, y en las que todo el mundo se va a dar cuenta de lo que le pasa. Aún así, refiere que ahora está mejor; ya solo necesita saber dónde está el baño; antes, cuando salían, la mesa que elegían para sentarse tenía que estar cerca del baño y además desde su sitio tenía que tener la visibilidad suficiente para ver si el baño estaba libre o estaba ocupado, y, según sus palabras, "ahora solo tengo que encontrar el baño antes de comer".
2. *Dramatización.* Para entender más lo que sucede, desde lo explicativo y emocional, sacamos a los dos personajes en dos almohadas: una será el detector de baños, nombre que él mismo elige, y otra la confianza en que no va a pasar nada.

Cuando los personajes están definidos, le proponemos que decida a quién se quiere llevar cuando va al restaurante, al "detector de baños" o a la "confianza de que no va a pasar nada"; los dos son acompañantes diferentes, e incompatibles. Al observarlos, expone: "Claro, si necesito saber dónde está el baño, es que estoy pensando que me va a pasar algo malo". Se le invita a no explicarlo, animándolo a que pruebe él a elegir a quién se quiere llevar al restaurante.

Lo animamos desde el convencimiento de que los cambios no vienen solo desde el conocimiento y la explicación, sino desde la vivencia de poder ensayar otro modo diferente. Más aún, en el caso de Adrián, donde posponer y evitar eran su manera de estar en el mundo, "no me cuentes lo que piensas que está bien hacer, hazlo aquí y ahora" es la propuesta dada para cambiar frente al miedo, hasta que el miedo vaya desapareciendo.

Adrián acepta la propuesta del hacer. En primer lugar, elige el cojín que representa al personaje del "detector de baños". Le preguntamos: "¿Cómo te sientes cuando eliges a este acompañante?". Su respuesta fue muy clara: "Más tranquilo, y más pequeño". Después coge el cojín que representa el personaje de "la confianza de que no va a pasar nada", y de nuevo se le pregunta cómo se siente: "Más mayor y más normal. La gente pregunta dónde está el baño cuando lo necesita, no antes".

3. *Compartir.* Nos sentamos, y Adrián empieza a explicar que el tener el baño localizado le hace estar más tranquilo, pero también le hace pensar por qué necesita saberlo: "Algo va ir mal". "Es una tranquilidad tramposa", porque al final le genera más miedo.

   Cuando Adrián termina de hablar le señalamos que tal vez pueda hacerse una propuesta concreta. Adrián dice: "Como, por ejemplo, ir a comer a un sitio sin saber dónde está el baño (tomando prestado lo que acabamos de hacer, ir al baño acompañado de la confianza de que no va a pasar nada) y probar qué ocurre".

   Este día Adrián se pudo dar permiso para tener más seguridad dentro y no fuera. Para él, la confianza estaba unida a saber dónde estaba el baño. Ahora, saber que si necesita un baño puede preguntar dónde está, para él resulta suficiente.

   El cambio para él está en centrarse en la capacidad que tiene de resolver las situaciones que ocurran, no en anticiparlas. En esta sesión no se hizo más pequeño su miedo, sino más grandes sus recursos, y, siendo él más grande, el miedo puede percibirlo con menos intensidad; si tú creces, aunque el miedo no cambie, lo sientes más pequeño.

Después de esta sesión, en una reunión familiar los padres, cuentan que Adrián iba a los restaurantes más contento. Parece que se llevaba a la confianza como acompañante; así, no solo se quita el miedo, además abre la puerta para que de nuevo entre la alegría.

9.2.2. La muerte de mi abuela: "Papá no lloró, ¿cómo iba a llorar yo?"

Adrián, durante la sesión, pudo compartir el dolor ligado a la muerte de su abuela. Expresó que le habría gustado hacer las cosas de otra manera: "A mí me dio mucha pena, hice lo que todo el mundo: hacer como si nada". En su discurso transmite que tenía que ser capaz, ser fuerte y no dejarse invadir por la tristeza, que lo convertía en débil y vulnerable.

1. *Caldeamiento.* Adrián cuenta que durante la semana su madre le ha manifestado que echa mucho de menos a la abuela. Al narrarlo, le preguntamos que si a él también le ocurre: "Aunque hace más de dos años que pasó, me sigo acordando mucho de ella".

   Invitamos a que hable de su abuela. Adrián comienza a describir a la abuela y a contar anécdotas. Por último, revela su recuerdo de ese día: "Yo no sabía nada, de repente está bien, después está enferma y esa misma noche se muere".

   Adrián entonces tenía nueve años, pero aún hay aspectos que están muy presentes, aporta un recuerdo lleno de detalles: "La abuela se ha ido con Jesús, me dijo mi madre. Pero yo no podía creerla. Le dije que quería hablar con el abuelo para que me lo dijera él, mamá lo llamó y el abuelo me dijo que era verdad, que ya no íbamos a verla más, tenía que comprobarlo, aunque sabía que era verdad. Cuando llegó papá no lloró ni nada, me abrazó y me dijo que había que ser fuerte, y yo me fui al colegio".

   Adrián en ese momento se echa a llorar, verbalizando el malestar que le generó el ser fuerte, su dolor: no está seguro de si no lloró porque es fuerte y pudo aguantar las lágrimas, o si no lloró porque no quería tanto a su abuela; además, pudo ir al colegio e incluso reírse con sus amigos ese día.

2. *Dramatización.* Animamos a Adrián a hablar del niño de nueve años al que le acaban de decir que su abuela se había ido con Jesús. Lo describe y vamos situando su recuerdo en una almohada que ponemos en una silla. Lo invitamos a decirle algo si quiere, porque por lo que ha contado parece que está un poco enfadado con él o al menos parece que tiene algo que preguntarle.

   Adrián se moviliza y se sienta frente a la silla. Lo alentamos a hablar con él, entonces verbaliza: "No quiero preguntarle nada, bastante mal lo está pasando ya".

   Le señalamos que tiene algo sin resolver, porque en lo que ha contado parece sentirse mal con ese niño que no lloró y que tomó la decisión de ir al colegio cuando su abuela se había ido con Jesús. Adrián escucha atentamente, suspira y dice: "Estaba hecho un lío, pensó que era lo mejor".

   Ante su respuesta, le preguntamos directamente acerca de su posible enfado con ese niño. Él manifiesta que no, que ya no está enfadado. Por último, lo invitamos a compartir con el niño la percepción que tiene acerca de si quería a su abuela, aunque fuera al colegio ese día tan triste. Adrián expresa: "Claro que sí".

   Para finalizar, le proponemos hablar con el Adrián pequeño, señalándole que sus palabras le pueden ayudar a sentirse mejor. Al principio se muestra reacio, pero lo animamos a intentarlo. Adrián se da permiso y dice: "No estoy enfadado contigo, y claro que pienso que quieres a tu abuela, y ella sabe que la quieres, y que no te vas a olvidar nunca de ella".
3. *Compartir.* Adrián, emocionado, explica que recordar aquí la situación ha sido diferente. Él se acuerda mucho de su abuela, pero no del modo en que lo había hecho esta vez. Verbaliza algo importante: "Papá no lloró, y yo no sabía qué hacer, me hubiera gustado poder ver que papá estaba triste". Le afirmamos que a veces los adultos no saben muy bien cómo expresar su tristeza, pero eso no significa que no la estén sintiendo, recalcando que no demostrar lo que sientes no es signo de fortaleza.

   Adrián cuenta que en casa se habla poco de la abuela, y que a él le gustaría preguntar a papá si se acuerda. Le sugerimos hacerlo y él muestra sus ganas y su propuesta: "Como siempre me preguntan que qué tal aquí, se lo cuento y aprovecho para hablar de la abuela". Valoramos su idea y, desde esa propuesta, que posteriormente cumplió, terminamos la sesión.

A Adrián, poder ir al colegio ese día, le había generado la duda de si quería a su abuela. Tenía una gran confusión con lo que se siente y se expresa y con lo que se puede o no hacer cuando uno está triste. Ser mayor consiste en saber resolver problemas, con respuestas que sean adecuadas. Ante la pérdida, la tristeza es la emoción adaptativa que nos permite detenernos lo necesario para poder integrar lo ocurrido.

El conflicto de Adrián venía del enfado que tenía consigo mismo, porque elegir ser fuerte podía significar que no quería suficiente a su abuela, así como el enfado con su padre, por no haber sido un buen ejemplo para enseñarle cómo hacerlo.

9.2.3. Por dentro y por fuera: "Soy el más pequeño de toda la familia"

En esta sesión, Adrián pudo jugar su rol de ser el más pequeño de la familia de otro modo. Partimos de un dato que no iba a cambiar, al menos en mucho tiempo, iba a ser el más pequeño de la familia, pero pudo elegir cómo el más pequeño puede ir creciendo y convertirse también en mayor. Fue un trabajo aclaratorio y organizativo, que consistió en ir poniendo palabras a lo que lo hacía grande por dentro y por fuera.

Externamente Adrián era grande, dentro de su curso sobresalía por su estatura, y eran evidentes los cambios físicos que lo estaban convirtiendo en un adolescente. Su aspecto le estaba empezando a importar: el uso de la colonia, la gomina, el desodorante..., lo estaban alejando de la imagen de un niño.

Adrián expresa que quiere que lo dejen de ver como a un niño: "Soy el más pequeño de la familia, pero ya voy a cumplir once años". Le definimos que los años se tienen que cumplir por fuera y por dentro, y le proponemos pensar qué deseos quiere pedir por su cumpleaños. Deseos que le ayuden a poder mostrar a todos cómo quiere ser. Adrián pone once velas y once deseos.

Sus once deseos son: ser feliz, ser amable, tener entusiasmo, dejar de ser vago o de hacer el vago, ayudar más en casa, no vacilar, estudiar, hacer deberes, no pelear, ser "compañeroso" (buen compañero) y estar más contento (véase la figura 9.3).

- feliz
- amable
- entusiasmo
- bago
- ayudar
- no bacilar
- estudiar
- hacer deberes
- no pelear
- compañeroso
- contento

Figura 9.3. Lista de deseos de Adrián.

Su petición supone una nueva propuesta para él y para los demás. Crecer implica que los otros dejen de hacer las cosas por ti, para poder responsabilizarte de las situaciones y circunstancias que no te gustan solucionándolas por ti mismo. Para Adrián, dejar de ser el más pequeño de la familia era empezar a ser capaz.

9.2.4. Crecer es hacerte mayor y resolver tus problemas

Adrián trabajó en esta sesión cómo responsabilizarse de las consecuencias de tomar decisiones equivocadas, y elegir otras alternativas para solucionar situaciones que consideraba injustas. Esta escena se sitúa casi al final del tratamiento. Adrián se encontraba más tranquilo, los miedos habían desaparecido y era evidente su mayor confianza en sí mismo.

En esta sesión comparte una situación que es nueva para él. Cuenta el problema que ha tenido en el colegio, en el que ha sido sancionado por una conducta disruptiva grave. El castigo que le han puesto lo puede dejar sin viaje de fin de curso con todos sus compañeros de sexto de Primaria.

1. *Caldeamiento*. Comenzamos con la descripción que da Adrián de la situación que había motivado el problema. Refiere que hay un compañero de clase que los tiene a todos un poco "fritos", es un chaval que no tiene amigos y que se pasa la vida molestando e insultando, a él y a todos sus amigos.

   Expone que no tiene la culpa de lo que ha pasado, que no habría problemas si ese chico estuviera en otra clase o en otro colegio... Ante esa afirmación, le señalamos que esa solución no es posible, cambiarle de clase no depende de él, y le explicitamos que él no tiene la capacidad de cambiar esa situación.

   Después de esto lo invitamos a hablar de lo que él si puede resolver y solucionar, de lo que depende de él. Cuenta cómo vive, cuando este compañero de clase le molesta e, insultándolo, le "hace sacar lo peor que lleva dentro".

   La propuesta es conocer a ese personaje, al personaje que lo protege de la humillación, pero que le genera una respuesta desadaptada que le ocasiona, como consecuencia en esta situación, el castigo de no ir al viaje de fin de curso. Adrián encuentra dificultades en representar esa sensación en algo concreto. Le pedimos que al menos ponga una imagen o un mensaje, y explica que es un altavoz que amplifica todo lo negativo que le dicen.

   Construimos una escena con tres sillas: una representa a su compañero, que lo llama "simio", "mono"..., que son los insultos que habitualmente recibe Adrián; otra lo representa a él, y la tercera silla representa a esa parte que saca lo peor que tiene, el altavoz.

   La disposición de las sillas en la construcción de la escena es importante. La silla que representa a la parte más negativa de Adrián la situamos detrás de él para que, en el "como si", sienta cómo le da los mensajes al oído (véase la figura 9.4).

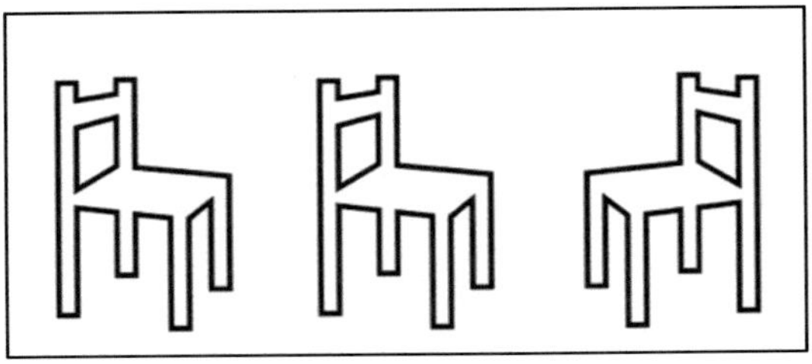

Figura 9.4. Representación de la escena.

2. *Dramatización.* En primer lugar, situamos a Adrián en la silla que lo representa a él, para que *juegue su rol*. Se le invita a imaginar que su compañero le está insultando, llamándole "simio", "mono", aquí y ahora.

Cuando hemos avivado el recuerdo le sugerimos que decida qué quiere hacer después de escuchar los insultos; puede girarse para escuchar los mensajes de la parte que saca lo peor que lleva dentro o no.

Adrián manifiesta que sí, que quiere escucharlo, y cuando se ha girado la silla realizamos un *cambio el rol* para convertirlo en el altavoz de los mensajes. En ese papel dice: "No te puedes dejar humillar, tienes que poder defenderte y demostrar que no eres un simio ni un mono"; "Si te callas gana él, le das la razón". Le preguntamos: "¿Para qué estás aquí detrás, diciendo todo esto?". "Para que reaccione".

De nuevo realizamos un *cambio de rol* convirtiéndolo en observador de la escena, para otorgarle la posición de ver lo que ocurre desde fuera. Desde ese rol solicitamos que exprese quién pierde con toda esta situación. Lo tiene claro, pierde Adrián: si se calla pierde y, si hace caso a su parte peor, la lía.

Al introducirlo de nuevo en la escena, Adrián tiene la iniciativa de girar la silla, y ponerse frente al niño que lo insulta. Detenemos esa reacción marcándole que la escena tiene que seguir por donde la hemos dejado. Si no quiere escuchar a esa parte, tendrá que cerrar la conversación. Esta matización busca que el niño no se salte ningún paso de su proceso de cambio, cambiar es un proceso, no un acto.

Colocamos la silla frente al altavoz y Adrián expresa: "Solo me metes en líos, voy a pasar de ti". Ahora sí puede darse la vuelta y ver aquí y ahora qué quiere decir cuando oye que su compañero lo insulta. Se levanta y, sonriendo, verbaliza: "Lo que se quiere decir no se puede decir siempre". Le sugerimos a Adrián que busque en su cabeza lo que sí puede expresar, y concluye: "No soy como tú, no te voy a insultar".

3. *Compartir.* Cuando se termina la escena nos sentamos, y Adrián expresa que a veces piensa que si no se defiende con fuerza se convierte en alguien fácil de agredir; no quiere ser un débil, pero tampoco un "chungo". Para él esta ha sido la primera situación donde ha tenido un problema disciplinario.

   Le exponemos que lo peor que llevamos dentro en ocasiones exagera demasiado las cosas de fuera, y él asiente. En ese momento lo invitamos a definir para qué le puede servir saber esto en su vida: para saber hacer las cosas de otra forma.

   Adrián en esta sesión se encuentra con una de las realidades que supone crecer: no podemos decir todo lo que se nos pasa por la cabeza, sin pensarlo, porque nos puede generar más problemas. La propuesta será que aprenda a traducir lo que quiere decir de una manera adecuada y, en lugar de tener un altavoz, tener un traductor que le ayude a hablar de él, sin dañar a los otros, para solucionar lo que sucede. Aprender a decir a los demás que te han hecho daño, sin tener que dañarlos tú, será el nuevo objetivo.

Adrián finalizó su tratamiento lleno de recursos y potencialidades que poner en marcha, sin el temor de que su iniciativa estuviera cercenada por el miedo que me asusta al pensar lo que quiero hacer. En las últimas sesiones él pudo compartir su alegría al mostrar sus pequeños logros, que lo encaminaban hacia el largo viaje de la independencia.

10

La sobreactuación: el mundo no está pendiente de mí

Julia será el caso que ilustre este apartado. Representa la organización de esos niños a los que su sentimiento de malestar les impide mostrar sus iniciativas de una manera adaptada. Julia es una niña de once años que vive los sucesos cotidianos de la vida como extraordinarios, sucesos donde las llamadas de atención y la exageración son sus herramientas para acercarse a las personas, algo que le genera además excesivas discusiones y problemas. Pero para ella el peor de sus problemas es que nadie se da cuenta de lo especial que cree ser.

10.1. Descripción del caso

Julia viene a tratamiento junto a sus padres, quienes identifican a su hija como una preadolescente con gran capacidad para generar sufrimiento y sufrir. La definen como una niña llena de rabia y con falta de control sobre sus emociones, tanto positivas como negativas: "Cuando es feliz es la más feliz del mundo, pero las emociones negativas se convierten siempre en una gran tragedia". Muestran que, para ella, las relaciones con sus iguales son tormentosas por la intensidad emocional con la que experimenta todo. La vivencia de los problemas que tiene con sus compañeros es siempre la misma: "Me han dejado sola, me han dado de lado". Verbaliza el grave agravio sufrido y su necesidad imperiosa de encontrar otra nueva mejor amiga, aunque solo la conozca de un día.

Julia es su hija mayor, y tiene un hermano muy seguido a ella, tan solo se llevan dieciocho meses (véase la figura 10.1).

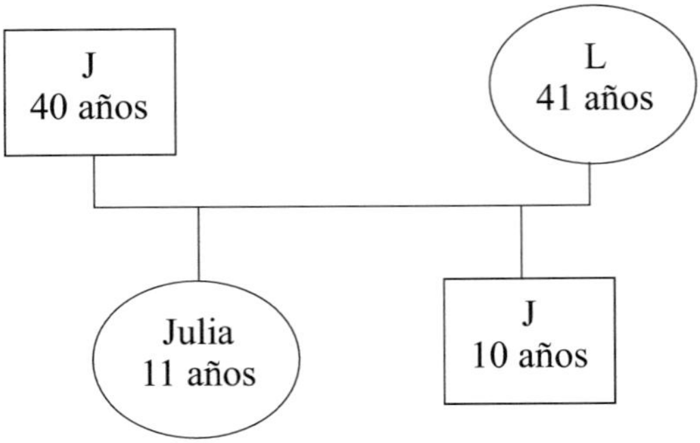

Figura 10.1. Genograma de Julia.

Los padres cuentan en la entrevista inicial como hito importante a nivel familiar una situación convulsa relacionada con la quiebra de un negocio familiar que los arruinó y que ha desencadenado mucha tensión. La situación supuso la ruptura con sus familias de origen, así como un sentimiento de soledad ante la falta de apoyo –"Nadie nos prestó la ayuda que necesitábamos ni a nivel económico ni a nivel emocional"– y numerosos cambios de domicilio, colegio, entorno, etc. Ahora viven en un pueblo a las afueras de Madrid, lejos de los compañeros del colegio de los niños. Aunque manifiestan que la situación está resuelta, reconocen que es algo que les ha generado y genera sufrimiento.

Expresan que con Julia todo es muy exagerado, que presenta baja tolerancia a la frustración y destacan su capacidad de hacer grande cualquier cosa pequeña. Explican que los conflictos con las amigas han existido siempre, pero ahora se han incrementado en frecuencia y en intensidad.

Definen el carácter de Julia con dos expresiones: rencor y malestar físico. Del rencor cuentan: "Es una niña que no perdona ni a sus amigos ni a nosotros, pero sobre todo que no olvida aquello que ella considera afrentas graves". Los problemas físicos que Julia suele tener son migrañas o dolores de tripa que, aunque muy difusos, exige que sean atendidos.

Los padres se presentan incapaces de gestionar las situaciones que provoca su hija. La imagen que transmiten es la siguiente: una madre agotada por las continuas demandas de Julia, con el convencimiento de que es necesario ser más limitante y frustrante, porque para ella nada es suficiente; y un padre que no siente que sea exagerado lo que ocurre, y que es permisivo o no en función del enfado que tenga su mujer.

Inmersa en esta dinámica, Julia se encuentra en un lugar que no le corresponde. El mundo de las alianzas, de los encuentros y desencuentros, le abre puertas al mundo deseado y temido de los adultos, sin ser aún una adulta.

El último contenido que aportan es un sueño que ha tenido Julia de forma repetida durante el verano. Narran que ha soñado que la violaban y que su padre y su hermano, aunque lo presenciaban, no hacían nada para ayudarla. A pesar de lo angustioso, siempre que han intentado hablarlo con ella ha rehusado hacerlo. Esta negativa es habitual en Julia, no termina nunca de aclarar las cosas, es como si dejara siempre el suspense.

Tras la entrevista con los padres, se realiza una entrevista semiestructurada a la niña como parte de su evaluación. Julia se presenta como una chica muy mayor, que define que el motivo para venir es su miedo por las noches a que pasen cosas horribles. Lo define como miedo a separarse de la familia: "Intento pensar que no va a pasar nada y no pensar en ello".

Explica que sus problemas de relación con las niñas del colegio y los cambios de amistades siempre han estado motivados por grandes decepciones, "desengaños" de gente que parecía que era de una manera y según ella es de otra, "las personas cambian mucho".

Manifiesta que ella no quiere que sus padres hagan el gran esfuerzo de traerla, que no quiere molestarlos y tampoco sobrecargarlos. Su discurso es un discurso muy adulto y todo lo que dice resulta muy adecuado. Se refiere a su familia como buena: "Me siento bien, pero no hace mucho ha habido algunos problemas, ahora ya están resueltos". Julia cuenta de manera entrevelada la situación familiar, las discusiones y las pérdidas sufridas tanto económicas como de personas.

Después de esta exposición, que es de gran intensidad emocional, Julia cambia de forma rápida de tercio y habla de su mascota, un perro llamado Cobaya, que es muy importante para ella: "Es tan especial que no se puede definir con palabras". Durante toda la entrevista resultó difícil centrar a Julia para que proporcionase información concreta de ella y de su vida.

Por último, se le formula la pregunta de los tres deseos: "Si yo pudiera concederte tres deseos, ¿qué tres deseos me pedirías?". En primer lugar pide la paz mundial, seguida de un caballo propio y, por último, tener más deseos. Cuando se le señala que el último no vale, pues ha de ser un deseo concreto, Julia contesta: "Deseo tener el poder de revivir a los muertos para conocer a mi abuelo, a los perros que ya no viven, pero solo si hay alguien que, por supuesto, me reviviera a mí".

La intervención realizada siguió la estructura de *psicodrama bipersonal,* con sesiones semanales acompañadas de sesiones familiares mensuales en las que participaban la niña y sus padres, ya que el trabajo a nivel familiar era fundamental para que el cambio en Julia fuera posible.

10.2. Proceso terapéutico: sesiones del tratamiento

Las escenas comentadas a continuación ilustran el trabajo realizado en este caso. Los títulos empleados surgen del proceso llevado a cabo con Julia, sus propias frases y definiciones. Se presentan en orden cronológico:

- Las relaciones tormentosas de Julia.
- La intensidad emocional: "Este mundo no me viene bien".
- Mi sueño horrible.
- "Me pasa todo y no me pasa nada de lo que me pasa".

Con Julia gran parte del tratamiento consistió en aclarar su discurso, haciendo concretas cada una de las situaciones, relaciones y conflictos de su vida. Porque, para ella, poner palabras en sí ya era un problema. El mensaje interno para Julia era que si algo se sabe o se concreta, si es conocido y claro, dejaba de ser "especial" (véase la figura 10.2).

10.2.1. Las relaciones tormentosas de Julia

En esta sesión, Julia conectó con su gran dificultad para poder sentir las relaciones con sus compañeras de clase como relaciones más fáciles, y su incapacidad para aceptar a sus amigas como son y no como a ella le gustaría que fueran.

Figura 10.2. Julia.

1. *Caldeamiento.* El caldeamiento de esta sesión se inicia con el discurso libre de Julia acerca del colegio. La dinámica relacional repetida se podría definir así: la falta de interés que percibe por parte de sus amigas conduce a Julia a romper esas relaciones y buscar a otras amigas, con las que surgirán los mismos problemas. Repetirá una y otra vez el mismo el patrón de elecciones y rechazos que no llegará a satisfacer sus necesidades de atención.

   Julia define a sus compañeras de un modo radical y encuentra con gran facilidad defectos en todas, relacionados sobre todo con la forma que tienen de tratarla. Cuenta que sus amigas siempre la dejan de lado: "Me ha dejado sola, me ha dado de lado, no me hacen caso"; y al mismo tiempo manifiesta la rapidez para conseguir nuevas mejores amigas, con las que siente que ya no habrá nunca ningún problema.

   Se le pide que encuentre un suceso concreto donde haya aparecido ese sentimiento. Resulta muy llamativo el tiempo que tarda Julia en elegir uno. Finalmente elige una situación con su ex mejor amiga Jimena, y selecciona el momento en el que ella dio por finalizada la relación.

2. *Dramatización.* La escena está construida por Julia y por su ex mejor amiga Jimena, que hemos colocado en un cojín. Se le pide que defina la situación, y cuando lo empieza a hacer se va generando la compresión de su demanda. Coloca el problema en Jimena: "Tiene más amigas y no me da toda la atención que merezco".

   Se la invita a construir una *escultura* de la relación que le demanda a su ex mejor amiga. Explica que es una relación donde las dos están abrazadas: "Nos tenemos para todo, siempre". Animamos a Julia a que lo represente con los dos cojines, el que representa a Jimena y el otro para ella. Coloca los dos cojines pegados, uno encima del otro.

   Proponemos a Julia el rol de observadora para que, desde fuera, describa esa relación. Dice que es una relación ideal, muy buena: "Es la mejor relación del mundo".

   En ese momento pedimos a Julia que pruebe la relación que ha simbolizado con ese abrazo. Sosteniendo el cojín que representa a su amiga Jimena, se la anima a cerrar los ojos para sentir. A continuación, se le sugiere un *soliloquio:* "Pon en voz alta todo lo que se te pasa por la cabeza". Julia dice: "Qué bien se está aquí, me gusta mucho estar así, me gusta sentirme tan especial…".

   La invitamos de nuevo a cerrar los ojos y expresar cómo siente esta relación cuando, por ejemplo, se imagina que otros compañeros están jugando a algo que la divierte, o que otra compañera de clase le quiere preguntar algo, mostrándole situaciones que ella había verbalizado en alguna ocasión, *realidad surplus,* para que pueda sentir que ese abrazo le impide estar con otras personas y entablar otras relaciones. Tras imaginarlo, se le vuelve a preguntar si sigue siendo tan maravillosa esa relación que no le deja hacer ninguna otra cosa. Julia responde que esa parte no le está gustando tanto, "me siento atrapada".

   Ahora la propuesta es encontrar otra nueva imagen de mejor amiga, con la única condición de que tiene que ser igual para ella que para su amiga; es decir, una relación recíproca en la que esté dispuesta a dar aquello que pide. Se incide en este aspecto para que Julia conecte con las necesidades de la otra persona, además de con las suyas propias: "Nos gustaría que pensaras que tienes que poder dar aquello que pidas a la otra persona, tienes que poder ofrecer lo mismo que le exiges".

La primera reacción de Julia es a no cambiar: "Pues me quedo así". Le solicitamos que de nuevo cierre los ojos y conecte con el sentimiento que aparece cuando esta relación se mantiene en el tiempo, y dice: "Creo que acabaría enfadándome mucho". Se le vuelve a sugerir que busque otra manera.

Los cambios movilizan siempre dos ansiedades básicas, la ansiedad depresiva, cuando conecto con lo que pierdo, y la persecutoria, cuando temo lo que voy a encontrar. Que Julia encuentre el sentido del cambio la ayudará a esforzarse para conseguirlo.

Julia, después de pensarlo, encuentra esta propuesta: "Jimena, quiero que no te enfades si alguna vez no estoy así contigo, pero además de ti, quiero tener más amigos, aunque ninguno sea como tú". Explicitamos a la niña que lo que le está pidiendo a su amiga es una relación menos exclusiva, y ella responde: "Le estoy pidiendo una relación más chula".

Valoramos su propuesta, exponiendo el último conflicto que queda por resolver, y es que a veces, cuando la gente se separa un poco, la otra persona puede sentir que la dejan de lado, o que no le prestan atención (verbalizando así el sentimiento que ella presenta de sus propias relaciones), y sugerimos a Julia que encuentre una forma para intentar evitarlo: "Avisaré a Jimena de lo que voy a hacer".

Para finalizar el ejercicio, le planteamos un pequeño ejercicio de *psicodrama interno.* La volvemos a invitar a cerrar los ojos e imaginar que es Jimena quien le está haciendo esa propuesta, y que ponga en palabras cómo se siente. Julia dice: "Si yo puedo sentir que ella es mi mejor amiga así, yo también puedo serlo de este modo".

3. *Compartir.* Al sentarnos, Julia expresa que siente que se ha enfadado muchas veces con sus amigas sin darse cuenta de que les pedía algo que era imposible. Le señalamos que parecía que al principio el sentimiento de ser especial, de ser mejor amiga era algo difícil de lograr, y sobre todo incompatible con lo demás. Ella asiente: "Si para mí es algo imposible de dar, para los demás también".

   En esta escena en la que Julia pudo reconocer la imposibilidad de los demás de darle lo que ella pedía, ese reconocimiento, junto con la definición de un sentimiento de amistad menos ideal, la ayudó a poder gestionar mejor las relaciones con sus iguales, en las que la condición de reciprocidad le ayudaría a hacer propuestas posibles.

10.2.2. La intensidad emocional. Este mundo no me viene bien

En esta sesión, Julia pudo aprender distintas maneras de mostrar a los demás sus sentimientos, tomando consciencia de que la intensidad emocional que sentía era más un obstáculo que una ayuda.

1. *Caldeamiento.* El caldeamiento se inicia cuando Julia presenta el enfado que tiene con su madre porque no la entiende, y porque siente que, cuando le sucede algo, no le hacen el caso que merece. Se muestra muy enfadada porque su madre pone en "tela de juicio" su forma de reaccionar ante la vida con comentarios del tipo "no es para tanto, no exageres, lo estás sacando de quicio". Al escucharlo, la niña entra en un bucle del que no es capaz de salir, sintiéndose herida porque no la comprenden.

   Recogemos su malestar y empezamos a trabajar construyendo la manifestación del sentimiento que tiene Julia. Al igual que en otras ocasiones, tiene gran dificultad para precisarlo: "Es algo que se ve mucho, que llama la atención, es algo que no pasa desapercibido". Finalmente lo define como un destello.
2. *Dramatización.* Construimos la escena con Julia y su destello. ¿Cómo es vivir con un destello? En la escena se le pide que sitúe dónde siente que está ese destello en su vida. Julia coge el destello, representado en un cojín, que coloca delante de ella como si fuera su carta de presentación al mundo. Al preguntarle cómo se siente, añade: "Bien, me gusta deslumbrar".

   Pedimos a Julia que salga de la escena para adoptar el rol de observadora y describa lo que ve. Permanece en silencio mostrando su dificultad, al repetir la pregunta responde: "Veo un destello, pero no veo a la niña. La niña está tapada".

   Volvemos a *cambiar el rol,* colocando a Julia en su papel, devolviéndole la información que ha aportado la observadora: "No puede ver a la niña porque el destello la oculta". En ese momento Julia verbaliza: "Yo necesito que la gente se dé cuenta de la importancia que tiene para mí lo que me pasa". Ante esa demanda se le pide que exprese qué es más importante, si ella o su destello, y elija qué quiere mostrar a los demás cuando la miran. Se detiene, y nos plantea que ella es más importante, pero no sabe cómo hacerlo; al explicarse un poco más, añade: "Si la gente lo ve, tú ya no tienes que decirlo". Ese sentimiento es el que genera en Julia la necesidad de mostrarse tan exagerada, no ser ella la que expresa lo que le ocurre, sino que los demás se den cuenta.

Animamos a Julia a probar cómo quiere expresar a los demás las cosas que le ocurren: "Me gustaría hacer el destello más pequeño y ponerlo detrás". Para que su propuesta sea posible falta una cosa: tenemos que entrenar cómo pedir a los demás su atención, porque si el destello no deslumbra tendrá que aprender a pedir la atención de otra forma. Julia, tras varios intentos que no la convencen, es capaz de elegir este: "Quiero contarte algo que me ha pasado, que para mí es importante".

3. *Compartir.* Después de actuar, es el momento de hablar. Julia en la escena ha planteado un cambio que la lleva hacia un papel más activo en la relación. Su propuesta es verbalizar en lugar de demostrar lo que le sucede.

   Al preguntarle sobre lo ocurrido, Julia refiere: "Me ha gustado darme cuenta de que el destello era tan grande que me tapaba, pero hablar cuesta mucho esfuerzo". Ante eso se le indica que es un esfuerzo que, al menos en la escena, valía la pena, porque los demás podían escucharla y estar a su lado; en cambio, con el destello algunos se quedaban tan "deslumbrados" que no podían verla y mucho menos ayudarla.

   Aprovechamos para resaltar lo que había encontrado al colocarse en el lugar de los observadores. Desde ahí se había dado cuenta de que el destello era un impedimento. Ella afirma que así lo había sentido, pero ahora aparece el miedo a que los demás no la crean si empieza a relatar las historias sin tanta intensidad, evidenciando sus dudas sobre cómo te tiene que afectar algo para que los demás sepan que es verdad. Ante su preocupación compartimos que lo importante es que para ella sea verdad, para poder aprender a pedir lo que necesita y quiere.

10.2.3. *Mi sueño horrible*

Esta sesión fue para Julia la oportunidad de compartir su miedo de un modo menos doloroso. Intentamos poner el foco no tanto en lo grande que es el miedo, sino en sus capacidades, recursos o respuestas para afrontarlo.

1. *Caldeamiento.* Julia llega a la sesión con las ganas de poder compartir el sueño que se había estado repitiendo durante el verano y que tanto le había asustado y enfadado al mismo tiempo. Pregunta si conocemos su sueño, y se le recuerda que cuando vino fueron sus padres quienes se habían referido a él, aunque revelaron poca información. Entonces compartimos con Julia toda la información que tenemos acerca del mismo.

   Julia pregunta si es malo soñar esas cosas. La respuesta dada era tranquilizadora: "No es malo soñar eso, pero se pasa mal". Preguntamos a Julia que si aparte de contarlo quiere que veamos algo más, invitándola a no quedarnos en lo conocido, sino ir un paso más allá. En los sueños, sean pesadillas o sueños bonitos, podemos trabajar la vivencia, pero también proponer al niño que sueña asumir el rol del que construye los sueños para darle la oportunidad de escribir otra historia.

   Se le pide a Julia que se levante para construir, con la ayuda de nuestros cojines, la escena de su sueño. Los personajes son cuatro: Julia, la persona que quiere hacer daño a Julia, su padre y su hermano. Los coloca en el espacio: primero Julia, al lado coloca a la persona que le quiere hacer daño, y más lejos a su padre y a su hermano.
2. *Dramatización.* La escena está construida, y Julia permanece en el rol de observadora. Se le señala que vamos a ir muy despacio y que si en algún momento se asusta demasiado solo tiene que decirlo y pararemos. Ella acepta.

   Primero invitamos a Julia a jugar el rol de guionista del sueño. Comienza a narrar la situación tal y como la ha soñado muchas veces. Cuenta que ella está en su habitación… Al empezar a relatar la historia incidimos en que solo sea la narradora, que cuente la historia desde fuera. De este modo, se pretende que Julia ponga la distancia que la protege frente una situación dolorosa, evitando generarle un sufrimiento innecesario.

   Julia reinicia la narración: "La chica está en su habitación y, de repente, no sabe muy bien por donde, ha entrado un hombre". Interrumpimos su discurso para señalar que ella, como narradora, tiene que saberlo todo, y le solicitamos que lo describa más detalladamente.

   Continúa la historia: "El hombre va vestido de negro, y quiere hacer daño a Julia; ha entrado por la ventana y, al ver que Julia está sola, piensa que puede hacer lo que quiera con ella". De nuevo la detenemos, preguntándole por los otros personajes de la historia. Explica que en ese momento no están, que aún no han aparecido. Señalamos que entonces, según cuenta, esos dos personajes no han podido hacer nada para evitar lo que ha ocurrido hasta ahora. Ella contesta: "No, porque no estaban allí".

Se le propone centrarse en la niña y en el hombre que viste de negro, para continuar la historia. "El hombre se acerca y Julia empieza a sentir mucho miedo". Detenemos la narración, proponiéndole un *cambio el rol* para que tome el papel de Julia dentro de la escena. Queremos que se centre en qué es lo que le gustaría pedir, para ver si la persona que construye el sueño puede concedérselo. Manifiesta que su deseo es escaparse y pedir ayuda gritando, por ejemplo, que no quiere que la hagan daño.

Se le invita a imaginar que puede pedir algo, con una condición: lo que pida tiene que ser para ella. Julia responde: "Lo que había pensado era que el hombre no hubiera entrado, o que mi padre y mi hermano puedan defenderme". Ante su respuesta le indicamos que es preferible que pueda hacer una petición en la que sea ella quien cambia la historia, no los demás; es decir: "Pide algo que te ayude a resolver lo que sucede, como, por ejemplo, escapar, pedir ayuda, gritar…", como había explicado antes.

Expresa que desea mucha fuerza para gritar y pedir ayuda para poder escaparse. Señalando al cojín que hemos situado en el lugar de la persona que crea las pesadillas, invitamos a Julia a pedirlo: "Quiero poder gritar y pedir ayuda, además de fuerza para intentar escaparme, para intentar cambiar esta situación".

En ese momento vuelve a *cambiar de rol*, y como creadora de las pesadillas se le pregunta si puede conceder a la protagonista de su historia la capacidad de pedir ayuda y de ayudarse, defendiéndose. Contesta: "Es menos bonito, pero más práctico". "¿Qué significa que es menos bonito?". La respuesta de Julia es contundente: a ella le gustan más las historias en las que las princesas son rescatadas porque los príncipes conocen lo que les ocurre. Matizamos su comentario explicándole que eso deja a las princesas en un lugar pasivo y vulnerable, y si por casualidad los príncipes "se despistan" quizá no se enteren de lo que necesitan.

Nos centrarnos de nuevo en la historia preguntando a Julia si puede dar a su protagonista lo que ha pedido. Ella se lo concede:

"Puedes pedir ayuda y defenderte". Tras darle esa nueva capacidad, sigue narrando la historia: "Cuando el hombre de negro se acerca a Julia, ella comienza a gritar y a dar patadas, consigue darle una. Después llegan su padre y su hermano y entre los tres consiguen inmovilizarlo y la policía lo detiene".

3. *Compartir.* En el compartir Julia manifiesta que esta versión de la historia le gusta más. Se le pregunta acerca de su creencia acerca de "poder pedir ayuda". La explicación que ofrece tiene que ver con algo conocido: si ella actúa deja de ser bonito y especial, deja de ser una historia en las que la protagonista es rescatada. Ante su comentario, se le transmite que, aunque eso en las películas puede estar bien, lo que aquí había cambiado su sueño había sido lo que Julia había podido pedir.

   Queremos conocer cómo se siente después de esta escena: "Bien, me siento más fuerte, más mayor, y menos enfadada, porque en el sueño me enfadaba mucho que papá y mi hermano no hicieran nada. Me ha gustado ver que yo puedo hacer algo más que esperar que los demás lo hagan por mí". El cambio hoy estaba ligado a poder hacerse responsable de su vida, dejando la culpa fuera de las decisiones.

10.2.4. Me pasa de todo y no me pasa nada de lo que me pasa

En esta ocasión, la niña tomó conciencia de las veces en que sus molestias físicas le ayudaban a manifestar otras cosas. La propuesta será buscar cómo curarse sin tantos medicamentos.

1. *Caldeamiento.* El tema de la enfermedad aparece cuando nos interesamos por el estado de Julia, ya que la sesión anterior a esta no había acudido por estar enferma. Tras su respuesta le planteamos la oportunidad de ahondar y conocer-se más en este tema. Se muestra recelosa, pero compartimos con ella nuestra creencia de que puede ser una forma de entenderse mejor.

   Ella considera que lo que ocurre es que ahora está más alta de defensas, por eso se pone menos veces mala. Invitamos a Julia a explicar cómo vive ella estar enferma, es una manera de recibir cariño: "Cuando estás mala, nadie te niega nada".

Se le señala que en esa forma de pedir existe una trampa, ya que no lo estás pidiendo directamente. Reacciona de forma defensiva expresando que ella nunca se ha inventado un dolor. Le aclaramos que no se ha querido en ningún momento sugerir eso, pero que si le gusta lo que recibe cuando está mala, habrá que buscar cómo pedirlo sin utilizar la enfermedad, porque, "si no puedes pedir cuando estás buena, tendrás que llamar a la enfermedad para que lo haga por ti".

2. *Dramatización.* La propuesta es jugar con Julia a cómo darse derecho a pedir sin la trampa de la enfermedad, con la que parecía que había conseguido muchas atenciones, pero también rechazos. Lo definimos como un *experimento* con el que descubrirá su capacidad para pedir.

   Se la invita a encontrar los beneficios que obtiene enferma, y señala "mimos y atenciones". Los mimos y atenciones los podemos querer sin estar enfermos, la propuesta es aprender a pedirlo, porque, si no, tendrá que ponerse enferma para conseguirlo.

   Situamos los mimos y las atenciones en un cojín, definidos como achuchones, abrazos, caprichos, etc., y Julia prueba distintas maneras de pedirlo porque lo quiere, no porque esté enferma.

   Inicia el ejercicio muy desprovista de habilidades para pedir. Nuestra idea es intentar que pueda conectar con lo que necesita, para que después surja en ella el deseo de pedir y la disposición de recibirlo, y que finalmente aparezca el poder agradecer lo recibido.

3. *Compartir.* Después del ejercicio guiado, Julia expresa su rareza al pedir. Le preguntamos sobre su sensación al ser capaz de expresar con palabras lo que quiere, mostrándole que para lo demás resulta más sencillo, aunque sea más difícil para ella. Julia refiere que, a pesar de la dificultad, empieza a ver las ventajas de ser clara en sus demandas.

   A Julia conectar con la expresión de sus deseos le resulta difícil desde la falta de habilidad para hacerlo, pero sobre todo desde la vivencia ligada a la culpa. Aquí y ahora Julia pudo jugar el rol de pedir, que generaba en ella la disposición de recibir, y abrirá las puertas a la gratitud para poder disfrutar de lo recibido sin malestar.

11

Aprender con los iguales

La estructura de este capítulo es diferente a los anteriores, ya que no se presenta el caso clínico completo, sino que tan solo se muestran los aspectos relevantes de la historia clínica y las escenas específicas del abordaje realizado cuando las relaciones de igualdad generan sufrimiento a los niños. Los celos, la exclusión, la rivalidad y la agresividad de los iguales ilustrarán la representación del malestar ligado a la ausencia de reciprocidad.

11.1. El complejo fraterno a través de los celos: Hablo como un bebé. Andrés

Para ilustrar ese aprendizaje de los niños en relación con iguales compartimos el caso de Andrés, un niño que para sentirse querido tenía que dejar de ser él y comportarse como su hermano pequeño, que era un bebé y casi no sabía hablar.

Andrés es el mediano de tres hermanos varones (véase el genograma, figura 11.1). Sus padres lo definen como un niño hipersensible a la burla y la crítica de otros niños, ante las que responde desde el enfado o desde el aislamiento. Él se define como un niño que no tiene ningún valor, al que es imposible querer. Ese sentimiento se exacerbó a raíz del nacimiento de su hermano. Tal acontecimiento suponía para él la pérdida de las relaciones interpersonales, no solo con sus padres, sino sobre todo con sus iguales. Ante eso, su única manera para conseguir ser aceptado de nuevo, según su vivencia, era ser otro, ser un bebé.

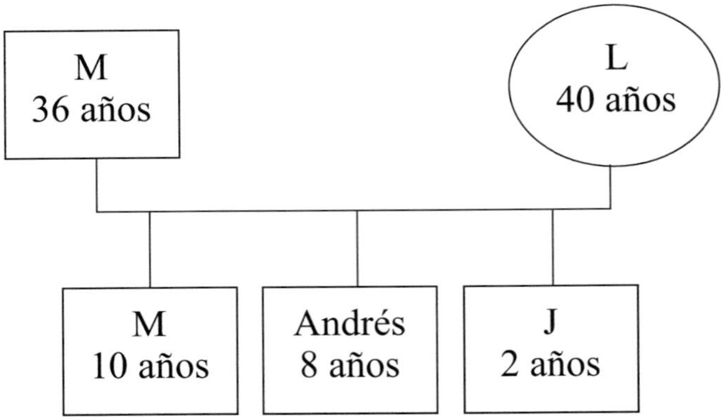

Figura 11.1. Genograma de Andrés.

Los celos eran organizadores de su mundo relacional y generaban la repetición del rechazo: "Andrés, ya está bien, tú no eres un bebé". Estas palabras de sus padres confirmaban en él que no tenía el valor deseado ni como un niño de ocho años ni como un bebé de dos. ¿Qué más podía hacer? Ser un bebé era su mejor propuesta. Ser pequeño frente a un mundo muy grande (véase la figura 11.2).

La sesión que compartimos permitió a Andrés darse cuenta de su propia vivencia de los celos, generando una respuesta diferente para buscar la aceptación de la mano de un personaje que no fuera un bebé.

1. *Caldeamiento.* El caldeamiento de esta sesión se inicia con el juego que exhibía Andrés de manera repetida. Después de jugar a ver dónde nos sentábamos, habla un poco de sus cosas y, en ese momento, empieza a balbucear como un bebé con la intención de que lo tradujésemos. Su propuesta se encauza para ir más allá del juego, con el objetivo de tener un mayor conocimiento de ese personaje y una posible elección del lugar que quiere darle en su vida.

Lo invitamos a dejar de jugar el papel del bebé un momento y colocarlo en un cojín. Se trata de conocer al personaje, no solo tener un juego lúdico con él. Para ello, le indicamos que, además del bebé, necesitamos un traductor. Elige para desempeñar el rol una de las marionetas, un perro de peluche que muchas veces coge para jugar o que acaricia mientras habla en la sesión.

Figura 11.2. Dibujo de sí mismo.

2. *Dramatización.* En el espacio se sitúa el cojín que representa al bebé, Andrés y la marioneta. Para empezar, se le indica que sitúe la marioneta en un lugar donde pueda estar muy atenta a lo que cuente el bebé, porque luego va a tener que traducir todo lo que dice.

   El niño coloca la marioneta en una silla junto al cojín que representa al bebé. A continuación se le pide que desempeñe el rol de bebé, al que formularemos algunas preguntas, aunque nosotros no entendamos sus respuestas. Con un tono muy lúdico, el niño acepta y comienza su gorgoteo, con nombres, palabras y frases sin una estructura gramatical correcta, al igual que en las primeras etapas de adquisición del lenguaje.

Mientras Andrés sigue jugando, se le lanzan preguntas orientadas a conocer la necesidad que tiene el niño para que aparezca ese personaje. A todas las preguntas formuladas, Andrés responde usando el protolenguaje típico de los bebés.

Pasado un rato se le indica que *cambie el rol* y adopte el de la marioneta traductora del lenguaje ininteligible del bebé. Asume el rol y comienza a dar respuesta a las preguntas, aportándonos la traducción de los mensajes: "Como bebé consigue lo que Andrés no puede conseguir".

El niño conecta con el dolor que siente al no tener el lugar deseado con sus padres, ni con sus iguales. Su discurso está inserto en el mensaje de los celos: "Si yo fuera un bebé como tú, me tratarían como te tratan a ti". Siente que su hermano le ha robado lo que le pertenecía a nivel relacional. Se comporta como un bebé para lograr la atención que le gustaría; en cambio, solo obtiene el rechazo que genera verle actuar como un bebé.

Cuando está jugando con la marioneta, se amplían los poderes: además de traductor del bebé, podrá dar al bebé lo que necesita. Usar la marioneta como objeto intermediario facilitará a Andrés poder hacerlo.

Utiliza al perro para dar el mensaje que el bebé necesita saber para avanzar, diciéndole que no aparezca, que Andrés tiene que buscar su lugar: "No es Jaime, ni lo vas a ser nunca [su hermano de dos años], aunque juegue contigo a serlo". En ese momento, se le detiene para preguntarle si le parece mejor ser Jaime que Andrés, a lo que el niño, usando la marioneta, responde: "No, son diferentes".

Entonces se le sugiere que deje la marioneta traductora y que, desde fuera, busque dónde colocar a este bebé en la vida de Andrés, señalándole que parece que ser un bebé consiste en intentar ser su hermano pequeño. Verbaliza que quiere dejar al bebé en un juego.

Ante esa respuesta se le plantea que podrá ser un juego cuando sienta que no necesita simular a su hermano para estar con los demás. Se pretende generar en él una mirada hacia sí mismo para que encuentre sus propios gustos y necesidades, que son diferentes a los de un bebé, y que solo podrán ser cubiertos si aprende a expresarlos de un modo que no genere el rechazo de los demás.

3. *Compartir*. Al sentarnos, se le ayuda a organizar lo que hemos ido haciendo, explicándole que convertirse en un bebé era un juego cuando puede elegir, no cuando lo necesita para que le hagan caso. "Los juegos son para divertirse".

   El sentimiento de celos generaba en Andrés la necesidad de dejar de ser él mismo para que los demás quisieran estar a su lado, atrapándolo en la imposibilidad de crecer. Los demás van a estar contigo si tú estás, pero la inseguridad hacía que Andrés eligiera jugar a ser su hermano en sus relaciones, para conseguir lo que por sí mismo sentía que no había logrado.

   El trabajo terapéutico le ayudó a vivir la ganancia de tener hermanos, no solo la pérdida, y poder admirar, no envidar, lo que los otros son. Este camino vendría de la mano de su propio reconocimiento de valor, tanto en su familia como con sus iguales, dirigiendo su mirada a disfrutar lo suyo sin la necesidad de compararlo con lo de los demás.

11.2. Aprender a compartir: No quieren jugar conmigo. Cayetana

Para ilustrar el caso de los niños que no pueden compartir, traemos el ejemplo de Cayetana, una niña con un marcado fracaso relacional con sus semejantes. Para Cayetana, compartir juegos, trabajos, tiempo e incluso alegrías o penas está vetado por unos iguales que no querían estar con ella.

La relación con los niños de su edad no era posible, por lo que dedicaba su tiempo a estar sola o a jugar con niñas mucho más pequeñas que ella, que consiguen entretenerla, pero no quitarle el sentimiento de que no quiere estar ahí: "Un rato está bien, pero es muy aburrido jugar a las comiditas con la arena".

Cayetana es la mayor de dos hermanas. Sus padres están separados desde hace mucho tiempo, y la relación entre ambos es cordial en las formas, pero distante y de desacuerdo en muchos de los aspectos de la educación de sus hijas (véase la figura 11.3).

El motivo de consulta que refieren los padres es que a Cayetana le cuesta seguir el ritmo de la clase en todos los aspectos, pero, sobre todo, en el social; es una niña introvertida y tímida que se muestra insegura. Tuvo algún retraso, especialmente a nivel motor, que pudo solucionarse gracias a la intervención tempana recibida.

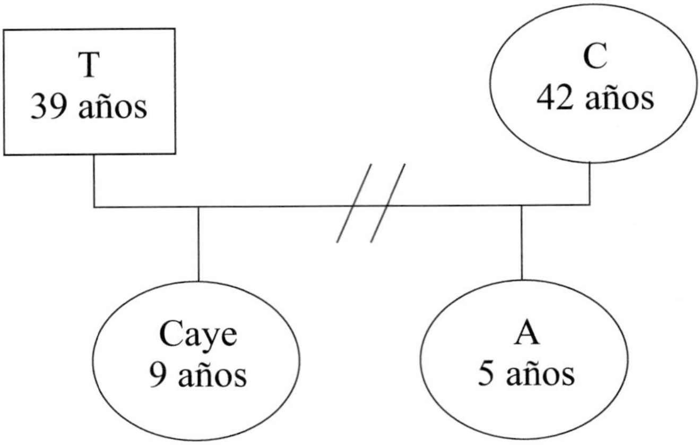

Figura 11.3. Genograma de Cayetana.

Un dato importante que comparten es que su hermana, cuatro años menor que ella, "le da mil vueltas" en casi todo, pero fundamentalmente en el desempeño social: "Es su hermana Ana quien consigue integrarla en todos sus grupos".

En la entrevista realizada a Cayetana, lo más relevante es la descripción que hace de ella misma: "A veces juego a dar vueltas corriendo por el patio del colegio durante todo el recreo. Corro y corro, así se nota menos que estoy sola [...]. Soy rara, porque soy tímida, incluso a veces pienso que soy invisible, es como si nadie se diera cuenta de que estoy".

Al formular la pregunta de los tres deseos, Cayetana enumera los siguientes: "Que fuese más habladora, que tuviera más amigos, y que fuese más feliz". Gran parte del trabajo terapéutico con la niña estuvo orientado a que pudiera darse derecho a sentirse una más, merecedora de la compañía del resto de niños.

Para ello, hubo que ayudarla a deshacerse de su sentimiento de "rara", "chiflada", y poder presentarse frente a sus iguales como alguien que puede dar y estar junto a los demás; en definitiva, que puedes compartir lo tuyo con los demás (véase la figura 11.4).

La sesión que se presenta muestra una parte del proceso, en la que ella pudo despedirse de lo que la diferenciaba de los otros para llevar al recreo a Caye, una niña con la que se podían compartir los juegos y, sobre todo, la alegría.

Figura 11.4. Dibujo de Cayetana.

1. *Caldeamiento.* El caldeamiento de esta sesión se inicia con el análisis por parte de Cayetana de uno de los roles que identificaba como parte de su manera de ser, "Caye rara". Para definirlo cuenta cosas del colegio y expone que, a veces, cuando está muy nerviosa, aplaude como expresión de emoción o alegría, actitud que es criticada por sus compañeros.

   Refiere que cuando aparece "Cayetana chiflada", como ella misma la ha nombrado, no quieren jugar con ella. En su discurso admite que ella no se elegiría para jugar, así que los demás tampoco van a hacerlo. Por tanto, nuestro objetivo será generar una forma de relación en la que sí esté con los demás.
2. *Dramatización.* Se le propone un ejercicio dirigido. Por un lado estaría Cayetana chiflada y, por otro lado, Cayetana sin estar chiflada. Se le pide que presente a cada uno de los personajes situados en dos almohadones, y explique sus características. El escenario será el patio del colegio, a la hora del recreo, en el que será posible jugar dependiendo de quien aparezca.

   A Cayetana chiflada la define así: "Quiere jugar con la gente, así que cuando lo consigue se pone chiflada, a dar palmadas y saltar... Exagera tanto que consigue que los demás no quieran estar con ella [...], hace cosas raras". Tras esta descripción se le señala que la manifestación de la alegría por estar con los demás consigue que deje de estar con ellos.

Cayetana ha *concretizado* esta sensación en un aplaudir nervioso, pero desde fuera se percibe la manifestación de algo más profundo. El no sentirme con derecho de estar ahí hace que no me pueda comportar como soy, sino desde la actuación de una alegría desmesurada, una excitación muy grande, como la que siente aquel que considera que le ha tocado un premio.

La vivencia que transmitía la niña era justo esa, estar con sus iguales le había sido privado durante tanto tiempo que ahora, en las escasas ocasiones en las que el encuentro era posible, Cayetana generaba una reacción rechazable por sus iguales que perpetuaba que se quedara de nuevo sola.

Desde esa idea, se le propone a la niña que mire, aquí y ahora, si cuando está con los demás quiere avisar a Cayetana chiflada o dejar que vaya Cayetana no chiflada. Responde que quiere ir ella, porque Caye chiflada consigue que siempre se vayan.

Se da permiso para echar a la chiflada y llevar a Cayetana no chiflada, a ella, a jugar con los compañeros: "Tú la llevas, mar y tierra...". Aunque de forma aparentemente lúdica, va expresando en voz alta la representación del mundo de estar con los demás, que aquí y ahora sí es posible. Después de un rato divirtiéndose, explicitamos que no ha necesitado llamar a su otro personaje para compartir juegos con sus iguales.

Como final se le ocurre escribir una carta para contarle cómo le va la vida sin ella, usando la técnica de la *realidad surplus* (véase la figura 11.5).

2. *Compartir.* Al terminar la escena, se le pide que exprese cómo está y que busque qué es lo que más le ha gustado. Partíamos de la vivencia de que, para Cayetana, estar con sus iguales no era vivido como algo normal, sino una suerte, por eso le manifestamos que verbalice su estado emocional.

   Expresa que se ha sentido muy bien al desprenderse de su parte chiflada. "Ahora me siento capaz de estar con los demás, y encontrar mi hueco". Se la invita a verbalizar lo que ha cambiado, y expone que poco a poco se ha ido sintiendo más segura para acercarse a los demás, con menos nervios y más ganas de disfrutar y que disfruten junto a ella: "A lo mejor algo de lo que les puedo proponer les gusta".

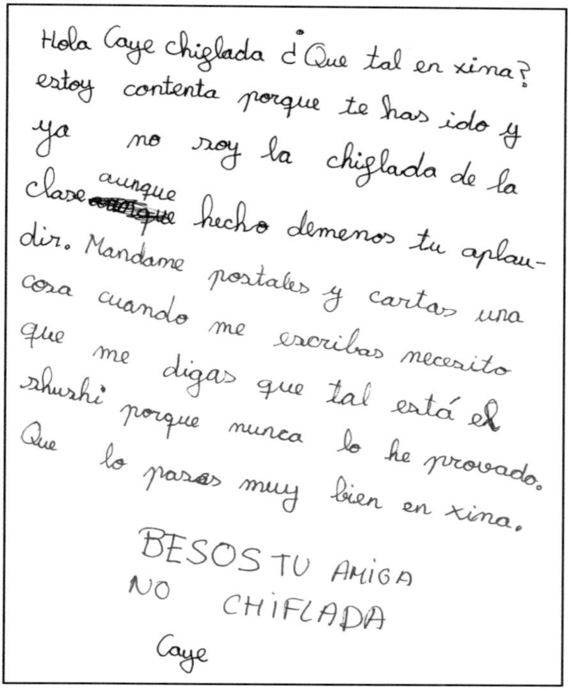
Hola Caye chiglada ¿Que tal en xina?
estoy contenta porque te has ido y
ya no soy la chiglada de la
clase aunque hecho demenos tu aplau-
dir. Mandame postales y cartas una
cosa cuando me escribas necesito
que me digas que tal está el
shushi porque nunca lo he provado.
Que lo pases muy bien en xina.
BESOS TU AMIGA
NO CHIFLADA
Caye

Figura 11.5. Carta de Caye a Caye chiflada.

Para ella jugar, participar, compartir los juegos y el tiempo era aprender a dejar de ser invisible. Uno de los cambios que Cayetana experimentó durante el tratamiento fue su vivencia de la vida. Ella lo definió así: "Antes era solo observadora de lo que pasaba en mi colegio: los juegos, las peleas y las risas, los equipos…; ahora ya siento que soy una más".

11.3. El valor sano de competir: ¿Cuál es mi meta? La carrera de Sergio

Sergio será el caso que ilustre este apartado que muestra el valor de la competición con mis iguales. Competir se puede convertir en la manera para mostrar lo mejor de mí mismo, superación personal, o en un método de lucha contra los otros, que me atrapa en un lugar hostil, donde ganar se convierta en algo tan imperioso que intente lograrlo a cualquier precio.

Los padres de Sergio acuden a tratamiento refiriendo un caso de maltrato por parte de sus iguales, que se había intentado solucionar sin éxito a través de la intervención realizada por el colegio. Al no producirse ninguna mejoría en la integración del niño con sus compañeros, los padres decidieron cambiarlo de centro, sin cambiar a la hermana pequeña, que permaneció en el anterior colegio: "Ella no ha tenido ningún problema, no tiene que pagar las consecuencias".

Sergio es el mayor, sus padres están divorciados desde antes de que naciera su hermana (véase la figura 11.6).

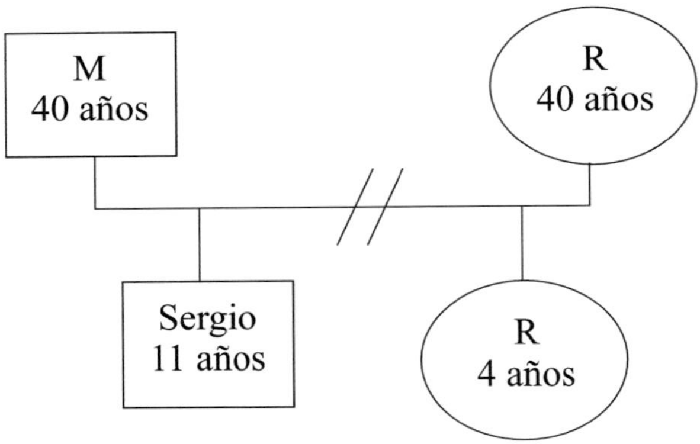

Figura 11.6. Genograma de Sergio.

A raíz de la separación, Sergio ha tenido problemas a nivel emocional, que definiríamos como sintomatología ansioso-depresiva. Ha estado en otros tratamientos psicológicos por problemas de enuresis nocturna, que aún no han remitido totalmente, y lo han sometido a tratamiento farmacológico para el déficit de atención, aunque, en el momento de la intervención, la medicación le estaba siendo retirada. La demanda principal que hacen sus padres es que el niño necesita habilidades para estar con los demás y para que no se vuelvan a repetir los problemas.

En este aspecto, un dato muy relevante es que Sergio tardó más de seis meses en contar lo que le estaba ocurriendo, tanto a sus padres como a sus profesores. Consideramos que no poder hablar las cosas que le suceden a uno está ligado a no sentir la confianza suficiente. Solo desde esta idea entendemos que un niño se quede solo para afrontar aquello que no puede, en lugar de pedir ayuda.

El niño presentaba una actitud de colaboración y, al mismo tiempo, de resignación: "Hay cosas que hay que asumir y punto". A la hora de preguntarle acerca de sus deseos, Sergio se da el derecho a pedir para él: "No hacerme pis en la cama, que nadie se meta nunca más conmigo y vivir todos juntos como antes" (aunque hacía más de seis años que sus padres se habían separado, y le habían explicado repetidamente que para ellos no era posible la reconciliación).

Para él, la vida se había convertido en un campo de batalla, un lugar hostil en el que sus iguales eran generadores de mucho daño, de burlas, humillaciones y abusos... Desde ese sentimiento se había construido un personaje lleno de armas y de escudos que lo protegía, pero que también pesaba demasiado para poder caminar (véase la figura 11.7).

Durante el tratamiento se fueron trabajando diferentes aspectos que lo ayudaron a sentirse mejor consigo mismo y con los demás: su necesidad de estar con los otros de una forma más tranquila, tomar conciencia de sus conductas más negativas, reconocer que algunas propuestas eran imposibles, el uso de las mentiras para ser aceptado...

Desde este nuevo aprendizaje, un día compartió un suceso temido para él: volver a encontrarse con sus antiguos compañeros en una carrera que se realizaba con la participación de varios colegios. Sentía miedo por reencontrarse con ellos y que se repitiera el daño vivido. Su propuesta era la siguiente: "Les tengo que ganar a todos". Esta idea estaba encaminada a un fracaso seguro, era realmente imposible que ganara la carrera, a no ser que la meta para Sergio fuera otra. Así convertimos la competición en un momento y un lugar donde poder sacar lo mejor que llevaba dentro.

1. *Caldeamiento.* El caldeamiento se hizo desde un tono muy lúdico, bajo el que Sergio iba presentando a sus anteriores compañeros de clase. Para darle un toque más teatral, los presentaba uno a uno y les otorgaba un dorsal: "Con el número uno, Manuel, un chico más conocido por sus chistes que por sus conocimientos de idiomas...". Así, poco a poco, Sergio describió a cada uno de los niños de su anterior colegio a los que temía encontrarse, y también a todos los nuevos compañeros del nuevo centro que sentía como un apoyo.

Figura 11.7. Dibujo de las defensas de Sergio.

Se lo invita a colocar en el escenario, un gran parque, a los niños en grupos según sienta que se los va encontrar allí. Se trata de un ejercicio en *realidad surplus*, porque todavía la situación no ha ocurrido, es una situación temida. Además de colocarlos a todos, se le propone traer una figura protectora a la que sienta que puede recurrir si en algún momento lo necesita. Sergio elige, para ello, a su profesora Rocío, que será su *personaje facilitador,* por si las cosas se ponen difíciles.

2. *Dramatización.* La escena está construida y va a dar inicio la carrera, pero antes se le propone que encuentre cuál es el objetivo que se plantea. Sergio se para y manifiesta: "Tengo que ganarles a todos, para demostrar que soy mejor que ellos".

   Entendemos que su propuesta se aleja mucho de lo que en realidad puede ocurrir, ya que, por un lado, siente que es un lugar temido y no sabe si ir, pero, si va, siente que tiene que ganar a todos; hay más de doscientos niños. Le proponemos que se dé permiso para correr la carrera, imaginando que todos están congelados, y pruebe a percibir cómo se siente aquí y ahora haciendo el recorrido.

Sergio comienza a trotar por el despacho bordeando los cojines que representan a los niños, bajo la consigna de que conecte con sus sensaciones y vaya haciendo un *soliloquio*. El objetivo es que pueda mirarse primero él mismo antes de estar con los demás: "Si todo fuera así no sería malo, no quiero que se metan conmigo, no quiero estar cerca. ¿Y si me insultan? Los puedo insultar yo primero y así ya…", son los pensamientos que verbaliza.

Se le solicita que se detenga un momento, y se le señala que parece que si escuchamos sus pensamientos necesita primero elegir cómo quiere ir a la carrera. Lo invitamos a probar todas las opciones que se le ocurran. Generar respuestas es generar recursos para poder estar con los otros. Para Sergio, la inhibición había sido durante mucho tiempo su mejor opción.

Para crear un ambiente más distendido se le propone imaginar que empieza a correr y que, cuando se encuentre a sus compañeros, vaya probando las respuestas que quiera, indicándole que cada una de ellas ha de tener una valoración por su parte.

Sergio va tanteando cada una de las posibles actuaciones que se le pasan por la cabeza: "Hola, ¿qué tal? Yo muy feliz en mi nuevo colegio"; "Os odio"; "Paso de vosotros"; "No habéis conseguido hacerme daño…", y así prueba cada interacción. Después de un rato se echa a reír y dice: "Esto es un entrenamiento de emociones, pero también físico", ya que no ha parado de correr en todo el tiempo. Una vez que se ha detenido, le proponemos un *cambio de rol:* será observador, mientras colocamos a Sergio en un cojín.

Desde fuera, le preguntamos para qué quiere, aquí y ahora, que Sergio vaya a la carrera, recordándole que al principio su meta era ganar a todos. El niño dice: "Con ir ya eres un campeón". Se le vuelve a cambiar el rol, y desde ese lugar se le indica que se quede con el mensaje que acaba de decirse, y que busque la respuesta que quiere dar. De nuevo se pone a correr, y cuando pasa por delante dice: "Hola, yo he venido a correr con mis nuevos amigos", y puede sentir que ganar esta carrera consiste en poder correrla.

3. *Compartir.* En el compartir cuenta que se siente muy bien, por el ejercicio que ha hecho y porque ha mirado la carrera de otro modo: "Me ha gustado entrenarme por dentro".

Se le sugiere que ponga palabras a lo que siente después de lo que ha hecho, y responde: "Me siento muy bien, me he dado cuenta del lío que te puedes hacer; para mí, ir a la carrera y no sentir miedo ya es ganar". Para él competir, a partir de esta escena, tuvo en nuevo significado, le ayudó a encontrar lo mejor de sí mismo y esforzarse en superarse en los pequeños retos del día a día.

La realidad fue que Sergio asistió a la carrera y obtuvo un diploma por haber llegado entre los 50 mejores. Corrió junto a sus nuevos compañeros, y solo vio de lejos a los niños que le habían hecho daño, y sobre todo sintió que la carrera la había ganado cuando decidió que podía ir a correrla venciendo a su miedo.

11.4. La rivalidad, vivida como el maltrato de tus iguales. Elena

Elena ilustrará este caso. Es la historia del dolor de una niña ofendida y humillada por sus iguales, su vivencia de la rivalidad estaba ligada al maltrato. Elena, desde su incapacidad para sentirse una más, no había podido aprender a negociar en los conflictos con sus iguales.

Elena es la hija menor de la familia, y la gran diferencia de edad con su hermana la había convertido en "la niña de la familia" (véase la figura 11.8).

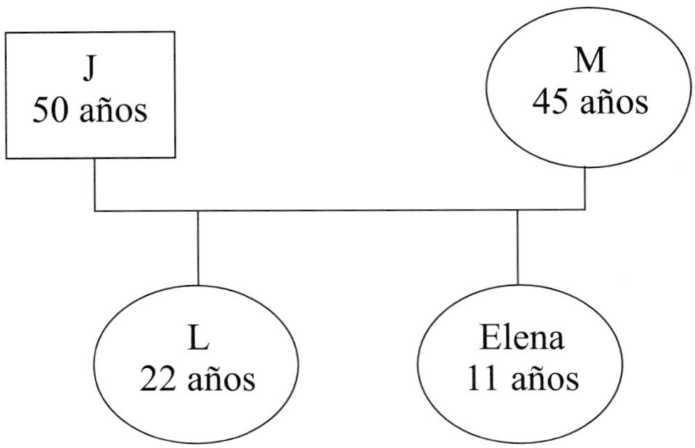

Figura 11.8. Genograma de Elena.

Figura 11.9. Dibujo de Elena.

Acude a tratamiento, asesorada desde su centro escolar por una situación ocurrida con sus compañeros. Manifiestan que en el colegio se había producido una situación conflictiva.

Elena la narra llena de dolor: "Todos los niños de mi clase hicieron un círculo rodeándome, dejándome en medio. Impidiéndome salir, por más que empujaba, no podía, se agarraron fuerte, y cuando me tiré al suelo para salir de rodillas juntaban las piernas; parecían muy divertidos, pero ¿por qué me hicieron eso? No es un juego". Elena repetía una y otra vez que ella no era quien tenía el problema, que el problema lo tenía el resto, que se divierten haciendo daño a los demás.

Para el colegio y los padres este fue el detonante de pedir ayuda, pero al preguntar sobre su historia, nos presentan a una niña para quien la socialización nunca había sido fácil. Sus padres la definen como inmadura, sin necesidad de estar con sus iguales. Además, cuentan que no comparte los mismos intereses que ellos, es muy distinta (véase la figura 11.9).

La decisión tomada de manera conjunta al tratamiento psicológico fue el compromiso por parte del colegio de estar más encima de los conflictos entre compañeros. Se lanzó un mensaje claro sobre la niña, "A

Elena ni tocarla", lo que le había generado un mayor aislamiento, ya que nadie hablaba con ella para no tener problemas.

Para poder aceptar la ayuda, Elena tuvo que reconocer lo que había supuesto para ella vivir esa situación, en la que se había sentido incapaz de dar una respuesta diferente, pero, sobre todo, reconocer las consecuencias que en el presente estaba teniendo ese hecho: descenso en el rendimiento escolar, descenso significativo de apetito, insomnio de conciliación y un estado de ánimo distímico, marcado por su apatía y anhedonia.

El tratamiento fue consiguiendo paulatinamente que Elena se encontrara más fuerte emocionalmente, y que su día a día ya no fuera una pendiente continua que tanto esfuerzo le costaba subir. Fue aumentando su seguridad, y sus ganas de estar con los demás a pesar de que sus compañeros del colegio no se lo ponían del todo fácil; pero pudo encontrar otros iguales fuera con los que compartir alguna afición.

La sesión que mostramos podría ser considerada reparadora para la niña, ya que sintió que podía hacer algo diferente ante situaciones similares y, sobre todo, donde se muestra cómo no retraumatizar cuando en la dramatización nos encontramos con los obstáculos de los miedos que paralizan.

1. *Caldeamiento.* El caldeamiento se inicia con la narración por parte de la niña de una situación en la que dos compañeras del colegio se han metido con ella, insultándola cuando salía al recreo. La forma en que Elena lo narra nos trasmite su dolor y su incapacidad para gestionar estas situaciones, "Ha vuelto a pasar", lo que denota que para ella los conflictos no son un escenario donde poder negociar qué quiero hacer, solo una situación que le genera el dolor por el maltrato que tiene que soportar.

   Se le sugiere profundizar un poco más en la situación y probar si aquí y ahora quiere hacer algo diferente, y le indicamos que vamos a ir muy despacio. En el trabajo con Elena, aunque esta escena no sea la escena original del maltrato, le remite a conectar con los mismos sentimientos, por lo que su reparación supondrá también la cura de ese primer dolor.

   Va construyendo el escenario donde han ocurrido los hechos: "El pasillo de mi colegio..., es un cole de estos antiguos donde los techos son muy altos, con poca luz y mucho eco, todo retumba...". Los personajes son dos niñas de su clase, Cristina y Ana, a las que describe físicamente, altura, color del pelo, y el mensaje dado es el siguiente: "Eres una marginada, nadie quiere jugar ni estar contigo".

2. *Dramatización.* Cuando la escena está externalizada, invitamos a Elena a situarse frente a las niñas que están representadas en dos cojines puestos en el suelo, con el objetivo de que pueda dar una respuesta diferente. Se la invita a encontrar aquí y ahora qué quiere hacer cuando Ana y Cristina le dan ese mensaje. En ese momento Elena manifiesta que no puede, le da muchísimo miedo y sale de la escena. Técnicamente, abandonar la escena en ese momento, sería muy perjudicial, significaría que Elena reafirma su incapacidad también en el "como si", lo que supondría una fijación mayor en el rol.

   Fuera del espacio dramático, se la invita a buscar a alguien que la pueda ayudar en esa situación, una persona que pueda apoyarla cuando siente que no puede, un *personaje facilitador,* que pueda acompañarla en este momento. Tras pensarlo un rato, Elena propone a Sirka, que es su muñeca de trapo. "Sirka es quien más me conoce, sabe lo peor y también lo mejor de mí… Siempre que la busco, la encuentro sobre mi cama".

   Se le propone que imagine que Sirka es un cojín que Elena sostiene. Cuando está preparada, se la invita a entrar de nuevo en la escena, y ver aquí y ahora qué quiere hacer. Ana y Cristina están congeladas, una manera que usamos para que los niños sientan que el otro tiene menos capacidad de hacerme daño. Además, se la invita a elegir cuánto quiere acercarse a las niñas para que, junto a Sirka, dé una respuesta.

   Elena se acerca a su situación temida, agarrando nuestra mano, y agarrando el almohadón que representa a Sirka. Comienza a caminar hasta que encuentra el lugar desde el que probar una nueva manera. Se le vuelve a dar la consigna original: "Qué quieres hacer aquí y ahora cuando Ana y Cristina te dicen que eres una marginada y que nadie quiere estar ni jugar contigo". En ese momento Elena pudo dar una respuesta diferente: "No soy una marginada, y no quiero que me habléis".

   Cuando íbamos a dar la escena por concluida para pasar al compartir, Elena tuvo una propuesta diferente, y dijo: "Me gustaría probarlo sola". Valoramos su propuesta entendiendo que ella quiere dar un paso más en su sentimiento de capacidad y, tras despedirse de su muñeca, agradeciéndole su apoyo, vuelve a acercarse a los cojines que representan a sus compañeras de clase y, desde mucho más lejos, de una manera más nerviosa, pero ella sola, les repite el mensaje de cómo quiere ser tratada, poniéndole límites a lo que los demás dicen de ella.

3. *Compartir.* Al finalizar, Elena se siente muy contenta, verbaliza su sorpresa y su alegría: “Se me ha ocurrido una respuesta; aunque al principio he sentido el mismo bloqueo que siempre, me ha gustado mucho”. Se la invita a centrarse no solo en lo que ha dicho, sino en cómo se ha sentido diciéndolo, a lo que responde: “Rara, pero me ha gustado, he sido capaz de decir algo, nunca me había defendido hasta hoy”.

En esta escena, también hubo un compartir por nuestra parte, resaltando la valentía que había tenido en el cambio, aplaudiendo su capacidad para no quedarse en el inicio y seguir avanzando.

Elena se pudo llevar de esta sesión un nuevo modo de mostrarse cuando los demás querían hacerle daño, y un aprendizaje para abordar las situaciones conflictivas. Las rivalidades seguirían apareciendo en su vida, pero ahora era posible la negociación, porque existía una propuesta por su parte, frente a la de los demás.

12

El terapeuta de niños

12.1. Un cuento para terapeutas de niños

Cuento para iniciar el camino:

Dicen los antiguos sabios que cuando un niño nace se encontrará con diferentes obstáculos a los que tendrá que enfrentarse. El primer obstáculo es salir de un mundo de sombras donde solo unas manos firmes lo pueden aferrar a la vida, le pueden transmitir el sostén que le protege de la confusión de las sombras. Si esas manos no están disponibles o no lo están de un modo estable, el miedo a las sombras le hará esconderse en su propio temor y aislarse.

El segundo obstáculo lo notará en su propio cuerpo. Las caricias, la protección, harán que su cara construya una sonrisa de placidez que invita a que el otro esté a su lado. Pero si el viento de la frialdad se interpone entre su cuerpo y las caricias, la mueca de su sonrisa se transformará en la mueca de la tristeza, atrapará su pena en el silencio y no querrá encontrarse con las manos que lo acarician.

El tercer obstáculo tiene sus particulares formas de aparecer. Para caminar confiado se necesita saber lo grande que se es, solo desde la fuerza se pueden encaminar con seguridad por el camino de la vida. Pero para realizar ese camino hay que contar con una limitación, los niños no pueden verse a sí mismos, solo pueden verse en la mirada de quienes los rodean. Ahora bien, es posible que la mirada del otro esté distraída, o distorsionada, o colocada en un punto desde el que no se alcanza a ver al niño. Si los niños no se han encontrado con una mirada que les haya permitido verse a sí mismos, el camino por hacer estará siempre amenazado por la fantasía y su meta desaparecerá, se quedarán detenidos intentando atrapar una mirada que los vea.

Tras la lectura de este primer cuento, el lector-terapeuta tiene que detenerse a sentir dentro de sí mismo la respuesta que querría transmitir a los niños para pasar estos tres primeros obstáculos.

Cuento para descubrir caminos:

Los mismos sabios cuentan que el niño, una vez que ha vencido las primeras dificultades, se sintió satisfecho y con entusiasmo. Se detuvo y desde su cuerpo y sus deseos se dio cuenta de que ya sabía hacer cosas, caminaba, saltaba, miraba a su alrededor y era capaz de descubrir el mundo que lo rodeaba. Así que, sin pensarlo más, se dedicó a descubrir nuevos caminos.

Al iniciar el camino se encontró con un pequeño arroyo, tenía que saltarlo; pero tras comprobar la fuerza de sus piernas y la agilidad para el salto, reconoció que no podía llegar solo al otro lado del arroyo. De repente, un elfo con sombrero verde se acercó y le preguntó. El niño le contó su situación y el elfo, sin mirar al niño, le señaló un lugar donde existían maderas que, al ponerlas de un lado al otro, le permitirían atravesar el arroyo. El niño se entusiasmó porque cruzaría al otro lado, pero, de pronto, el elfo se puso muy serio y le dijo lo importante que era cruzar un arroyo, que no se puede hacer disfrutando ni jugando. Tenía que mirar y pensar muy bien cómo colocar cada tabla, tenía que ser muy cuidadoso al poner los pies sobre ellas, y sobre todo tenía que tener mucho cuidado, porque el agua del arroyo estaba muy fría, y si se caía al arroyo las consecuencias serían terribles. El niño permaneció sentando, pensando sobre las tablas, sobre sus peligros, pero no se atrevió a dar un solo paso.

Cuando estaba más *obsesionado* tuvo suerte. De pronto apareció otro elfo, este tenía un sombrero naranja. El niño pensó: "Quizás este me pueda ayudar". En efecto, el elfo se acercó y le preguntó:

–¿Qué necesitas?

A lo que el niño respondió:

–Cruzar el arroyo.

–Y ¿cuál es el problema? –le preguntó el elfo de sombrero naranja.

–Me han dicho cómo hacerlo, pero me pareció muy difícil y no lo intenté.

–No te preocupes –le dijo el elfo de sombrero naranja–, yo te ayudaré a cruzar el río.

El niño se entusiasmó, pero vio cómo el elfo se alejaba y cogía las maderas que necesitaba; a continuación, las puso entre las orillas del arroyo, cogió al niño en brazos y lo cruzó. El niño sonrió agradecido y sorprendido. Pero no continuó su camino, se quedó sentado, detenido, pensando y con miedo, porque no había aprendido a cruzar arroyos. ¿Qué pasaría si necesitaba volver a cruzar otro? ¿Qué pasaría si no está el elfo cuando necesite volver? Las preguntas que se hacía lo asustaban tanto que permaneció sentado, callado y asustado esperando a que volviera el elfo de sombrero naranja y *evitando* caminar.

Cuando la angustia embargaba al niño, escuchó una voz a lo lejos y vislumbró el pico de un sombrero de color rosa. En efecto, era otro elfo, llegaba saltando, sonriente, con movimientos muy amplios y expansivos. Cuando se acercó, se dirigió al niño sin preguntarle y le contó lo hermoso que era el bosque. Le dijo que los pájaros eran todos amigos suyos, le habló de todos los lugares que conocía al otro lado de las rocas, la cantidad de amigos que lo solían acompañar por el camino. El niño escuchaba, con sorpresa y seducido por las cosas que le contaba el elfo del sombrero de color rosa. Así que decidió interrumpir su discurso y preguntarle:

–¿Me puedes decir cómo se puede cruzar el arroyo?

El elfo lo miró con sorpresa y preguntó con vehemencia:

–¿Cómo cruzar el arroyo?

– Sí –respondió el niño con cierto temor por la sorpresa del elfo del sombrero de color rosa–. Sí –añadió en voz baja–, cruzar el río.

El elfo, repentinamente, empezó a moverse con agitación, la voz se llenó de tragedia y de reproche, y empezó a recriminar al niño:

–¡Cómo es posible que con lo que yo te he mostrado tu deseo sea cruzar el arroyo! ¡No pensé que un niño fuera tan malvado! ¡No escuchaste las cosas tan hermosas que yo te conté, solo piensas en ti y en tu arroyo!

A continuación, el elfo del sombrero color rosa se marchó, enfadado y haciéndose el digno; y el niño se quedó otra vez sentado y solo al lado del arroyo. Pero está vez, además pensó que se había convertido en un niño malo por querer cruzar el arroyo. A partir de ese momento su mayor sufrimiento era la culpa y su pensamiento se dirigió a elaborar estrategias para *seducir* a los siguientes habitantes del bosque que se acercaran a él.

Tras la lectura de este cuento, el lector-terapeuta tiene que detenerse y sentir dentro de sí mismo, sosteniendo de modo imaginario la mano del niño, *realidad surplus*, cómo le gustaría responder a los tres elfos que vinieron a ayudarle a cruzar el arroyo y lo incapacitaron de por vida para sentirse competente para lograrlo.

Cuento para caminar juntos:

> La situación era realmente complicada para el niño, y, cuando parecía que las cosas no podían cambiar, a lo lejos vio otro elfo que parecía más pequeño. Llevaba un sombrero de color azul, que, como todo el mundo sabe, significa que era un elfo tranquilo. Según se acercaba, el niño comprobó que no era un elfo, era un "elfito", pequeño como él. El elfito se acercó al niño y le preguntó:
>
> –¿Qué haces?
>
> A lo que el niño volvió a responder:
>
> –Quiero cruzar el arroyo, pero no sé. –Y, no sin temor, el niño añadió dirigiéndose al elfito–: ¿Tú sabes cruzar el arroyo?
>
> El elfito de sombrero azul le respondió:
>
> –No, pero podemos hacerlo juntos.
>
> Era una buena idea, pensó el niño. Así que, sin dudarlo, se encaminaron a buscar trozos de madera. El elfito de sombrero azul le dijo al niño:
>
> –Pero tú tienes que coger los trozos más pesados.
>
> El niño pensó que no era justo, y consideró que el elfito tenía que ser el que trasportara los más pesados. A continuación gritaron y, mostrando sus razones, el elfito dijo:
>
> –Los elfos somos más guapos, por lo que no podemos coger los troncos pesados, nos afea el esfuerzo.
>
> El niño pensó la réplica, y le contestó
>
> –Los niños no podemos coger los más pesados, porque entonces nos quedamos bajitos.
>
> Tras el enfado decidieron hacerlo cada uno por su cuenta, para demostrarse mutuamente que eran uno más que el otro. Pero la leña era pesada, y el orgullo no daba fuerza, solo hacía que los músculos estuvieran cada vez más cansados. De repente, mientras empujaban cada uno su trocito de leña, se miraron mutuamente, y se pusieron a hablar hasta que llegaron a un acuerdo.
>
> –¿Y si cogemos cada uno de un lado para trasportar la leña?
>
> De pronto, el entrecejo fruncido se relajó, se esbozó una sonrisa y fueron cogiendo maderas, poniéndolas juntas y apoyándose unas en las otras, hasta que construyeron un hermoso puente de madera. A partir de ese momento pudieron recorrer el camino, sabiendo que podrían hacer otros puentes si se encontraban con otros arroyos. Pero además aprendieron que se necesitaban mutuamente.

Tras la lectura de este cuento, el lector-terapeuta tiene que detenerse a sentir dentro de sí mismo si disfruta cuando tiene que ayudar y dejarse ayudar a recoger maderas para poner puentes, para vencer los obstáculos que supone atravesar los arroyos en los que se puede ahogar la ilusión por vivir.

En este cuento se invita a evocar al lector-terapeuta, los contrarroles que están en el origen de las limitaciones en el crecimiento infantil. Un terapeuta no puede repetir en psicoterapia las actitudes que hicieron que el niño permanezca en roles cristalizados, sentado con temor, sin iniciativa y con culpa, sin atreverse a vivir. Es verdad que un terapeuta no es un elfo, pero desde la asimetría que supone el rol de terapeuta puede ser el adulto que necesita para no dejar que los elfos lo intimiden.

12.2. Qué cualidades debe tener un terapeuta de niños

Se pueden organizar en dos módulos diferentes: en primer lugar, el trabajo personal, es decir, su propio conocimiento, y, en segundo lugar, su formación teórica, que debe incluir el conocimiento de la infancia, el desarrollo cognitivo, afectivo y social, al que añadir el dominio teórico y técnico del psicodrama.

Si empezamos con un cuento para terapeutas, tenemos que acabar explicando la necesidad de revivir ese cuento. Un terapeuta de niños tiene que haber realizado un trabajo personal que le haya permitido enfrentarse a los obstáculos de la vida. Es decir, haber transitado las tareas evolutivas que nos conducen por las sendas de la complejidad relacional. Desde la relación con un otro indiscriminado hasta llegar a la complejidad de las relación en los grupos de los que formamos parte. El propio conocimiento de nuestras dificultades en ese recorrido se complementa con el conocimiento de *nuestros roles* poco desarrollados o hipertrofiados. Es decir, tenemos que detenernos en nuestra vivencia a lo largo de los diferentes clústers, viendo en qué medida hemos aprendido a manejarnos desde la pasiva dependencia, pasando por la activa dependencia, para llegar a disfrutar de la interdependencia.

En ese camino, nuestro mundo afectivo no ha podido quedarse desabastecido, y por eso necesitamos conocer dónde aparecen nuestras sensibilidades, si respondemos más al dolor de la carencia o al dolor de la opresión.

Un terapeuta es un ser humano y, como tal, *hace lo que buenamente puede* también consigo mismo. Parecería una exigencia inalcanzable poner como condición para ser terapeuta la *salud mental,* entendida como ausencia de fragilidades. Ahora bien, sí parece una condición obligatoria el conocimiento de esas fragilidades, es decir, sus limitaciones. La limitación tiene que ir acompañada de honestidad, la honestidad de no abordar los temas que para sí mismo no se han podido resolver. La terapia personal y la supervisión son los mejores aliados para que un terapeuta conozca sus limitaciones y sus capacidades en la atención a sus pacientes.

Si existe en psicodrama un sinónimo de salud mental, es la espontaneidad.

> Lo más importante [...], siguiendo el pensamiento de Moreno, es la espontaneidad, a la que van ligadas la iniciativa y la creatividad [...]. En otras palabras, el director debe tener flexibilidad en sus planes y en cada paso que dé o en cada escena que sugiera (Ramírez, 1997: 81).

Si esta es una regla para un psicodramatista de adultos, en el caso del psicodramatista infantil es inexcusable, solo la espontaneidad y la flexibilidad del terapeuta permitirá el desarrollo de las sesiones. Si no, se corre el riesgo de transformar el espacio terapéutico en un espacio didáctico o, lo que sería peor, limitante del desarrollo infantil, seríamos elfos.

> El fascinante estado de disponibilidad o estar dispuesta para estar unida y caldeada para la improvisación son a mi entender el mejor instrumento del que alguien puede disponer en el papel de psicoterapeuta. Requiere madurez psicológica, talento, humildad y un bagaje significativo de conocimientos técnicos (Petrilli, 1999: 357).

En segundo lugar, es imprescindible el conocimiento del psicodrama y de la psicología infantil.

> Con el doctor Moreno, el entrenamiento en psicodrama era lo mismo que tener terapia con el método psicodramático durante 1000 horas; por lo menos 250 para ser ego auxiliar o doble, 500 horas para ser director asistente, 750 horas para ser director auxiliar y 1000 horas o más para ser director certificado (Ramírez, 1997: 83).

El aprendizaje de psicodrama, dadas las características del método de formación, supone que los alumnos son miembros de un grupo terapéutico, por lo que su aprendizaje como miembro de grupo supone un conocimiento integrado y vivido, lo que le otorga *una confianza* en el método que utiliza que trasciende la seguridad que proporciona el estudio y la reflexión.

Por último, se precisa saber psicología infantil, es necesario saber qué es un niño, no suponerlo, ni caer en el cómodo error del desconocimiento, que supone pensar a un niño como un *adulto pequeño* y atribuirle diferencias cuantitativas. Esta cómoda ignorancia está en el origen de la falta de sincronía que explica los problemas entre los adultos y los niños. Por ello es exigible que un terapeuta de niños conozca el desarrollo infantil, con sus propiedades cualitativamente diferentes desde lo cognitivo a lo emocional. Solo desde ahí se puede llevar a cabo la inversión de roles como posición terapéutica.

12.3. Relación paciente terapeuta: la relación que cura, la cura por la alegría

Entendemos la alegría como el resultado de un proceso relacional en el que los niños y el terapeuta, o los terapeutas, suben los escalones de la vida. Lo importante no es la velocidad ni la dificultad para vencerlos, lo importante es que han disfrutado juntos haciéndolo. El resultado es la sonrisa que borra el miedo a crecer y, en última instancia, el miedo a la vida.

12.3.1. El camino que ha de recorrer el niño con el terapeuta

> Buber vive una etapa muy importante de su niñez con sus abuelos en Polonia, su madre los había abandonado y eran gente muy culta que habían introducido en su pensamiento la antigua idea en la que ocupa un lugar destacado la lectura de textos, y lo grupal (Cesar Wenk, citado en Herranz, Silva, y Herranz, 2008).

Hemos querido empezar nuestra respuesta citando a Buber, que parte de su experiencia de abandono para crear una *filosofía del encuentro* como lugar reparador. Y sabemos que nuestra propuesta del rol del terapeuta no solo no está exenta de filosofía, sino que es el punto de partida desde el que el terapeuta se sitúa con sus pacientes, y es el punto de llegada, el lugar donde desearía conducir a sus pacientes en la vida. Buber nos decía (citado en Herranz *et al.*, 2008):

> El llamado Tzadik, el Maestro, en la tradición jasidica [...] cura, enseña, no te reemplaza [...]. Él puede curar el cuerpo y el alma porque *sabe el cómo*, el uno está ligado con la otra y esa comprensión le da poder para influir sobre ambos. [...] Una y otra vez toma de la mano y guía [...]. No te libera haciendo lo que tú ya eres lo bastante fuerte como para hacerlo por ti mismo.

Desde un punto de vista operativo, el camino que hay que recorrer es aprender a vivir con los demás. Desde la concepción relacional evolutiva de Fonseca Filho, que hemos incorporado en este modelo de trabajo, el camino por recorrer de los niños de la mano de sus terapeutas es un camino hacia la complejidad relacional. De manera sucinta, es función del terapeuta *detectar* el *modo en que el niño se relaciona, ubicarlo en su momento evolutivo de desarrollo, detectar las ansiedades* que dificultan su avance y están en el origen de las defensas, entre las que incluimos la sintomatología. Además, el desarrollo relacional supone la transición de sentirse uno con el otro por indiferenciación, a reconocerse uno con otros con diferente valor en las relaciones de las que participa.

Este proceso supone que el terapeuta se enfrentará a los déficit de reconocimiento del *self del niño*, de la mano de sus dificultades para reconocerse como diferenciado y separado del otro. De este proceso de diferenciación resulta la adquisición de una primaria identidad y el saber de la existencia de un mundo ajeno al propio sujeto.

En el siguiente paso del camino, el terapeuta tendrá que ayudarle a diferenciar su deseo de la realidad, quién es él y quiénes son los otros. Ocupar el centro del universo, tendrá un periodo aceptado y aceptable evolutivamente hablando, que algunos de los precursores de la psicología evolutiva definían como la *edad de la gracia*. Pero el terapeuta tiene que ayudarle a salir de la fantasía de que todo el mundo está para él y se constituye a su alrededor. Romper la fantasía narcisista conduce a incorporar al niño en el mundo de la frustración que conlleva empezar a reconocerse como uno más en un mundo relacional.

El siguiente paso, que Fonseca define como triangulación, es la quiebra definitiva de la fantasía narcisista, el mundo no solo no se ha construido para él, sino que pone limitaciones en las que el niño no puede entrar. No es fácil la labor del terapeuta para que el niño acepte la exclusión de las relaciones, donde otros participan, pero él no tiene acceso. Aprender esta limitación es el principio de acceso a la realidad, hay un mundo al que tengo que acceder, y en ocasiones seré aceptado y en otras excluido.

El último paso del camino es otra herida al narcisismo, aprender que el valor que desearíamos tener para los demás no es algo que está en nuestra mano, no es algo que depende exclusivamente de nosotros, sino que depende de algo más complejo, como las relaciones interpersonales de las que participamos. Y desde la complejidad que supone la atracción y el rechazo, uno puede ser elegido o no. Ser elegido en el lugar que desea o no, y tener el valor para los demás que desea o no. Este último paso es la verdadera incorporación del niño a la "realidad", es decir, a la vida con los demás en los diferentes grupos de los que forma parte (familia, colegio…).

Que el niño quiera realizar este camino no es fácil si el nivel de sufrimiento predomina sobre la gratificación, no es interesante avanzar por este camino. Y es probable que el miedo y la tristeza vengan a acorazarnos de manera defensiva e incapacitante, y puedan llegar a convertirse en los organizadores de nuestros patrones de conducta. En este caso, seguirán distintas vías "en el uso de la conducta, los afectos, el pensamiento…", que se convertirán, en su momento, en personalidades dañadas o, de un modo más consensuado, trastornos de personalidad.

12.3.2. ¿Qué roles desempeña el terapeuta en ese camino hacia la vida?

En un trabajo anterior, se denominó al psicoterapeuta como tutor de resiliencia (Herranz, Silva y Herranz, 2008). Todos nosotros nos construimos en los encuentros. De hecho, es aquí donde podemos situar la mirada positiva del otro: el otro me mira, me escucha… Boris Cyrulnik llama a estas personas de confianza y de apoyo tutores de resiliencia (Vanistendael, 2004: 12).

La primera función de un terapeuta es de sostén:

> En el clúster uno […] el dolor solo se atraviesa después de ser contenido. Esto significa que la principal dinámica terapéutica está relacionada con el *holding*. Contener comprensivamente es lo central independientemente de las operaciones que se pueden realizar, tanto verbal como dramáticamente (Bustos y Noseda, 2007: 137).

La segunda función del terapeuta es de guía que ayuda en el crecimiento, incluye la frustración y el aprendizaje de los modos posibles de realizar nuestros deseos, la incorporación de los límites.

> En el clúster dos el rol del terapeuta corresponde a los momentos en los que el paciente siente la necesidad de apoyo y afirmación (*grounding*). Se busca estimular la capacidad de una persona para luchar por sus metas y convicciones (Bustos y Noseda, 2007: 156).

En esta etapa el terapeuta de niños es la mano que sostiene al niño en su caminar. El infante, como nos explica Dalmiro, es activo-dependiente, tiene la capacidad de hacer, de tomar iniciativas..., pero no lo puede hacer solo, la mano de apoyo tiene que dar firmeza para que el niño avance; y guía para que avance en la medida de lo posible transitando por la seguridad y no el riesgo, no por la fantasía de la omnipotencia ni por la impotencia de la absoluta realidad, pues el exceso de frustración conlleva el daño y el fracaso.

La tercera función del terapeuta es denominada por Dalmiro el tercer clúster. La función del terapeuta de adultos es enseñarle a sentirse adulto entre adultos: "Es el que corresponde a la capacidad de disponibilidad, sus propias experiencias similares a las relatadas por el paciente, en un intercambio experiencial adulto" (Bustos y Noseda, 2007: 192).

Cuando nuestros pacientes son niños, el lugar del terapeuta no puede tender a igualar, la asimetría formará parte de todo el proceso terapéutico. Pero sí se considera factible una adaptación al grupo de niños, convertirse en un facilitador que les ayude en el aprendizaje de tratarse desde la igualdad. El papel "paterno" de delegar la responsabilidad de la relación de los hijos en los hijos, proporcionándoles la guía del cómo hacerlo, cómo negociar, cómo renunciar, cómo posponer; en última instancia, cómo llegar a ser capaces de encontrar en sus acuerdos la importancia de lo "nuestro" por encima de los deseos de cada uno. Esta función se convierte en la del creador de "medios" para que los niños aprendan a resolver juntos sus conflictos.

12.3.3. ¿Cómo desempeña esos roles el terapeuta?

A) Desde la seguridad. ¿Estás ahí?

- No me viene bien estar solito

  Como cualquier proceso vital, no solo psicológico, nuestro crecimiento es el resultado de la interacción entre nuestras necesidades y capacidades con los otros, que tendrán que complementar y cubrir "siempre" de un modo incompleto.

Como sabemos, el nacimiento biológico del infante humano y el nacimiento psicológico no coinciden en el tiempo. El primero es un acontecimiento espectacular, observable y bien circunscripto; el último es un proceso intrapsíquico de lento desarrollo (Mahler *et al.*, 1975: 13).

La no existencia del sujeto psíquico nos coloca en un lugar absoluto y vacío, donde la plenitud y la desesperación van unidas al modo en que las necesidades bio-psíquico-fisiológicas se complementan. El no hacer, el no poder hacer, es el primer momento existencial desde el que el infante se sitúa en la vida, esa indefensión requiere de otro capaz y suficientemente buen lector de las necesidades, y que tenga el deseo y la capacidad de cubrirlas. Nunca de un modo absoluto ni inmediato, afortunadamente para la construcción de nuestro sujeto psíquico, pero si predominantemente satisfactorias para el crecimiento emocional del infante.

Por tanto, la primera posición del terapeuta es la de presencia, estar para el otro, y estar de un modo "seguro", previsible. Si el terapeuta no actúa desde ese lugar, la propuesta que realiza es una revictimización, dañará sobre lo dañado en un espacio definido como reparador.

La pseudoprotección más radical frente a la espera ansiosa de la presencia del otro no cubierta es el aislamiento, es el alejamiento masivo del mundo, es el repliegue en mi soledad dejando lo humano frente a mí como un lugar imprevisible y de peligro. No hay mayor "locura" que el aislamiento, no hay mayor fragilidad que la soledad.

La necesidad no solo es de presencia, es de presencia estable y previsible, esa presencia la registro desde el sentimiento que experimento cuando el otro está a mi lado, forma parte de lo que algunos llaman la prehistoria psíquica.

- No me viene bien que no me quieran

La siguiente necesidad a la que nos vamos a acercar es la de sentirse queridos, luego niños queribles merecedores de cariño. Aquellas situaciones clínicas de los bebés definidas como "entrar en pena", llenarse de tristeza, caer en el marasmo, frente al no sentirse "querido", vendrían de la mano de la ausencia estable de afecto. No se puede concretar en conductas el "cariño", porque el cariño *está en el cómo, no en el qué se hace*, no está en el abrazo ni en la palabra, aunque está o puede estarlo en ambos, pero lo que sí sé es que todos reconocemos cuándo somos tratados con cariño y cuándo se lo damos a los demás, todos reconocemos cuándo la ternura envuelve nuestras conductas. Si este sentimiento de cariño no llega, me protegeré no esperándolo, y rechazándolo si aparece. Esta protección me conduce a comportarme como alguien que no quiere querer, porque querer implica la necesidad de ser querido, y no me puedo arriesgar a repetir la pérdida del afecto, quizás será mejor decir la pérdida de mi afecto, que no ha equilibrado el afecto del otro.

Aunque a todos nos han llegado textos donde se dice que el amor no basta, sostenemos que es una condición necesaria para el desarrollo eficaz de una psicoterapia con niños. Ahora bien, querer a un niño desde la función terapéutica no se transmite con las palabras, el sentimiento surge entre las personas en el hacer, y un niño se sabe querido y merecedor de cariño por el modo en que el terapeuta lo acoge, lo tranquiliza, lo guía… Por el modo en el que el terapeuta lo siente dentro de su mundo afectivo. Porque el objetivo no es "simple", no es que el terapeuta lo quiera, sino que se sienta merecedor de ser querido. Desde ahí la pena no se constituirá en el organizador de su conducta, ni buscará protecciones para no reactivarla en cada situación de su vida.

- Mira qué bonito soy y mira lo que hago

    No es necesario remontarnos a nuestra infancia para saber en qué consiste la necesidad de sentirse especial para otros. Basta recordar la mirada valorativa que, en ocasiones, recibimos de las personas que nos rodean, para reconocer el beneficio que tiene en nosotros sabernos importantes para los demás, *algunos de los demás*.

    No parece difícil el desempeño de esta función terapéutica si se cubre mirando a los ojos de quién nos mira. Si esta necesidad no se cubre, el mundo es un lugar de ingratitud para mí, me protejo despreciando a los demás.

- El terapeuta debe saber leer la defensa que protege del dolor de la carencia

    Si este paso por su camino interaccional ha dejado una herida al niño, aprende a no pedir. A no pedir *que estés a su lado cuando el miedo a la vida lo invada, a no pedir que lo sostengas en tus brazos cuando la tristeza lo ponga a prueba, a no mostrarte sus logros, para que intensifiques con tus palabras o con tus gestos su sentimiento de valor.*

Habrán aprendido a no pedirlo y a temer que las palabras o los gestos que les dirijan en alguna de esas direcciones sean escrupulosamente pasados por los filtros de seguridad-fiabilidad, cariño-estabilidad y validación-veracidad.

Por eso, *"estaré, no pediré, tendrás que adivinar y procurar no cometer el menor error que pueda ser interpretado desde mis miedos, que organizan mis interacciones contigo"*.

- ¿Cómo aprender a caminar?

¿Cuál es la función que ha de desempeñar el terapeuta? ¿Qué hacer que les permita progresar en su desarrollo sin temor a crecer, pero internalizando un modo adaptado de hacerlo?

Cuando se trabaja con niños atrapados por la hiperexigencia, la función del terapeuta consiste en que el niño aprenda a disfrutar cuando se le ayuda, cuando se le enseña. El terapeuta se enfrenta al control obsesivo que el niño ha desarrollado y lo hará mostrando otro modo de hacer, donde la alegría flexibiliza la rigidez y el otro se convierte en una benéfica autoridad.

En otros niños, la hiperprotección consiguió inhibirles, no se hace sin el otro, no se toma iniciativas, el mundo es peligroso y ellos se sienten atemorizados, fóbicos. El terapeuta lucha contra el miedo mostrando la competencia del niño, no la incapacidad. El terapeuta le muestra una imagen más capaz de sí mismo, de tal manera que la evitación deja de ser el mecanismo de protección habitual de su miedo.

En el caso de aquellos que se han sentido culpables por desear, porque sus deseos se alejan de lo esperado y lo querido por sus adultos, el terapeuta los legitimará como sujetos deseantes, aunque eso suponga la limitación de las conductas. El terapeuta les ayudará a sentir que no hay maldad por querer, aunque hay cosas que por su naturaleza o por lo que suponen para los demás no se pueden hacer. La función del terapeuta consiste en introducir al niño en la claridad para pedir y en la aceptación, como algo natural, de la prohibición. El niño no necesitará maniobrar, seducir ni embaucar para mostrar lo que quiere.

12.4. Cuando el terapeuta es la técnica

Después de habernos detenido en esta concepción de cura, en los roles que desempeña el terapeuta, queremos finalizar señalando que la técnica es inseparable del terapeuta. Cuando se dice que las técnicas psicodramáticas no son *solo* recursos de acción para la psicoterapia, sino procesos psíquicos puestos en acción, también se quiere hacer hincapié en que esos recursos pasan por la figura del terapeuta.

Cuando el terapeuta usa el doble, no se limita a una actuación donde nombra los sentimientos de los niños. El terapeuta ha tenido que sentir en sí mismo la emoción no expresada, y cuando refleja tiene que poner en sus ojos la mirada que cubre la carencia. Cuando se coloca en el lugar del niño, vive y revive la infancia de su paciente en sí mismo.

Por eso, es una metáfora decir que el psicodramatista es la técnica, porque la técnica encarnada en la persona del psicodramatista es la que modifica el proceso psíquico de las personas que atiende.

Epílogo: No hay nada más sólido que la ternura

La psicoterapia es una profesión o un oficio que se presta desde la intimidad para resolver los conflictos que se generan en lo más intimo de las personas. Quizás por eso nunca esté demás invitar a que este oficio se desempeñe desde la ternura. "La capacidad de sentir y aceptar ternura es esencial para la construcción de relaciones de intimidad. La relación amorosa se basa en ella" (Bustos y Noseda, 2007: 96).

Y cuando la ternura se coloca en el modo de hacer, en el modo de acoger, de escuchar, de apoyar, de ilusionarse y de ilusionar, entonces valdría la pena decir que ese trabajo se realiza desde la bondad.

Bibliografía

Bannister, A. (2007). Psychodrama and Child Development. Working with children. En C. Baim, J. Budmeister y M. Maciel, *Psychodrama advances in Theory and Practique* (pp. 239-246). Londres y Nueva York: Routledge.

Blánquez, R. (2003). Mitología y psicoterapia. *Revista Psiquis,* 24, 257-266.

Boria, G.; Sánchez Azuara, M. L.; Hernandez Solís, E.; Pérez Silva y Piliado García, R. (2001). *Metodología de acción para una existencia creadora, el psicodrama clásico*. México: Itaca.

Bowlby, J. (1979). *The making and breaking of affectional bonds*. Londres: Routledge.

Bowlby, J. (1998). *A secure base. Clinical applicatione of attachment theory.* Londres: Routledge.

Buber, M. (2002). *Yo-Tú*. Buenos Aires: Nueva Visión Argentina.

Bustos, D. M. (1985). *Nuevos rumbos en psicoterapia psicodramática.* Buenos Aires: Momento.

Bustos, D. M. y Noseda, E. (2007). *Manual de psicodrama en la psicoterapia y en la educación*. Buenos Aires: Ricardo Vergara Ediciones.

Carnabucci, K. y Ciotola, L. (2013). *Healing eating disorders with psychodrama and other action methods. Beyond the silence and de fury*. Londres y Filadelfia: Jessica Kingsley Publishers.

Castello de Almeida, W. (1990). *Moreno: encontro existencial com as psicoterapias*. São Paulo: Agora.

Citron, Ch. (2002). Touch Me No! Creative therapies with Young sexually abused children. En A. Bannister & A. Huntington, *Communicating with children and adolescents, Action for change* (pp. 191-209). Reino Unido: Jessica Kingsley Publishers.

Cossa, M. (2002). Drago-drama: Archetypal sociodrama with adolescents. En A. Bannister y A. Huntington, *Communicating with children and adolescents. Action for change* (pp. 139-155). Londres: Jessica Kingsley Publishers.

Cossa, M. (2006). *Rebels with a Cause. Working with adolescents using action techniques.* Londres y Filadelfia: Jessica Kingsley Publishers.

Cukier, R. (1998). *Sobrevivência emocional. As dores da infancia revividas no drama adulto.* São Paulo: Agora.

Cukier, R. (2003). *Psicodrama bipessoal, su técnica, su terapeuta, su paciente.* São Paulo: Agora.

Cukier, R. (2007). Words from Jacob Levy Moreno. Reino Unido: Amazom.co.uk, Ltd.

Dillen, L. Sionger, M. Helskens, D. & Verhofstadt-Deneve (2009). When puppets speak: dialectical psychodrama within developmental child psychotherapy. *Journal of Constructivist Psychology*, 22, 55-82.

Epstein, I.; Stevens, B.; McKeever, P.; Baruchel, S. y Jones, H. (2008). Using puppetry to elicit children's talk for research. *Nursing Inquiry*, 15, 49-56.

Fonseca Filho, J. (1980). *Psicodrama da locura*. Sao Paulo: Agora.

Gagani, I. y Grieve, S. (2002). Let`s make a bridge! Working with Autistic Children. En A. Bannister y A. Huntington, *Communicating with children and adolescents. Action for change* (pp. 101-114). Londres: Jessica Kingsley Publishers.

Garaigordobil, M. (1995). Evaluación de una intervención psicológica en indicadores del desarrollo moral. *Boletín de Psicología*, 49, 30-57.

Helton, L. y Kotake, M. (2004). *Mental health practice with children and youth: a strengths and well-being model.* Estados Unidos: Routgledge.

Henche, I. (2006). El viaje del héroe a través de los doce cuentos. *Hoja de psicodrama*, marzo, 54, 15-21.

Herranz, T. (1991). Psicodrama bipersonal: Aspectos clínicos 1. Etiopatogenia vincular del fenómeno masoquista en la mujer (1ª parte). *Vínculos*, 2, 37-68.

Herranz, T. (1996). *La reparación del abandono*, Actas de la XII reunión de la Asociación Española de Psicodrama, 147-162.

Herranz, T. (1997). La violencia de los niños. *III Congress of Family Therapy.* Barcelona, 1-5 de octubre.

Herranz, T. (1998a). ¿Psicoterapia individual y/o sistémica? *Mosaico*, 13 (3 trimestre), 16-18.

Herranz, T (1998b) Un estudio bibliométrico: de dónde venimos en psicodrama. *Psicodrama, una propuesta de futuro*, 73-93. Sevilla: Padilla.

Herranz, T. (1999a). ¿Qué psicodrama sobrevivirá? XV *Reunión de la A.E.P*, Barcelona, 21-24 de octubre, 139-158.

Herranz, T. (1999b). Vidas condicionadas. *XV Reunión de la A.E.P*, Barcelona 21-24 de octubre, 159-166.

Herranz, T. (2001). *Psicodrama y salud.* Madrid: UPCO.

Herranz, T. (2004). *Psicodrama clínico.* Madrid: Ciencias Sociales.

Herranz, T. (2004b). *Psicoterapia psicodramática como tratamiento en los trastornos de conducta infantil.* II Congreso Internacional sobre trastornos del comportamiento en niños y adolescentes, Ed. Mapfre, 147-164.

Herranz, T.; Silva, L. y Herranz, M. (2008). Educar para enfrentar el sufrimiento en la infancia. *Educación y futuro digital.* Diciembre de 2008.

Herranz, T. (2012). El final de un principio. *Revista Psicoterapia y Psicodrama, l* (1), 77-87.

Hill, L. (1997). Fairy Tales: Vision of Problem Resolution in Eating Disordes. *Journal of Counseling & Development*, 70, 584-587.

Holmes, P. (2002). The use of action methods in the treatment of the attachment difficulties of long-term fostered and adopted children. En A. Bannister y A. Huntington, *Communicating with children and adolescents. Action for change.* Londres: Jessica Kingsley Publishers.

Hudgins, M. K.; Drucker, K. y Metcalf, K. (1999). The containing double, a clinically effective psychodrama intervention for PTSD. *Journal of Psychodrama and Sociometry*, septiembre.

Mahler, S.; Pine, M. M. and Bergman, A. (1973). *The Psychological Birth of the Human Infant*. New York: Basic Books.

Maturana, H. y Varela, F. G. (2003). *El árbol del conocimiento. Las bases biológicas del entendimiento humano.* Buenos Aires: Lumen.

Menegazzo, C.; Zuretti, M. M.; Tomasini., M. A., *et al.* (1992). *Diccionário de psicodrama e sociodrama*. São Paulo: Agora.

Monteiro Guerra, E. (2008). A técnica psicodramática da "concretizacao" e su desenvolvimento humano. *Ciencias & Cognicao*, 13 (1), 114-130.

Moreno, J. L. (1934). Who Shall survive? Foundatios of Sociometry. *Group Psychotherapy and Sociodrama*. Beacon House Inc., Nueva York.

Moreno, J. L. (1953). *Fundamentos de la sociometría.* Buenos Aires: Paidós.

Moreno, J. L. (1961). *Psicodrama.* Buenos Aires: Paidós.

Oaklander, V. (2001). *Ventanas a nuestros niños: Terapia gestáltica para niños y adolescentes.* Santiago: Cuatro Vientos.

Pavlovsky, E.; Bouquet, C. M. y Moccio, F. (1979). *Psicodrama, cuándo y por qué dramatizar*. Madrid: Fundamentos.

Petrilli, S. R. A. (1999). Psicoterapia através da relaçao. En J. Fonseca, *Psicoterapia da relaçao. Elementos de psicodrama contemporáneo* (pp. 355-390). São Paulo: Agora.

Ramírez, J. A. (1997). *Psicodrama, teoría y práctica*. Bilbao: DDB.

Rivas, R.; González, S. y Arredondo, V. (2006). Antídoto contra monstruos, el uso de historias terapéuticas con niños. *Revista Electrónica de Psicología Iztacala,* 9 (3), 12-23. Facultad Nacional Autónoma de México. Disponible en: http://www.iztacala.unam.mx/carreras/psicología/psiclin/vol9num3/art2col9no3.pdf.

Timberlake, E. y Cutler, M. (2001). *Developmental play therapy in clinical social work.* Estados Unidos: Allyn and Bacon.

Shützenberger, A. A. (1970). *Introducción al psicodrama*. Madrid: Aguilar.

Shützenberger, A. A. (1974*). Diccionario de técnicas de grupo. Formación psicoterapia, dinámica de grupos y psicodrama*. Salamanca: Ediciones Sígueme.

Vanistendael, S. (2004). *Desde una inspiración a cambios prácticos*, II Congreso Internacional sobre Trastornos del Comportamiento en niños y Adolescentes, Ed. Mapfre, 3-25.

Verhofstadt-Denève, L. (2000). *Theory and Practice of Action and Drama Techniques*. Londres: Jessica Kingsley Publishers.